Angela Delille, Andrea Grohn

Blick zurück aufs Glück

Frauenleben und Familienpolitik in den 50er Jahren

EP 149
ELEFANTEN PRESS

Inhalt

MILCH

Einleitung

Seit einigen Jahren erleben die fünfziger Jahre ein glänzendes Revival: Man feiert die Musik, die Mode, die Absurditäten der Möbelindustrie, selbst das noch unlängst als kitschig empfundene Design. Auch wir konnten uns zugegebenermaßen von einer gewissen Faszination nicht freimachen.

Mittlerweile hat diese Modeerscheinung einen bitteren Beigeschmack bekommen.

In unserer krisengeschüttelten Zeit ist zur Wende aufgerufen: »Zurück zu den Anfängen!« In unserer Zeit der Perspektivlosigkeit, der wirtschaftlichen Stagnation, der täglich spürbaren Bedrohungen neiden wir manchmal der Generation unserer Mütter deren Gefühl des Aufschwungs, deren Glauben an die Zukunft... In den Filmen der 50er Jahre, die wir ebenso lieben, wie wir sie wohlwollend als albern und kitschig abtun, lassen wir uns die Einfachheit der Gefühle, die geradlinige Auflösung aller Mißverständnisse und Rätsel, die immer und alles überstehende unumstößliche »große Liebe« guttun.

Aber wir wissen auch von dem Zwang zur inneren und äußeren »Anständigkeit«, von der unerträglichen Biederkeit und Prüderie sowie den zwanghaften Moralvorstellungen der 50er Jahre, die jedes Abweichen von Regel und Norm zu verhindern suchten, von der öffentlichen Meinung, welche die Verlautbarungen der geltenden Moral festigte und stärker als heute das Verhalten und Denken von Frauen prägte und Veränderungen nur schwer möglich machte bzw. kaum zuließ.

Bei unseren »Grabungen« in der Geschichte der Frauen in den 50er Jahren suchten wir aber gerade nach diesen Veränderungen, die uns als eine Wurzel des heute Erreichten erscheinen.

Wir gruben zwischen den Idiomen der traditionellen Geschichtsschreibung, den Fakten androzentrierter Statistik und Empirie, den Mutmaßungen männlicher Soziologen und den uns vorsichtig erzählten Lebensgeschichten von Frauen.

Wir suchten nach Übereinstimmungen und nach Brüchen in den Darstellungen der 50er Jahre, die uns neue Fragen finden und die Aussagen und Theorien männlicher Wissenschaft neu interpretieren ließen, die uns Ergebnisse der Statistik neu berechnen und die Methoden der damaligen Sozialwissenschaft als unzureichend und als neu zu überdenken erscheinen ließen.

Und wir fanden die Abweichungen, die dennoch möglich waren, die Offenheit, die bei aller Verschwiegenheit existierte, die Träume und Ideale von Frauen, die in der Realität der 50er Jahre noch keinen Platz fanden, ein Bild von Frauen, das diesen nicht entsprach und trotzdem von vielen angenommen und gelebt wurde.

Wer hat dieses Bild geformt? Mit welchen Mitteln und Methoden wurde es verbreitet? Haben sich Frauen widerstandslos diesem Frauenbild der 50er Jahre ergeben?

Auch im Zweiten Weltkrieg und vor allem in den noch entbehrungsreicheren Nachkriegsjahren haben Frauen »männliche« Rollenanteile übernommen, haben Frauen Arbeiten verrichtet, die ihnen vorher und nachher qua Geschlecht nicht zugemutet werden konnten, haben Frauen gesellschaftliche Funktionen erfüllt, die in dem allgemeinen Chaos eine für das Überleben notwendige Ordnung darstellten, haben Frauen Verantwortung für sich und ihre Kinder getragen und die Familie repräsentiert.

Frauen wurde das Ehrenmal der »Trümmerfrau« errichtet, in Anerkennung ihrer geleisteten Arbeit, ohne die es keinen Wiederaufbau und keinen solch rapiden Neuanfang hätte geben können – und sie wurden doch wieder in die altgewohnten Funktionen in Haus und Familie verwiesen.

Mit welchem Bewußtsein haben Frauen im Krieg und in der Nachkriegszeit »ihren Mann gestanden«, so daß sie sich dennoch haben verdrängen lassen? Welches Selbstverständnis hatten Frauen von ihrer Arbeit innerhalb und außerhalb der Familie?

Frauen verstanden sich selbst oft eher als komplementär. Sie fühlten sich nicht als selbständige Individuen, sondern als Teil eines Ganzen. Sie waren nicht ihres Berufes oder ihrer Karriere wegen selbständig, sondern »verdienten mit dazu«. Sie entschieden sich nicht zwischen Erwerbs- und Familienarbeit, sondern wurden effiziente Jongleusen der Doppelbelastung.

Wir konnten und wollten nicht die Frage beantworten, warum Frauen sich in den 50er Jahren in familiale Bereiche zurückdrängen ließen. Den gängigen Theorien eine weitere hinzuzufügen, war nicht unsere Absicht. Wir haben eine Sozialanalyse der 50er Jahre erstellt mit dem geraden Blick auf die Situation der Frauen. Wir haben das Spektrum gesellschaftlich relevanter Gruppen, die an dem Diskurs über das Leben der Frau beteiligt waren, herausgestellt, ihren Einfluß auf die öffentliche Meinung und ihre Methoden der Verbreitung und Durchsetzung untersucht und bearbeitet.

In der Familienpolitik der 50er Jahre, der ein ganz besonderer Wert beigemessen werden muß, sehen wir das Konzept der Beschränkung und Zuweisung von Frauen auf die Familie bzw. den familialen Bereich, die familiale Arbeit politisch durchgesetzt.

Trotz des Gleichberechtigungsgesetzes von 1957 wurde den Frauen in allen familienpolitischen Maßnahmen der 50er Jahre die Möglichkeit eines tatsächlichen gleichberechtigten Lebens verwehrt. Die Parallelität der damaligen Familienpolitik mit der heutigen drängt sich auf. Die Situation von Frauen in den 50er Jahren unterscheidet sich von der heutiger »moderner« Frauen immens – und dennoch können erschreckende Vergleiche angestellt und Parallelen gefunden werden.

Über Ehe und Familie

Den Bereich von Ehe und Familie kann niemand losgelöst von eigenem Erleben und eigenen Erfahrungen bearbeiten. Jede(r) macht hier grundlegende Erfahrungen mit zwischemenschlichen Beziehungen und Zusammenleben, von denen Vorstellungen und Verhalten in der eigenen sozialen Umwelt geprägt und bestimmt sind.

Eine »objektive« Betrachtung dieser »Institutionen« scheint uns daher nicht möglich.

Das Engagement, mit dem in den 50er Jahren das Thema Ehe und Familie abgehandelt wurde, läßt eine besondere Motivation und Betroffenheit vermuten.

Auch die Vielzahl und die Unterschiedlichkeit der Aussagen über Form und Funktionen von Familie weisen darauf hin, daß Familie kein eindeutig definierbares soziales Gebilde sein kann, sondern daß jede Bearbeitung dieses Gegenstandes vom Umfeld der/des Betrachtenden geprägt ist.

Definitionen von Ehe und Familie einiger gesellschaftlich relevanter Gruppen geben das allgemeine Verständnis dieser Institutionen als menschlichem Lebensraum wieder. Auf diesem Verständnis beruhen die familienpolitischen Maßnahmen, das Eingreifen in den »persönlichen Bereich«.

Das *kirchliche Verständnis* von Ehe und Familie ist bestimmt von dem Gedanken, daß es sich um eine »Stiftung Gottes« handelt und somit ein nicht veränderbares Gebilde darstellt. Die Ehe ist durch Lebenslänglichkeit und Unauflöslichkeit gekennzeichnet. Sie ist die »natürliche Einrichtung« zur Eindämmung von Sexualität, als Zweck und Aufgabe wird ihr die Produktion von Kindern unterstellt; deshalb können Ehe und Familie nach christlichem Verständnis auch nicht voneinander getrennt werden.

Familie als menschliche Lebensgemeinschaft wird von *Soziologen* primär als »Gruppe« oder als »Kleinstgruppe«, »Intimgruppe« oder als soziale Gruppe besonderer Art begriffen. Sie dient der Tradierung von Normen und Werten und gilt als Inbegriff des Privaten.[1]

Familie wird auch verstanden als soziale Institution, in der gesellschaftlich notwendige Aufgaben geleistet werden, so z.B. psychologische Erhaltung der Mitglieder, soziale Placierung des Kindes, Sozialisierung, soziale Kontrolle, etc.,[2] aber auch als Ort der Bildung des »autoritären Charakters«.[3] Struktur und Form der Familie werden als wandelbar und als gesellschafts- und kulturabhängig verstanden.

Konsens herrscht darüber, daß es sich bei Ehe und Familie in jedem Fall um die eheliche Gemeinschaft von Mann und Frau und deren leiblichen Kindern handelt. Diese Familienform ist es auch, auf die sich das Schutzgebot des Artikel 6 GG bezieht: »Ehe und Familie stehen unter dem besonderen Schutz der staatlichen Ordnung«, heißt es in Absatz 1; Absatz 2 handelt von der Pflege und Erziehung der Kinder.

Ebenso wichtig ist die in der Familie festgelegte hierarchische Zuordnung und die daraus abgeleitete geschlechtsspezifische Arbeitsteilung.

Auf diesem Verständnis von Ehe und Familie beruhte die *Familienpolitik* der 50er Jahre.

Aus dem Verständnis von Ehe und Familie als schutzwürdiger Einrichtungen entwickelten die Kirchen eine Familienpolitik, die nicht nur Angelegenheit der Träger unmittelbar politischer Verantwortung sein soll, sondern auch gesellschaftlicher Gruppen, nämlich der Kirche selbst und der zahlreichen Familienverbände.

Aus konservativer Sicht ist Familienpolitik nicht nur auf Förderung und Schutz der Familie gerichtet, sondern auch auf ihre Gestaltung. Familienpolitik wird verstanden als das politische Einwirken von außerfamilialen Trägern auf Familie und ihre Lebensverhältnisse. Soweit Familienpolitik auf die wirtschaftliche Sicherung der Familie abzielt, ist sie auch Sozialpolitik. Dem gegenüber will konservative Familienpolitik vorrangig die »Eigenverantwortlichkeit« der Familie (Subsidiaritätsprinzip) stärken. Strukturelle Benachteiligungen der Familie sollen abgebaut und eine familienfreundliche Gestaltung der gesellschaftlichen Verhältnisse bewirkt werden, damit Familien ihre Aufgaben aus eigener Kraft erfüllen und das Familienleben selbstverantwortlich gestalten können.

Konservative Familienpolitik soll die Erhaltung der gesellschaftlichen Ordnung gewährleisten, indem sie die Ordnung und die daraus abgeleiteten Funktionen der Familie für die Gesellschaft sicherstellt.

Die familienpolitischen Maßnahmen orientieren sich ebenso an arbeitsmarkt-, wirtschafts- und finanzpolitischen als auch an bevölkerungspolitischen Konzepten.

Familienpolitik ist daher auch Ausdruck der unterschiedlichsten Interessen, die an Familie gerichtet werden. So soll Familienpolitik die Familie auch als Reproduktionsstätte männlicher Arbeitskraft und in ihrer Übermittlerfunktion von Normen und Werten stabilisieren. Sie hatte damals wie heute unter anderem die Funktion, den Arbeitsmarkt von »überschüssigem Frauenpotential« zu entlasten, indem sie Frauen auf ihre traditionellen Aufgaben in der Familie verwies.

Familienpolitik ist zu verstehen als die Antwort auf die »Problemstruktur« Familie. Sie will Lösungen zwischen individuellen, familialen und gesellschaftlichen Interessen finden.

1 DIE LEBENSBEDINGUNGEN

VON FRAUEN IN DEN 50er JAHREN

Die Erforschung der Lebensbedingungen von Familien und speziell verheirateten Frauen erfolgte hauptsächlich anhand statistischen Materials. Um das Bild der in den 50er Jahren »an den Herd zurückverwiesenen Frau« kritisch zu betrachten, muß die Entwicklung der Frauen- und Müttererwerbstätigkeit untersucht werden. Heirats-, Geburts- und Scheidungsstatistiken sollen die Aussagen über das Leben von Frauen, welches Angriffspunkt der Familienpolitik war, überprüfen. Da Statistiken und die Auswertungen von Befragungen immer unter dem Verdacht der Manipulation kritisch beäugt werden und die existierenden Untersuchungen über Lebensbedingungen von Frauen durchweg eine männliche Sichtweise präsentieren, hielten wir es für notwendig, diesem Material die Schilderungen von Frauen gegenüberzustellen, die in jener Zeit eine Familie gründeten. Wir suchten in Lebenserzählungen von Frauen nach Entsprechungen des Ehe- und Familienbildes und nach den von den sogenannten Produzenten öffentlicher Meinung den Frauen in dieser Institution zugeordneten Funktionen. Es ging uns in den Gesprächen mit den Frauen nicht um eine standardisierte Datenerhebung. Von besonderer Bedeutung war für uns die Frage nach den tatsächlichen Motiven außerhäuslicher Erwerbsarbeit verheirateter Frauen und Mütter bzw. deren Hintergründe. Daneben erschien es uns wichtig, die von Statistikern und Politikern angedeutete Tendenz zur Mehrkindfamilie zu überprüfen. Deckten sich die Phantasien von Frauen über Ehe und Familie mit den Vorstellungen der Kirchen, Soziologen und Politiker?

Den Gesprächen mit den Frauen lagen zwar keine Fragebögen zugrunde, aber wir hatten einen themenorientierten Leitfaden entwickelt: Wir begrenzten die Interviews in den Tonbandaufzeichnungen auf den Komplex vorehelicher Lebensbedingungen, das Eheleben und den Familienalltag. Die Auswahl der Frauen orientierte sich nicht an einer »Brauchbarkeit der Probandinnen nach statistischen Normen«, sondern an dem Entgegenkommen von Müttern unserer Freundinnen und Freunde, die von unseren Bemühungen, die Lebensbedingungen von Frauen in den 50er Jahren zu erforschen, gehört hatten. Die Auswahl der befragten Frauen geschah demnach nicht mit dem Kalkül des Empirikers, die eigenen Thesen und Vorstellungen bestätigt zu finden, sondern entwickelte sich eher zufällig.

Die fünf von uns befragten Frauen wurden zwischen 1921 und 1931 geboren und haben zwischen 1948 und 1954 geheiratet. Drei der Frauen hatten drei und mehr Kinder und wurden somit äußerlich dem Wuermelingschen Idealbild der Familie der damaligen Zeit gerecht. Die Frauen lebten damals und auch heute noch, bis auf eine Ausnahme, in kleinstädtischen und ländlichen, eher einfachen Verhältnissen.

Im folgenden haben wir Aussagen dieser Frauen zitatweise aufgenommen.

Nachkriegszeit

Die in der unmittelbaren Nachkriegszeit von Frauen tatsächlich geleistete Arbeit läßt sich anhand des vorliegenden Zahlenmaterials nicht nachweisen, denn es existieren nur Ausführungen über allgemeine Kriegsfolgen, z. B. die Zahl der Kriegstoten, der Kriegsgefangenen, der Flüchtlinge, des Wohnungsproblems und die desolate Ernährungslage betreffend.

Ein gemeinsames Merkmal aller Publikationen zu diesem Thema ist das Fehlen von Analysen über die damaligen Alltagsbedingungen der Frauen.

In Befragungen blieben geschlechtsspezifische Unterscheidungen, wie z. B. nach dem Anteil von Frauen an Haushaltsvorständen, nur ungenügend berücksichtigt (Männer wurden auch im Falle der Abwesenheit, z. B. durch Kriegsgefangenschaft, weiterhin als Haushaltsvorstände geführt).

Obwohl direkt auswertbares Material über die in der Nachkriegszeit von Frauen geleistete Arbeit noch nicht vorliegt, läßt sich doch die Bedeutung und auch das immense Ausmaß der Frauenarbeit durch *Interpretation* des vorliegenden Materials erbringen.

Nach einer Volkszählung von 1946 bestand die Bevölkerung in den vier besetzten Zonen zu 44 % aus Frauen und zu 23 % aus Kindern. Bei den übrigen 33 % handelte es sich zum großen Teil um Kriegsversehrte und alte Männer. Noch zwei Jahre nach der Kapitulation, im Frühjahr 1947, waren insgesamt 2,4 Millionen Männer in Kriegsgefangenschaft. Bereits aus diesen Zahlen ist

zu schließen, daß Frauen Männer als Arbeitskräfte im Produktionsbereich ersetzen mußten, zusätzlich zu den enorm gestiegenen und erweiterten Anforderungen im Reproduktionsbereich. Nicht nur durch eine kritische Auslegung von statistischem Material, sondern auch durch die Analyse fotografischen Materials aus dieser Zeit läßt sich der überdurchschnittlich hohe Einsatz von Frauen an der Gesamtheit der zu leistenden Arbeiten erkennen.

Die Frauen bewältigten die Flucht und die Vertreibung aus den ehemaligen deutschen Ostgebieten unter nur schwer vorstellbaren Bedingungen, sowohl was ihren eigenen Schutz als auch die Versorgung der Kinder auf den langen Wegstrecken bei großer Kälte und in vielen Fällen sogar zu Fuß betraf. Und sie mußten es allein schaffen, denn die Männer waren beim Volkssturm.

Mit der Ankunft in den westlichen Besatzungszonen waren Not und Elend keineswegs beendet. Der millionenköpfige Strom von Flüchtlingen traf hier nicht nur auf die circa 10 bis 11 Millionen entlassenen und Deutschland durchquerenden Soldaten, Evakuierten und Waisenkinder sowie die noch ungefähr 10 Millionen befreiten ausländischen Kriegsgefangenen und Zwangsarbeiter, sondern auch auf völlig zerstörte Städte und katastrophale Ernährungs- und Versorgungszustände.

Die Bevölkerung im Gebiet der heutigen Bundesrepublik Deutschland

Köln, 1948

einschließlich West-Berlins war 1946 bereits von 39 auf 43,9 Millionen Menschen angestiegen. Durch den Verlust der bislang den Getreidebedarf dekkenden Ostgebiete und den Zusammenbruch der landwirtschaftlichen Produktion überhaupt stieg der Fehlbedarf an Nahrungsmitteln um mehr als 50% an. Zusätzlich wurde die Versorgung durch die zerstörte Infrastruktur und durch die ungünstigen Witterungsverhältnisse erheblich erschwert. Das Beschaffen von Essen verlangte von den Frauen ein Höchstmaß an physischer und psychischer Ausdauer. Um Lebensmittel zu erhalten, mußten sie oft stundenlang vor Geschäften anstehen, womit noch nicht sichergestellt war, sie auch zu bekommen. Sie mußten sie unter Gefahren auf dem Schwarzmarkt tauschen, auf Feldern und im Wald sammeln, bei Bauern einhandeln, auf »Hamsterfahrt« gehen etc. Hinzu kam der oft sehr hohe Zeitaufwand beim Kochen. Das Organisieren von Brennmaterial bedeutete oft kilometerlanges und zentnerschweres Tragen.

Zwei Millionen Wohnungen waren zerstört, 2,5 Millionen stark beschädigt. So mußten die Frauen in den ca. 400 Millionen Kubikmetern Schutt und Ruinen in den Städten zumindest primitive Unterkünfte schaffen, wenn sie nicht länger im Freien kochen wollten. Durch die starke Zuwanderung von Flüchtlingen verschärfte sich die Wohnsituation weiter.

Hamsterer, ca. 1947

Im Oktober verfügte der Kontrollrat der Alliierten die Arbeitspflicht für Männer zwischen 14 und 65 Jahren und für Frauen zwischen 15 und 50 Jahren. Schon davor hatten Frauen »Männerarbeit« verrichtet, für die sie nur ein paar Groschen Stundenlohn und zusätzliche Lebensmittelkarten erhielten. Die Ruinenfelder wimmelten von Frauen, Kindern und alten Männern.

1946 wurden von den Militärregierungen Listen über die von Frauen zu leistenden Arbeiten herausgegeben, zum größten Teil Bauarbeiten, deren Beschränkung für Frauen aufgrund des akuten Männermangels aufgehoben wurde. Auch in den ländlichen Gebieten überwog Frauenarbeit die Männerarbeit. In der Land- und Forstwirtschaft arbeiteten 51,4 % Frauen.

Durch ihre notwendig gewordene und nun auch im Bereich öffentlicher Beachtung liegende Arbeit erfuhren die Frauen vorübergehend Anerkennung und Aufwertung.

Da viele Frauen jahrelang allein oder nur mit ihren Kindern gelebt und eigenständig gehandelt hatten, herrschten in der Nachkriegszeit veränderte Familienstrukturen. Die »unvollständige« Familie war in dieser Zeit der Normalfall. Da Frauen jahrelang de facto Familienoberhäupte gewesen waren, hatten sie auch in der privaten Sphäre ein erhöhtes Selbstwertgefühl erworben. Nach der Rückkehr der Ehemänner sollten die Frauen häufig wieder in ihre ehemaligen Funktionsbereiche zurückgedrängt werden. Für viele bedeutete dies, die durch die Bedingungen des Krieges neu entstandenen Lebensformen wieder aufzugeben, sich anpassen und unterordnen zu müssen.

Die sprunghaft angestiegene Zahl der Ehescheidungen zum Ende der vierziger Jahre könnte als Ausdruck der Diskrepanz zwischen dem Leben unter jenen veränderten Bedingungen einerseits und dem »Sich-wieder-anpassen-Müssen« an die Vorstellungen vom traditionellen Bild einer Ehefrau andererseits gewertet werden.

Demgegenüber läßt sich aber ein stetiges Ansteigen der Eheschließungen erkennen; einen Höhepunkt bildeten die Jahre 1950/51 mit 506 101 Ehen. Auch das Bedürfnis nach einem geordneten und geregelten Familienleben war also sehr stark.

Menschenschlange vor einer Umtauschstelle am Tag der Währungsreform

»Wir sind wieder wer!«

Als signifikanter Neubeginn und damit als Abschluß der Nachkriegszeit gilt die Währungsreform vom 20. Juni 1948. Pro Kopf wurden 40 DM, einen Monat später weitere 20 DM ausgegeben; Vermögen wurde im Verhältnis 1:10 umgetauscht. Die westdeutsche Bevölkerung konnte plötzlich wieder alles kaufen. Fabriken und Geschäfte hatten vor der Reform Güter und Waren gehortet und für die alte Währung kaum noch angeboten. Nun war das Angebot z. B. an Lebensmitteln plötzlich nahezu bedarfsdeckend. Die nur noch teilweise rationierten Lebensmittel (wie z. B. Fleisch) mußten nun statt mit den Lebensmittelkarten, die Ende 1948 abgeschafft wurden, wieder mit Geld bezahlt werden. Nur sechs Monate nach der Währungsreform begannen die Preise zu steigen. Der Zeit- und Arbeitsaufwand für die Beschaffung von Nahrung hatte sich allerdings enorm verringert. Der Schwarzmarkt büßte seine Existenzberechtigung ein, die gleichmäßige Belieferung aller Geschäfte mit Waren ließ die endlosen Schlangen der Wartenden langsam verschwinden.

Eine sich von 1948 bis 1952 hinziehende Rezession muß im Zusammenhang gesehen werden mit der Tatsache, daß der große Zustrom an Flüchtlingen dazu beitrug, trotz Stellenzuwachs die Arbeitslosenzahlen anwachsen zu lassen.

Die Armut der Nachkriegsjahre sollte sich so auf die frühen 50er Jahre ausdehnen. Die Löhne und Gehälter waren im Verhältnis zu den Lebenshaltungskosten nur gering.

Der Jahresbruttolohn von 44,6 % der Einkommensbezieher lag 1950 unter 2400 DM. Die Zahl der zu leistenden Arbeitsstunden war im Gegensatz dazu sehr hoch. Zu Beginn der 50er Jahre wurde an sechs Tagen insgesamt 49 Stunden gearbeitet, dazu kamen noch oft Überstunden.

In den folgenden Jahren wurden durch Arbeitskämpfe zuerst 1955 die 45-Stunden-Woche, dann die 5-Tage-Woche mit 40 Stunden Arbeitszeit bei vollem Lohnausgleich erreicht. Die Arbeitszeitverkürzung brachte einen neuen Bedarf an Arbeitskräften mit sich, so daß die Wirtschaft wieder vermehrt Frauen als Arbeitskräfte benötigte und einsetzte. Diese Entwicklung wurde verstärkt durch die sprunghafte Steigerung der Produktion, die Ausweitung der Verwaltung und die fortschreitende Technisierung und Differenzierung des Wirtschaftslebens.

Zwar galt damals schon der Grundsatz »gleicher Lohn für gleiche Arbeit«, er wurde allerdings durch die Einrichtung von »Leichtlohngruppen«, in denen größtenteils Frauen beschäftigt wurden, umgangen.

Im Laufe der 50er Jahre verloren die in der Nachkriegszeit gültigen »Schicksalskategorien« wie z.B. Flüchtling, Heimkehrer, Ausgebombte oder Kriegerwitwe zunehmend an Bedeutung und wichen einer Sozialstruktur, die an Statusmerkmalen wie Einkommen, Besitz, Berufszugehörigkeit, Ausbildung und »privater Verkehrskreis« ausgerichtet war.

Wohnverhältnisse

Gegen Ende der 40er Jahre lebte ein großer Teil der Bevölkerung noch in Not- und Behelfsunterkünften. Die Wohnungsnot zwang die Bewohner – insbesondere in den Städten und Industriezentren –, die noch erhaltenen Wohnungen mit mehreren Familien zu teilen. Ein hoher Teil des Wohnungsbestandes fiel zudem unter die Bezeichnung »Wohngelegenheiten«, also Notwohnungen und Behelfsunterkünfte wie Wohnlauben, Nissenhütten und Baracken sowie Wohnungen in Ruinen, Kellern und unterm Dach ohne Kochgelegenheiten und Anschlüsse ans Ver- und Entsorgungsnetz, die jedoch in den den Bedarfsermittlungen zugrunde liegenden Wohnungszählungen als Wohnungen erfaßt wurden.

Zwischen 1950 und 1957 wurden circa 3,9 Millionen Wohnungen buchstäblich aus dem Boden gestampft; die drückenden und beengten Wohnverhältnisse veränderten sich jedoch nur langsam.

Bei den vorhandenen Wohnungen handelte es sich vorwiegend auch noch um Häuser aus der Zeit vor dem Ersten Weltkrieg, in Frankfurt z.B. 60% der Normalwohngebäude gegenüber 33% aus dem Zeitraum von 1918 bis 1944.

1950 besaßen 8,4% der Frankfurter Hauptmieter keine eigene Küche, und sogar über ein Drittel aller Untermieter verfügte weder über eine Küche noch über die Gelegenheit der Benutzung. 15,2% aller Wohnungen besaßen überhaupt keine Küche, und es verfügten z.B. erst 2,4% aller befragten Wohnparteien über einen Kühlschrank. In den Wohnungen von über zwei Dritteln aller Hauseigentümer gab es nicht einmal ein Wohnzimmer, und in 11% aller Haushaltungen mußten Eltern und Kinder gemeinsam in einem Raum schlafen. Häufig wurden Zimmer auch an Alleinstehende oder sogar Familien untervermietet, um Zuweisungen durch das Wohnungsamt zu verhindern.

Notbehausung 1947

In ebenfalls 11% aller Wohnungen lagen die Sanitäranlagen noch außerhalb, und nur in fast der Hälfte aller erfaßten Wohnungen gab es ein Badezimmer bzw. eine Badenische innerhalb der Wohnung.[1] Die Küche blieb weiterhin zentraler Ort einer Wohnung. Hier wurde gekocht, gewaschen, eventuell Heimarbeit verrichtet, wurden die Schularbeiten der Kinder erledigt und auch noch der Feierabend verbracht.

»Als wir hierher kamen, wurde uns eine Wohnung zugewiesen. Das waren zwei schräge Zimmerchen. Da waren wir mit vier Geschwistern und meiner Mutter. Auf dem Hof Plumpsklo, von draußen Wasser holen, in der »Wohnküche« kochen. Da haben wir uns aufgehalten, das Schlafzimmer, das war ein Bett, eine Chaiselongue, wo wir dann alle schlafen konnten. Wenn Besuch kam, ging man mit dem ins Schlafzimmer, und wir Kinder waren dann in der Küche; Küche konnte man eigentlich nicht sagen, es war ein besseres Loch, 16 qm, ein kleiner Tisch und so kleine Zweimannsofas, mit einer Welle hinten drin und einer Lehne, und zwei Holzhocker hatten wir. Da mußten wir um den Tisch sitzen und essen. In einer kleinen Ecke stand noch ein kleiner Herd und eine Kohlenkiste.« (Frau M.)

Lebenshaltungskosten

Für die sogenannte Durchschnittsfamilie war der Alltag der »goldenen fünfziger Jahre« nicht so rosig, wie es sich heute oftmals darstellt. Obwohl der Verdienst dieser Familien von 1950 bis 1960 stetig anstieg, mußte der größte Teil des Geldes für notwendige Anschaffung des alltäglichen Bedarfs ausgegeben werden. Mitte der 50er Jahre wurden diese Anschaffungen zunehmend durch die mehr und mehr bekannt werdenden Ratenkäufe verwirklicht. Damit war ein großer Teil des Einkommens gebunden.

»Wir haben uns ja Anschaffungen gemacht. Als wir die Wohnung in G. kriegten, war die ja ganz leer. Da haben wir uns das Schlafzimmer gekauft, das hat damals 800 DM gekostet. Die haben wir monatlich abgezahlt. Zuerst hatten wir vom Hauswart Gartenmöbel für die Küche bekommen, weil wir keine Einrichtung hatten. Ich hatte einen Küchenschrank und einen Herd. Im Frühjahr mußten wir die aber wieder abgeben für den Garten und uns ein paar Stühle und den Tisch dazukaufen. Im Wohnzimmer hatten wir auch noch nichts, das blieb erstmal leer. Als wir unser Schlafzimmer abgezahlt hatten, haben wir uns das Wohnzimmer gekauft. Ja, und dann hatten wir wieder Last damit, daß wir das abzahlen mußten. Und ein Radio haben wir auch noch gekauft, auf Raten. Du mußtest verdammt gut rechnen, daß du noch hinkamst und noch leben konntest.« (Frau M.)

»Wir haben nie etwas auf Raten gekauft. Wir haben immer gesagt: Wir sparen erst, und wenn wir Geld haben, kaufen wir das, und wenn wir kein Geld haben, kaufen wir auch nichts. Das war unsere Devise.« (Frau L.)

Bereits kleinere Preissteigerungen bei den Nahrungsmitteln bereiteten Probleme in der recht kleinen Haushaltskasse. Der Verfügungsbetrag für Essen und Trinken war so eng begrenzt, daß trotz der höheren Einnahmen schon minimale Erhöhungen z. B. der Gemüse- und Obstpreise zu Problemen führen konnten.

»Mein Mann hat so 380 bis 400 DM verdient. Da haben wir sehr sparen müssen. Wir haben auf vieles verzichtet, aber immer nach und nach ein Stück zugekauft.« (Frau A.)

Ein »durchschnittlicher vierköpfiger Arbeitnehmerhaushalt«, wie ihn die Statistik festhält, hatte 1950 ein monatliches Einkommen von etwa 340 DM, Mitte der 50er Jahre (1956) von 600 DM und ungefähr 10 Jahre danach 674 DM (1958). Für Miete ist davon circa 1/10 mit eher sinkender Tendenz ausgegeben worden, obwohl auch die Mieten absolut gesehen in den 50er Jahren anstiegen, von 30 DM (circa 10 %) 1950 auf über 60 DM (8,9 %) 1958.

Die Ausgaben für Wohnungseinrichtungen und Hausrat verdoppelten sich in diesen Jahren prozentual und stiegen um mehr als das dreieinhalbfache in absoluten Zahlen: von 13 DM auf 48 DM monatlich. Der prozentuale Anteil der Ausgaben für Lebensmittel sank von 49 % 1950 auf 43 % 1958, obwohl dieser Posten in absoluten Zahlen gleichwohl stieg.

Ausgeglichen wurde das knappe Haushaltsgeld durch zusätzliche Versorgung aus eigenem Obst- und Gemüseanbau im Garten, sowie z. B. durch stunden- oder saisonweise »Mitarbeit« der Ehefrauen, ohne daß dies als Einnahme statistisch erfaßt worden wäre.

»Ich hatte noch einen Garten, der war voll ausgenutzt. Da hab' ich alles eingekocht, damit man nicht soviel kaufen mußte.« (Frau A.)

Nur diese Improvisationen und eine heute kaum noch vorstellbare Sparbereitschaft ermöglichten überhaupt die Anschaffung von Elektrogeräten, Möbeln, bzw. die Abzahlung der Raten hierfür.

Immerhin kostete Mitte der 50er Jahre z. B. ein Kühlschrank bereits 650 DM, und dies bei einem mittleren Monatseinkommen von 600 DM, der Kleiderschrank »einfacher Art« noch 1958 fast 200 DM, ein Dauerbrandofen 200 DM oder ein Fahrrad 150 DM.[2] Fast unerschwinglich schien ein VW-Käfer mit 5500 DM gewesen zu sein.[3]

Frauenerwerbsarbeit

Ob eine verheiratete Frau außerhalb von Familie und Haushalt erwerbstätig sein sollte oder nicht, war in den 50er Jahren wie auch heute noch ein sehr konträr diskutiertes aktuelles Thema. Die Frage der außerhäuslichen Erwerbstätigkeit verheirateter Frauen und Mütter hängt eng mit der Frage nach der gesellschaftlichen Rolle der Frau zusammen. Einerseits bildeten sich in zunehmendem Maße sogenannte »Frauenarbeitsplätze« außerhalb des Haushalts heraus, andererseits trat zu Beginn der 50er Jahre wieder verstärkt das Bild von der Frau in Familie und Haushalt hervor. Diese beiden angeblich gegensätzlichen Vorstellungen gerieten erst miteinander in Konflikt, als sich das soziale und wirtschaftliche Leben zunehmend außerhalb des Hauses abspielte. Im Zuge dieser Entwicklung wurde auch die außerhäusliche Erwerbstätigkeit von Frauen und Müttern in den 50er Jahren mehr und mehr problematisiert.

Im folgenden ist zu untersuchen, ob Frauen in dieser Zeit tatsächlich aus dem Produktionsprozeß verdrängt worden sind und sich in die »Privatsphäre« ihrer Familie zurückgezogen haben. Uns kommt es dabei nicht darauf an, die *Arbeitsbedingungen* von Frauen – die in den fünfziger Jahren eher noch schlechter waren als heute – zu erforschen, sondern den tatsächlichen *Umfang* der Frauenerwerbstätigkeit darzulegen. Vorrangig interessiert uns hierbei die spezielle Problematik der Müttererwerbsarbeit. Als Quellen dienten uns hauptsächlich amtliche Statistiken, der Familienbericht und die Frauenenquete.

Die Zahl der erwerbstätigen Frauen betrug 1950 7,9 Millionen und stieg bis 1959 um 1,3 Millionen auf mehr als 9,2 Millionen an, was einen Anstieg um mehr als 16 % bedeutet. Die Zuwachsrate der Erwerbstätigen insgesamt betrug hingegen nur 14,1 %. Der Anteil der Frauen an diesem Zuwachs betrug 41,8 %, der der Männer 58,2 %.

Nach ihrer Stellung im Beruf lassen sich 1959 die knapp 9,3 Millionen erwerbstätigen Frauen wie folgt unterteilen:

Die Zahl der innerhalb und außerhalb der Landwirtschaft *mithelfenden Familienangehörigen* verringerte sich 1959 gegenüber 1950 um circa eine halbe Million (15,2 %).[5] Die mithelfenden weiblichen Familienangehörigen stellten auch 1959 noch 23,2 % der Gesamtheit der weiblichen Erwerbstätigen. Dieser Bereich von Erwerbsarbeit, in dem Frauen die Arbeit in Familie und Haushalt mit der Erwerbsarbeit scheinbar vereinbaren konnten, war nur selten ein Angriffspunkt der familienpolitischen Kritik. Auch die Versorgung ihrer Kinder wurde bei dieser Gruppe von Frauen nicht problematisiert, denn die Verbindung von Beruf und Wohnbereich schien die Verfügbarkeit der Frauen für die Familien zu gewährleisten.

Die Zahl der *abhängig beschäftigten* Frauen stieg von 1950 bis 1960 von 4,2 Millionen auf 6,8 Millionen, also um fast 62 %.

Die *allgemeine Erwerbsquote* von Frauen drückt das Verhältnis aller erwerbstätigen Frauen zur erwerbsfähigen Gesamtbevölkerung aus. Sie sank zunächst von 37,3 % (1946) auf 31,4 % (1950), um bis 1959 wieder auf 33,5 % zu steigen.

Trümmerfrauen bei Aufräumungsarbeiten, Berlin, April/Mai 1945

Die *weibliche Erwerbsquote* meint das Verhältnis aller erwerbs*tätigen* zu allen erwerbs*fähigen* Frauen. Sie betrug 1960 bereits 48 %, das heißt, fast jede zweite Frau im erwerbsfähigen Alter war 1960 berufstätig.[6]

Untersucht man die Frauenerwerbstätigkeit unter den Gesichtspunkten Alter, Familienstand, Anzahl der Kinder und Alter der Frauen bei der Geburt des ersten Kindes, so ergibt sich das folgende Bild:

1950 waren insgesamt circa 1,3 Millionen Frauen im Alter von 20 bis 25 Jahren erwerbstätig. Nur 160000 von ihnen waren verheiratet.

In dieser Altersstufe findet sich bei Männern eine annähernd gleich hohe Erwerbsquote wie bei Frauen: 93,4 % aller erwerbsfähigen Männer dieses Alters waren erwerbstätig und 70,4 % aller Frauen, wobei die Erwerbsquote der ledigen Frauen zwischen 20 und 25 Jahren bei 90,4 % lag. Während die Erwerbsquote der Männer mit zunehmendem Alter steigt, beginnt die der Frauen ab diesem Alter bereits zu sinken.

Die Annäherung der Erwerbsquote von Männern und ledigen Frauen ist in Zusammenhang mit den meist längeren Schul- und Ausbildungszeiten von Männern zu sehen.

Frauen ergriffen nach dem oft zeitlich früher liegenden Schulabschluß vorwiegend Berufe mit wesentlich kürzeren oder ohne Ausbildungszeiten, da eine Berufsausbildung für die Lebensplanung von Frauen für zweitrangig gehalten wurde.

»Da ich keinen Beruf gelernt habe, kann ich nur Hilfsarbeiten machen. Ich habe keinen Beruf gelernt. Als Mädchen schon gar nicht, das war früher so. Erst bei jüngeren Jahrgängen war das üblich, daß auch Mädchen Berufe erlernten, Hauptsache, du warst eine gute Hausfrau.«

Gegenüber der Altersstufe der 20- bis 25jährigen Frauen nimmt die Erwerbsquote der 25- bis 30jährigen Frauen 1950 ab. Bei den 25- bis 30jährigen ledigen Frauen lag die Erwerbsquote noch bei 90,4 %, die der verheirateten bei nur noch 27 %.

Bis Ende der 50er Jahre stieg die Erwerbsquote bei diesen ledigen Frauen auf 91,2 %, die der verheirateten betrug schon fast 40 %.

Im Alter zwischen 30 und 35 Jahren, in dem die meisten Frauen im Durchschnitt das erste oder zweite Kind bekommen, sinkt die Erwerbsquote.

Bei den ledigen Frauen dieser Altersgruppe betrug sie 1950 88,7 %, bei den verheirateten 25,6 %. Sie stieg bis 1959 auf 90,3 % (ledige Frauen) und auf 35,5 % (verheiratete).[7]

Wie anhand der Zahlen nachgewiesen wurde, stellt die Eheschließung und Gründung einer Familie noch immer einen Einschnitt in den Erwerbstätigenstatistiken der Frauen dar.

Mit der Eheschließung wird Frauen der Arbeitsbereich Ehe und Familie zugeordnet. Folglich wurde die außerhäusliche Erwerbsarbeit abgebrochen bzw. unterbrochen. Allerdings wird an dem Anstieg des Anteils der verheirateten unter den erwerbstätigen Frauen die Tendenz zur Weiterarbeit auch während der Ehe oder nach der Geburt des ersten Kindes deutlich. Der Anteil der verheirateten Frauen mit Kindern unter 14 Jahren betrug 1950 fast 1,2 Millionen, 1957 schon mehr als 1,7 Millionen, 1962 bereits über 2 Millionen. 1950 waren knapp 3 Millionen verheiratete Frauen erwerbstätig, 1957 dann schon fast 4 Millionen.[8]

Die Mitarbeit von Müttern in Familienbetrieben, die nach Ansicht von Familiensoziologen und Politikern die primäre Funktion von Frauen in der Familie nicht wesentlich beeinträchtigt, stieg weit weniger an als die außerhäusliche Erwerbsarbeit von Müttern, durch die die Versorgung der Kinder angeblich nicht voll gewährleistet war. Diese Entwicklung erschien konservativen Politikern als bedrohlich. Unterstützt wurde diese Meinung durch zahlreiche Untersuchungen über die »Vernachlässigung« von Kindern erwerbstätiger Mütter. In diesem Zusammenhang muß die häufig zitierte Arbeit von Otto Speck über »Kinder erwerbstätiger Mütter« von 1956 genannt werden. In seiner Untersuchung stellt Speck die Auswirkungen von Müttererwerbsarbeit, die eine Vernachlässigung der Kinder zur Folge habe, als einen »Erziehungsnotstand« dar.[9] Außerhäuslich erwerbstätige Mütter nennt er »Familienstörfaktor«. Die Untersuchung von Speck belegt jedoch nicht den von ihm erkannten Erziehungsnotstand, zumal sie, wie oftmals empirische Untersuchungen, mehrere Fehlerquellen enthält, z. B. hinsichtlich der Art der Befragung (Lehrerurteil und suggestive Aufsatzthemen der Kinder) und fehlender Untergliederung nach sozialer Schichtung.

Eine Schädigung von Kindern durch Erwerbstätigkeit ihrer Mütter konnte auch in anderen Untersuchungen nicht nachgewiesen werden, blieb aber als Konsens in der öffentlichen Meinung bestehen ...

Das Statistische Bundesamt stellte sogar fest, daß 1950 nur jedes zwanzig-

I. Die Folgeerscheinungen des Getrenntseins bei der Mutter

Daß sich die berufliche Abwesenheit der Mutter auch auf sie selbst auswirkt, wird häufig übersehen. Die Mütterlichkeit erweist sich in der Erfahrung ganz und gar nicht als ein konstantes Faktum, das bei der Geburt eines Kindes in der Mutter mitgeboren wird oder nicht; vielmehr ist diese einem Reifungsprozeß unterworfen. „Nicht allein das Kind reift zur Mutter hinan, ebensosehr reift die Mutter am Kind empor ." Damit wird ausgedrückt, daß Mütterlichkeit sich am Kind, d. h. im Zusammenleben mit dem Kind, erst entfaltet.

Zu dieser Auffassung gelangt auch H. Hetzer in ihrer Broschüre über „Mütterlichkeit" auf Grund eines umfangreichen Untersuchungsmaterials, wenn sie schreibt, daß „die Gegenwart des Kindes als Reiz für die mütterliche Liebe" eine besondere Bedeutung für die Entfaltung der Mütterlichkeit zu haben scheint.

Sogar bei der erwerbstätigen Frau ohne Kind glaubt W. Ellbracht von einem Absterben der angelegten Mütterlichkeit sprechen zu können, „wenn sie durch einen frauen- und mutterfeindlichen Beruf jahrelang brachgelegt wird, wenn der Frondienst täglicher Brotarbeit zu wenig Raum für ihre Entfaltung gibt" .

Wenn in Betracht gezogen wird, daß tätige Mütterlichkeit in der unendlichen Zahl und Vielfalt der Alltagstätigkeiten und Opfer für das Kind sich kundtut und zur Wirkung kommt, so läßt sich daraus mit großer Wahrscheinlichkeit folgern, daß eine fortfallende oder wesentlich eingeschränkte Ausübung dieser mütterlichen Tätigkeit bzw. ein Entbundensein von diesen wegen Erwerbstätigkeit eine Hemmung oder Verkümmerung der Mütterlichkeitsentfaltung zur Folge haben. Als Beleg dafür läßt sich die Erfahrungstatsache anführen, daß häufig Mütter, die wegen sozialer und wirtschaftlicher Not auch nach Geburt eines Kindes ihre Erwerbstätigkeit nicht aufgeben konnten, die ersten entscheidenden Jahre also sich nicht ganz dem Kinde hingeben konnten, es nicht stillten, nicht trockenlegten, ihm nicht die Windeln auswuschen, ihm nicht hilfsbereit in den vielen Nöten und Fragen zur Seite stehen konnten, nicht all seine Erlebnisse teilen konnten, um es ganz zu verstehen, daß diese Mütter in späteren Jahren — selbst nach Überwindung der wirtschaftlichen Not — sich nicht oder nur schwer entschließen können, die Erwerbstätigkeit um der Kinder willen aufzugeben, den „Absturz in die Vollfamilie" zu wagen.

aus: Otto Speck, »Kinder erwerbstätiger Mütter«

ste Kind auf die ständige Anwesenheit der Mutter im Haushalt verzichten mußte, was jedoch ebenfalls noch überhaupt nichts über eine eventuelle Unversorgtheit aussagt.

»Die Großmutter meines Mannes hat während meiner Arbeit auf das Kind aufgepaßt. Sie hat nicht im Hause gewohnt, sondern zwei, drei Häuser weiter. Sie hat uns viel geholfen, und ich habe mich gut mit ihr verstanden. Ich habe dafür ihre Wäsche gemacht, und den Hausputz.« (Frau W.)

Öffentliche Betreuungseinrichtungen

In deutlichem Gegensatz zu den bisherigen Ersatz-Betreuungsmöglichkeiten familiär-persönlicher Art steht die Unterbringung in den öffentlichen Kindertagesstätten (Kinderkrippe, -garten und -hort), sowie in Kinderheimen. Besonders den Kindertagesstätten kommt heute eine wachsende, kaum zu übersehende Bedeutung bei. Wenn die Münchener Schulerhebung eine Inanspruchnahme des Hortes für 17% der Volksschüler ergibt, so muß dem hinzugefügt werden, daß der tatsächliche Bedarf noch weit größer ist. Die Forderung nach einer spürbaren Erhöhung ihrer Zahl wird von allen Seiten erhoben, und z. T. lakonisch begründet mit der Tatsache der erhöhten Müttererwerbstätigkeit. „Mehr Schulen, mehr Kindergärten, mehr Horte, mehr Sportplätze" wurden beispielsweise auf einer Versammlung von Bürgervertretern im Zeichen der Münchener Jugenschutzwoche 1954 immer wieder gefordert . Dabei darf jedoch folgender Umstand nicht übersehen werden. Stünden mehr oder gar in genügender Anzahl Kindertagesstätten zur Verfügung, so daß auch die Kinder aufgenommen werden könnten, deren Mütter nicht aus zwingender sozialer Notwendigkeit eine außerhäusliche Erwerbstätigkeit ausüben oder ausüben wollen, so würde gleichzeitig die Zahl der erwerbstätigen Mütter und damit die Zahl der betroffenen Kinder steigen; denn viele Mütter, die ohne wirtschaftliche Notwendigkeit zur Erwerbstätigkeit drängen, würden dann ohne erziehliche Bedenken eine außerhäusliche Arbeit aufnehmen, wenn sie ihr Kind „gut versorgt" wüßten. Und je verfeinerter die pflegerischen Maßnahmen in den Kindertagesstätten werden, umso eher fühlt sich manche Mutter gedrängt, dieser ihr Kind anzuvertrauen, weil sie glaubt, ihm dies zu Hause nicht bieten zu können. Eine Mutter tagsüber ohne Kind aber kann sich — sogar mit Recht — nicht ausgefüllt fühlen und benutzt die nächste Gelegenheit, einer Erwerbstätigkeit nachzugehen.

Im Hinblick auf die Unersetzlichkeit der Mutter und Familie für die Erziehung, besonders des Kleinkindes, lehnt u. a. Maria Kiene „Alle Bestrebungen für obligatorischen Kindergartenbesuch oder für Einrichtungen, die den Eltern ohne Rücksicht auf die Familienverhältnisse zur Verfügung stehen" , ab. Ebenso warnt G. Klein vor einer Erweiterung der Hortbetreuung, weil viele Mütter auch ohne rechte Not zur Erwerbstätigkeit drängen und diesem Verlangen immer mehr Raum gegeben würde, „je vielfältiger die Möglichkeit angeboten werden, die Sorgepflicht für das Kind abgeben zu können" .

Mit diesen Überlegungen soll lediglich ausgedrückt werden, daß dem allenthalben geforderten Ausbau der Kindertagesstätten nicht ohne Bedenken das Wort geredet werden darf.

Wäre die befürchtete Vernachlässigung der Kinder tatsächlich so schwerwiegend und von solchem Ausmaß gewesen, hätte dieser Gefährdung durch die Schaffung staatlicher bzw. öffentlicher Institutionen zumindest Einhalt geboten werden können. Für uns stellt es sich jedoch so dar, daß die Propagierung der unbedingten und unersetzbaren Zuständigkeit der Mütter für ihre Kinder der Verweisung und Festlegung von Frauen auf den häuslichen, familialen Bereich dienen sollte. Durch diese Festlegung schien die Verfügbarkeit von Frauen für die unbezahlte und gesellschaftlich notwendige Reproduktionsarbeit weiterhin gesichert zu sein.

Die am häufigsten von den Frauen selbst genannten Gründe für außerhäusliche Erwerbstätigkeit waren materieller Art. Zu Beginn der Ehe mußten Frauen oft »mitverdienen«, um das Familieneinkommen zu erhöhen und somit z. B. die Anschaffung von Hausrat zu ermöglichen. Diese Begründung wurde häufig auch weiterhin als Motivation genannt, selbst dann, wenn sich die materielle Situation der Familie längst verbessert hatte.[10]

Die »Existenzerweiterung« als Grund für eine Mitarbeit der Ehefrauen halten wir nur bedingt für aussagekräftig. Zum einen leuchtet es zwar ein, daß der knappe Hausrat z. B. mit arbeitserleichternden Elektrogeräten und weiterem Hausrat erweitert werden sollte, zum anderen ist diese Begründung aber auch die einzig gesellschaftlich anerkannte. Außerhäusliche Erwerbsarbeit von Müttern als »Aufopferung« wurde eher toleriert als das von Frauen auch häufig angegebene Motiv: Arbeit aus Liebe zum Beruf. Frauen, die ihre Berufsmotivation so begründeten, wurden als egoistisch und selbstsüchtig angesehen und verurteilt.

Die große Anzahl von Frauen, die als abhängig Erwerbstätige unterbezahlte und unqualifizierte Arbeiten leisten mußten, hat ihre Berufsarbeit eventuell auch als zeitweilige Befreiung von Isolation und Monotonie der familialen Arbeit begriffen. Aus gleichen Gründen wurde oftmals ein temporäres Motiv angegeben, d. h. die Frauen haben ohne konkrete Angaben doch ein Ende ihrer Berufstätigkeit in Aussicht gestellt.

Die massive Propagierung des »Mutter Sein als Beruf« und die strikte Ablehnung und Negativbewertung der Müttererwerbsarbeit durch die öffentliche Meinung beeinflußten unserer Meinung nach auch viele Frauen in ihrer Entscheidung, einer Berufstätigkeit nicht nachzugehen, so daß bei einer Unterstützung z. B. durch Gesamtschulen, Kindergärten, Horte etc., die die familialen Probleme und Koordinationsschwierigkeiten hätten mindern können, die Müttererwerbsarbeit vermutlich nach stärker gestiegen wäre.

»Damals hätte ich meine Kinder nicht in den Kindergarten geschickt. Ich hab' immer gedacht, man hat ja gar nichts von ihnen. Sicher hatte man viel Arbeit, und man war ja auch froh, wenn man sie manchmal losgewesen wäre. Dann wäre man schon mal froh gewesen, wenn einer dagewesen wäre, der sie einem zum Beispiel beim Hausputz abgenommen hätte.« (Frau L.)

Im übrigen wurde die Möglichkeit zur Erwerbstätigkeit für Frauen auch auf Gesetzesebene z. B. durch die eindeutige Rollendefinierung im Paragraph 1360 BGB eingeschränkt, wonach die Erwerbstätigkeit von Frauen von dem Wohlwollen und letztendlich auch von dem Einverständnis des Ehemannes abhängig war. Den Frauen konnte die außerhäusliche Erwerbsarbeit erlaubt oder verweigert werden und war nicht als selbstverständliche Möglichkeit der Verwirklichung ihrer Interessen anerkannt.

»Ich hatte seit meiner Heirat immer wieder mit dem Gedanken gespielt, noch Hebamme zu werden. Dann hätte ich noch eine Ausbildung machen müssen, und die hätte auch Geld gekostet. Die Ausbildung zur Hebamme kostete im Monat circa 50 DM. Auf meine Bewerbung bekam ich dann aber leider eine Absage: Verheiratete Frauen nähmen sie nicht. Das hätte ich gut neben den Kindern machen können; die meisten Hebammen arbeiten freiberuflich.« (Frau C.)

Frauen in der Sattlerei bei »Lloyd« in Bremen

Die Vereinbarkeit von Erwerbsarbeit und Familienarbeit wurde grundsätzlich angezweifelt. Andererseits wollte man aber die Frauen für den Arbeitsmarkt disponibel halten. Zur Lösung dieses Widerspruchs wurden verschiedene Modelle entwickelt. In der vorehelichen Phase bzw. vor der Geburt des ersten Kindes und nach der Zeit der Erziehung sollten die Frauen erwerbstätig sein. Während der Zeit der »aktiven Mutterschaft« dagegen sollte Wirtschaft und Industrie der Zugriff auf sie untersagt bleiben.

Dieses »3-Phasen-Modell« gewährleistete sowohl den Einsatz von Frauen auf dem Arbeitsmarkt als auch die Erfüllung traditionell festgelegter Arbeit in der Familie.[11]

Aus Untersuchungen zu dem Thema läßt sich ersehen, daß diese Periodisierung des Lebenslaufs von Frauen auch überwiegend eingehalten wurde.[12]

»Mir war aber klar, wenn ich heiraten wollte, daß ich dann meinen Beruf aufgeben müßte, und das wollte ich eigentlich nicht so gerne. Ich merkte dann im Spätherbst 1953, daß ich schwanger war. Ich hatte damals als Krankenschwester nicht die Möglichkeit weiterzuarbeiten, man hatte ja auch keinen Mutterschutz. Wenn bekannt wurde, daß man schwanger war, mußte man aufhören zu arbeiten.« (Frau C.)

Büroarbeit. Rechts: aus »Einmaleins des guten Tons«, 1955

Die Nachteile für die Frauen sind offensichtlich. Die Problematik einer Wiederaufnahme des Berufs nach langjährigem Aussetzen ist mehrfach belegt worden. Die in ihrer Berufstätigkeit aussetzenden Frauen verlieren nicht nur den Anspruch auf den Arbeitsplatz (außer Beamtinnen), sie müssen auch erhebliche Nachteile in der Renten- und Sozialversicherung hinnehmen. Weiterhin vereitelt eine geplante Unterbrechung alle Aufstiegschancen in dem gewählten Beruf. Zudem ist dieses Modell verstärkt abhängig von Konjunkturschwankungen.

Ein zweiter Lösungsversuch wurde in der Schaffung von *Teilzeitarbeitsplätzen* gesehen. Obwohl Teilzeitarbeitsplätze bei den Arbeitgebern z. B. wegen der erhöhten Sozialleistungen zunächst wenig beliebt waren, so boten sie doch den Vorteil, jederzeit leicht abbaubar zu sein. Teilzeitarbeitsstellen wurden vorwiegend im tertiären Sektor für ungelernte Arbeitskräfte angeboten.

Ein freundlicher und ordentlicher Arbeitsplatz ist eine gute Visitenkarte

Im Alltag des Berufes

Eine Dame sollte sich auch im Alltag nicht so gehen lassen

Auch der Chef vergibt sich nichts, wenn er sich ritterlich zeigt

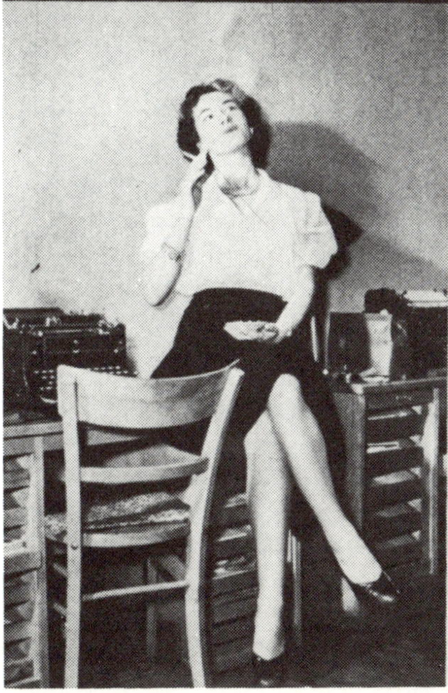

Bei ähnlichen Konsequenzen, wie sie die Berufsunterbrechung für Frauen hatte (Verlust des vollen Rentenanspruchs, steuerliche Benachteiligung, etc.) bedeutete Teilzeitarbeit die Institutionalisierung der Doppelbelastung, da sie auf die Gleichzeitigkeit von Erwerbstätigkeit und Familienarbeit ausgerichtet war und ermöglichte, daß die Frauen ihrer Rolle als Hausfrau und Mutter weiterhin gerecht werden konnten. Die unbezahlte Arbeit in der Familie blieb in den 50er Jahren Primat der von Frauen verlangten Leistungen, während die Erwerbsarbeit nur in Ergänzung dazu toleriert wurde.

»Hauptsache, du warst 'ne gute Hausfrau. Es war ja früher auch viel wert, wenn du wirtschaften konntest. Gearbeitet habe ich trotzdem immer. Ich wollte schon immer in der Fabrik arbeiten, aber mein Mann hat das verhindert. Er wollte nicht, daß ich arbeiten gehe, er war sehr eifersüchtig. Jetzt habe ich viel dazu gelernt, seitdem ich den ganzen Tag arbeite. Ich bin nicht mehr auf das Geld meines Mannes angewiesen.« (Frau W.)

»Mein Mann hätte wohl eigentlich nichts dagegen gehabt, daß ich arbeiten gehe. Aber als ich dann krank wurde, wollte er es nicht. Später meinte mein Mann, daß ich auch nicht arbeiten müßte, weil wir ja keine Kinder hätten, und für uns beide würde es reichen. Er hat dann viele Überstunden gemacht und meinte, das brächte ebensoviel ein, als wenn ich auch noch arbeiten ginge. Es war ihm wichtiger, ein schönes Zuhause zu haben.« (Frau A.)

Die stunden- oder saisonweise Erwerbstätigkeit bot noch wesentlich schlechtere Arbeitsbedingungen und Bezahlung. Für viele war aber gerade diese Arbeitsform die einzige Möglichkeit des Gelderwerbs.

»Seit der Heirat habe ich Saisonarbeit gemacht. Im Wald war ja alles verbrannt und mußte neu aufgeforstet werden. Da haben alle Frauen aus dem Dorf gearbeitet. Für 40 Pfennig in der Stunde. Einen jungen Mann aus der Stadt hatten wir dabei. Und dann habe ich auch noch mal Kartoffeln sortiert, aber nur einen Sommer lang.« (Frau L.)

Zusammenfassend läßt sich festhalten, daß in der Entwicklung der Frauenerwerbstätigkeit zwischen 1946 und 1960 ein Rückgang zu verzeichnen ist. Gleichzeitig konnte jedoch belegt werden, daß die Frauenerwerbstätigkeit im Laufe der 50er Jahre erheblich zugenommen hat. Dabei ist hervorzuheben, daß gerade die Zahl der außerhäuslich erwerbstätigen Frauen sich in diesen Jahren verdreifacht hat, wobei besonders der Anteil der verheirateten Frauen stieg. Die Zahl der erwerbstätigen Mütter verdoppelte sich sogar.

Die gängige Vorstellung von der ausschließlich häuslich tätigen Frau trifft somit für die 50er Jahre nicht zu.

Schleswig-Holstein, 1956. Im Streiklokal.

Hausarbeit

Ein Charakteristikum der Industriegesellschaft ist die Trennung zwischen beruflicher und familialer Arbeit. Die Zuweisung auf jeweils einen dieser beiden Bereiche ist die soziale Grundlage der Geschlechterrollen. Die Hausarbeit ist dabei die komplementäre Seite der industriellen Produktionsweise, d.h. der Berufsarbeit.[13]

Hausarbeit ist nicht nur eine Summierung bestimmter Tätigkeiten, sondern sie stellt vielmehr den zentralen Bezugsrahmen der weiblichen Biographie dar, sie ist umfassend als Lebenszusammenhang zu begreifen.

Die Hausarbeit von 1950 ist mit heute üblichen Formen häuslicher Arbeit nur wenig gleichzusetzen. Während heute die »Harmonisierungsfunktionen« der Ehefrauen und Mütter im Mittelpunkt ihrer familialen Aufgaben stehen, nahmen die »praktischen« und körperlich schweren Arbeiten in den 50er Jahren noch einen größeren Raum im Tagesablauf von Frauen ein. Alle Einzelbereiche der Hausarbeit waren wesentlich umfangreicher als heute. Allein das Kochen, eine der Hauptaufgaben von Frauen im Reproduktionsprozess der Familie, nahm z.B. wesentlich mehr Zeit als heute in Anspruch. Es mußte ohne zeit- und kraftsparende Elektrogeräte, ohne Fertiggerichte oder fertige Zutaten erledigt werden. Es gab keine Supermärkte, keine länger haltbaren Frischwaren, Lager- und Kühlmöglichkeiten waren in den Wohnungen sehr begrenzt, so daß man mindestens täglich einmal einkaufen gehen mußte. Aus Sparsamkeitsgründen mußten die Frauen eine aufwendige Vorratshaltung betreiben, wie z.B. die Zubereitung und das Einwecken von Gartenfrüchten und Gemüse oder die Herstellung von Fleisch- und Wurstkonserven. Für die Ernährung von Kleinkindern standen den Frauen weder die heute üblichen Fertigbreie noch die zeitsparenden Elektrozerkleinerungsgeräte zur Verfügung. Die Regelmäßigkeit und Pünktlichkeit der Mahlzeiten waren oberstes Gebot und setzten die zeitlichen Einschnitte im alltäglichen Arbeitsprozess und Tagesablauf.

Fester Bestandteil der Hausarbeit waren auch das wöchentliche »Großreinemachen« und die »große Wäsche«. Die Idealvorstellung einer sauberen Wohnung erforderte ein permanentes Möbelabrücken, Teppichklopfen (zu vom Hauswart festgelegten Terminen), Fensterputzen und Gardinenwaschen, Wischen und Bohnern der Fußböden und das Aus- und Einräumen der Schränke. Das tägliche Staubwischen, Bettenmachen, Fegen und »Moppen«, das Abwaschen und Aufräumen waren ohnehin obligatorisch.

Die Reinigung der Wäsche verlangte mehr und andere Arbeitsgänge als heute. Die Wäsche mußte tags zuvor eingeweicht, am Waschtag in Bottichen gekocht und geschrubbt, mehrfach gespült und gewrungen, gestärkt und zum Trocknen aufgehängt und zum größten Teil gebügelt und nach Vorschrift einsortiert werden. Der exakt eingeräumte Wäscheschrank war das Aushängeschild einer »guten Hausfrau«.

Da in den meisten Fällen das monatliche Haushaltsgeld größere Wäscheeinkäufe noch nicht zuließ, mußten die vorhandenen Teile um so öfter gewaschen werden. Der schnellere Verschleiß der Wäsche sorgte für ein Anwachsen der Stopf-, Flick-, Umänderungs- und sonstiger Näharbeiten, die nach

ie Hausfrau hat das Wort!

var es seit jeher: Wir aus dem
e THOMPSON wollen für Sie als
frau nur das Beste. Wir wollen
helfen, leichter, sauberer und
ller mit der Hausarbeit fertig zu
en. Das war auch der Grund, warum
hnen die neue

Schnell-Bohnermethode
OHNERN OHNE BÜCKEN

eiblank empfohlen haben; denn
mpfinden es als Rückschritt, wenn
rau im Zeitalter der technischen
genschaften auf dem Boden her-
echt, nur um einzuwachsen. — So
wir es! Und was sagen Sie dazu?

iben Sie uns doch mal!

legen wirklich großen Wert auf
Meinung. Schreiben Sie uns ein-
von den Erfahrungen, die Sie mit
euen Schnell-Bohnermethode, mit
ualität und vielseitigen Anwend-
it von Seiblank gemacht haben.
ind gespannt, was Sie dazu sagen.
n Sie uns — bitte nur auf einer
arte — offen mit, was Ihnen ge-
oder — was vielleicht sogar noch
rbessern wäre.

Eine Überraschung für Sie!

Jede Arbeit ist ihres Lohnes wert. Das wissen wir zu schätzen, und so dürfen wir Ihnen verraten, daß wir mit unserer Antwort zugleich eine kleine Anerkennung für Sie bereit halten.
Und zum Schluß noch eine Bitte: Teilen Sie uns außerdem mit, ob Sie

a) Hausfrau sind,
b) einen Beruf ausüben.

Schreiben Sie unter dem Kennwort „Die Hausfrau hat das Wort" an:

Hausfrauen-Beratungsdienst
THOMPSON-Werke GmbH.
Düsseldorf M

Leichter geht es mit Seiblank

Nur echt mit dem Schwan
aus dem Hause THOMPSON

Moderne Frauen benutzen Seiblank. Damit w
sie schnell und mühelos ein, denn Se
bedeutet für sie jetzt: „Bohnern ohne B

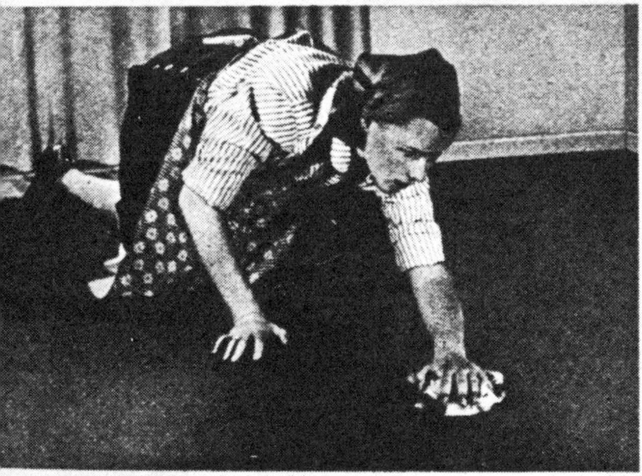

geplagte Hausfrau wachst ihren Fußboden ein, so wie es früher gemacht
e. Die Wirkung bleibt oft nicht aus: Rückenschmerzen, zerschundene Knie,
Vachs beschmutzte Kleider und Strümpfe — und erst die armen Hände! Soll
denn so wenig fortschrittlich arbeiten? Dabei geht es viel bequemer!

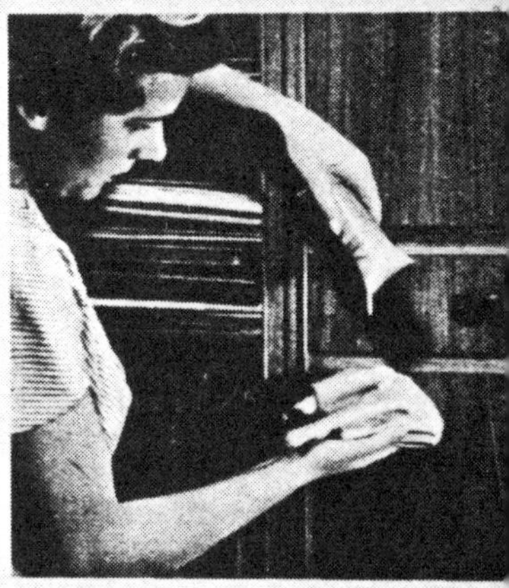

Möbelpflege mit Seiblank! Seiblank ist a
Möbel das Richtige. Hauchdünn auftrag
mit einem weichen Tuch dann leicht nachp

as Kratzen im Halse – –

Fällt Ihnen hier etwas auf?

Das gleiche Gesicht, doch
welch ein Unterschied! Sol-
che Erfolge er...
centu...

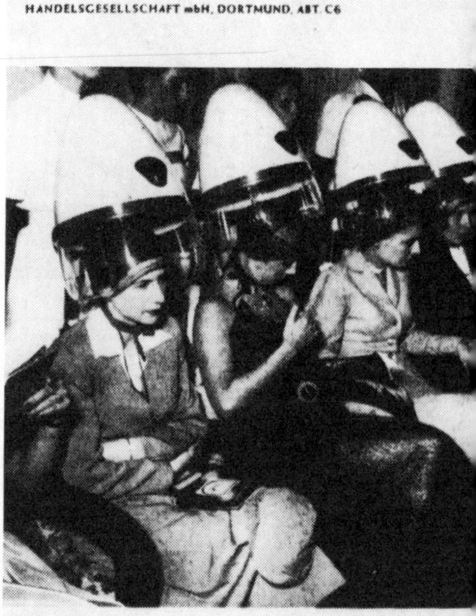

Die Dauerwelle

ÜBER DEN KOSMETISCHEN STANDARDTYP

der Tagesarbeit noch in den Abendstunden erledigt werden mußten. Nur in wenigen Haushalten konnten Frauen auf Waschmaschinen und Schleudern zurückgreifen. Während 1953 in den Vereinigten Staaten schon 76,2% der Haushalte eine Waschmaschine besaßen, waren es in der Bundesrepublik nur 3,5%. Die Preise für Waschmaschinen waren vergleichsweise sehr hoch, so kostete z.B. ein Gerät mit Schleuder zwischen 1600 und 2000 DM. Es mußten also zwei bis drei Monatsgehälter für die Anschaffung einer Waschmaschine ausgegeben werden.

Seit Anfang der 50er Jahre begann die Elektrogeräteindustrie den Markt mit ihren Produkten zu überschwemmen. Von den 1953 in deutschen Haushalten vorhandenen Kühlschränken wurde mehr als ein Drittel im selben Jahr angeschafft. Zu dieser Zeit gab es in den 15,4 Millionen Haushaltungen etwa 1,2 bis 1,4 Millionen Kühlschränke.[14]

Das Frauenbild, das zur »modernisierten« Hausarbeit gehört, hat sich somit seit den 50er Jahren herausgebildet. Neues Leitbild wurde die schicke, adrette, gepflegte Hausfrau und Mutter, welche die anfallenden Tätigkeiten im Haus spielend und wie nebenbei erledigte, dafür aber mit viel Raffinement, Witz und Interesse neue Gerichte kredenzte und in der Kindererziehung z.B. selbst komplizierteste Spiele und Basteleien bewältigte. Der Kärglichkeit überdrüssig, schuf sie eine neue Wohnkultur. Und vor allem durfte sie ihre eigene äußere Erscheinung dabei nicht vernachlässigen. In der Mode wechselte man von der größeren Küchen- zur kleineren Cocktailschürze oder zum kurzen, modischen Kleiderkittel.

Dieser Idealvorstellung der perfekten Hausfrau gerecht zu werden, erscheint nahezu unmöglich. Und so führte der Zwang, den Ansprüchen sowohl peinlichster Sauberkeit und Ordnung als auch souveräner Haushaltsführung genügen zu müssen, zu einem durchgängigen Gefühl individuellen Scheiterns.

Konrad Adenauer: »Wir werden die Hausarbeit erleichtern.«

Imbiß an der Frühstücksbar: »Arbeitsküche«

Die moderne Küche

Nachdem die Frau ihren Beitrag zum Überleben nach dem Kriege geleistet hatte, sollte sie in die Wohnung zurückkehren und die Familie zusammenhalten, und das möglichst zeit-, kräfte-und geldsparend. In diesem Sinn wurde z. B. 1953 in Berlin eine Ausstellung über rationelle Hauswirtschaft veranstaltet. Ausgehend von der Annahme, »der wichtigste Arbeitsplatz der Hausfrau« sei die Küche, in der sie zudem fast ein Drittel ihres Lebens verbrächte, beschäftigte man sich eingehend mit der Gestaltung von Küchen.

»Um der Hausfrau die Arbeit zu erleichtern«, wurden kleine Küchen mit wegsparender Anordnung der einzelnen Küchenelemente geplant.[15] Die Größe einer solchen angeblich zweckmäßigen Küche sollte für einen Stadthaushalt bei circa sechs Quadratmetern liegen. Diese Größe errechnete sich sicher nicht aus den Bedürfnissen der Hausfrauen, sondern war zum großen Teil auch durch die Ersparnis bei den Baukosten bedingt.

Für den Junggesellen, die alleinstehende Frau und für alle Fälle von beschränkten Raumverhältnissen wurde die Junggesellen-, sprich »Schrankküche« geschaffen. Merkmale dieses Küchentyps waren genormte Möbel in funktionaler Anordnung, kombiniert mit technischen Neuerungen. Dies schien sinnvoll (weil die aufeinander abgestimmten Maße und Kombina-

astin,
wer's
Zehe

elten
reuen
f be-
ebel-
fein-
eine
Dann
her-
Stück
einem
umen-
achen
worin
wurde.
Röll-
her-
urück-
Sup-
dem
en. Ein
aber
elbrei.

Sie
einen
billige.

tionsmöglichkeiten optimale Ausnutzung boten), doch schon gab es ernst zu nehmende Bedenken. Wie Hans Paul Bahrdt beschreibt, wurde die entscheidende Tatsache nicht berücksichtigt, die »die Hausarbeit im Gegensatz zur Fabrikarbeit kennzeichnet:

Hausarbeit ist diskontinuierlich. Einzelarbeiten müssen oft abgebrochen werden, weil eine andere Arbeit vordringlicher ist. Das heißt, eine angefangene Arbeit muß liegenbleiben können, ohne die eingeschobene Tätigkeit zu behindern... Auch im modernen Haushalt ist damit zu rechnen, daß zu manchen Tageszeiten mehr als eine Person in der Küche arbeitet..., etwa beim Abwasch. Ist die Hausfrau berufstätig, benötigt sie bei ihrer Küchenarbeit die Unterstützung durch andere Familienmitglieder.«[16]

Außerdem wurde trotz aller Bemühungen um Normierung und Rationalität der Küchen auf den Zusammenhang zwischen physischer Belastung der Frauen durch Hausarbeit und den Abmessungen der Küchenelemente (z.B. Arbeitshöhen) wenig Rücksicht genommen. Rückenschmerzen z.B. beim Abwasch waren die Folge.

Die durchrationalisierten Küchen waren so zugeschnitten, daß die Arbeit ausschließlich von einer Person, namentlich der Hausfrau verrichtet werden konnte. Parallel dazu erfolgte die Einführung elektrischer Haushaltsgeräte. Die Arbeit sollte erleichtert und auf ein Minimum beschränkt werden. »So wird die Hausfrau nicht Sklave ihrer Arbeit, sondern gewinnt Zeit und Muße für höhere Dinge des Lebens.«[17]

Die Hausfrau sollte von der Hausarbeit entlastet werden, indem Küchenplanung und Arbeitsgänge nach den Grundsätzen wissenschaftlicher Betriebsführung durchrationalisiert wurden, woraus sich nicht nur die Freisetzung der Frau für die Pflege von Wohnung und Wohnkultur, sondern auch als potentielle Arbeitskraft im außerhäuslichen Bereich folgern ließe.

Für Frauen bedeutete es konkret ein Mehr an häuslicher und familialer Arbeit, den häuslichen Bereich so zu gestalten, daß er ein Gegenstück zur technisierten Außenwelt darstellen konnte. Gleichzeitig erlangte das Ausgestalten der Wohnung eine immer größere Bedeutung, die, durch die Medien und die Einrichtungsindustrie vorangetrieben, mehr und mehr zum Selbstzweck wurde. Darüberhinaus verfestigte sich, vorgegeben durch Ausstattung, Einrichtungsstil und Größe der Wohnung, die ganz spezifische Wohn- und Lebensform der fünfziger Jahre. Andere Formen des Zusammenlebens/wohnens als in der Kleinfamilie waren nahezu ausgeschlossen. Indem derartiges Wohnen mit Lebensqualität an sich gleichgesetzt wurde und die Wohnung zusehends den Charakter eines Prestigeobjekts erhielt, wurde es immer mehr zum eigentlichen »Lebensinhalt«. Damit vergrößerte sich auch die Bereitschaft, dafür zu arbeiten.

Eheschließungen

Heute geht man im allgemeinen davon aus, daß in den 50er Jahren eine verstärkte »Eheneigung«, verbunden mit einem relativ hohen Geburtenanstieg, zu einer »Renaissance der Familie« führte, der in den späten vierziger Jahren die viel zitierte Krise der Familie vorausgegangen war.

Wir untersuchen das leider nur bruchstückhaft vorliegende Material dahingehend, ob Frauen tatsächlich verstärkte »Ehewilligkeit« gezeigt und die Forderung nach erhöhter Kinderzahl pro Ehe erfüllt haben und ob somit von einer Festigung der Institutionen Ehe und Familie allein schon aufgrund dieser Indikatoren ausgegangen werden kann.

Die weibliche Wohnbevölkerung stieg von 1950 bis 1959 von 25,3 Millionen auf 28,1 Millionen an, darunter die Zahl der *verheirateten* weiblichen Wohnbevölkerung von circa 11 Millionen auf über 13 Millionen. Gleichzeitig stieg auch die Verheiratungsquote der Gesamtbevölkerung von 45,6 % im Jahr 1950 auf 51,3 % im Jahr 1959. Um aber eine eventuell zunehmende Eheneigung feststellen zu können, erscheint eine Aufschlüsselung der Verheiratungsquote nach Alter aussagekräftiger. Denn es kann davon ausgegangen werden, daß normalerweise alle Ehewilligen bis zu einem Alter von 35 bis 40 Jahren verheiratet sind.[18] Die Zahl der Eheschließungen im Jahr 1950 mit circa 506000 und 1951 mit etwa 495000 stellen für die 50er Jahre einen Höhepunkt dar. Die außergewöhnlich hohe Anzahl der Eheschließungen kann noch als eine Nachkriegserscheinung angesehen werden, da 1950/51 diejenigen Ehen geschlossen wurden, die durch Krieg und Kriegsgefangenschaft der Männer aufgeschoben worden waren.

»Überlegt zu heiraten hatte ich mir schon vorher, aber die Männer waren ja alle im Krieg. Und wenn man dann keinen kennenlernen konnte, dann nahm man den, den man von früher kannte. Wo sollten die denn einen kennenlernen? Wenn sie nicht gerade in Familien- oder Bekanntenkreisen Freunde hatten.« (Frau L.)

Zudem war 1950 der Anteil von Wiederverheiratungsehen verwitweter Frauen an der Gesamtzahl der Eheschließungen mit 54000 relativ hoch.

Sowohl die Abnahme der Nachholeheschließungen als auch die verringerte Anzahl der sich im heiratsfähigen Alter befindenden Personen (aus den geburtenschwachen Jahrgängen um 1930) führte in den Jahren 1952/53/54 zu einer Rückläufigkeit der Eheschließungen.

Ab 1956 waren dann die Frauen der geburtenstarken Jahrgänge ab 1935 im heiratsfähigen Alter. Der Anstieg der Eheschließungen ab 1956 steht in ursächlichem Zusammenhang mit der vermehrten Anzahl dieser Frauen im heiratsfähigen Alter. Eine weitere Ursache für den allgemeinen Anstieg der Eheschließungen in den Jahren 1950 bis 1959 liegt im Sinken des durchschnittlichen Heiratsalters, bedingt durch die Verbesserung der ökonomischen Verhältnisse. Hinzu kam die Tatsache, daß voreheliche Sexualität noch immer nicht gesellschaftlich toleriert wurde und nicht nur im Falle einer Schwangerschaft durch Ehe legitimiert werden mußte. Immerhin erwarteten jedoch 25 bis 30 % aller Frauen bereits bei der Eheschließung ein Kind.

Wie kriege ich

»Die Schwiegereltern wollten nicht, daß ich mit ihm zusammen gehe. Als er sich aber nicht von mir trennen wollte, haben sie ihn rausgeschmissen. Da war er 20 und ich 17. Er kam zu uns, aber die Hauswirtin wollte nicht, daß er hier wohnt! Da hat sie uns das Jugendamt auf den Hals geschickt. Wir haben uns gleich verlobt, aber das genügte noch nicht. Wir mußten heiraten.« (Frau M.)

»Ich wollte vor allem kein uneheliches Kind in die Welt setzen, ich wollte wenigstens verheiratet sein. Ich habe mich geschämt.« (Frau C.)

einen Mann?

Zu den Zukunftsprognosen für ihr eigenes Leben gehörte bei den von uns befragten Frauen unbedingt auch die Ehe. Ledig zu bleiben, aufgrund des Männermangels in der Nachkriegszeit und zu Beginn der 50er Jahre das Schicksal vieler Frauen, wurde als persönliche Schwäche gesehen, es bedeutete, »keinen abgekriegt zu haben«. Zudem war die Entscheidung, eventuell ledig zu bleiben, für die Frauen bei ihrem niedrigen Einkommen nicht möglich. Aber alle Frauen gaben an, sie hätten unter weniger zwanghaften Umständen erst später geheiratet.

Geburtenentwicklung

Die aufgrund des gesunkenen Heiratsalters steigende Zahl jüngerer Ehefrauen sollte nach Ansicht von Bevölkerungswissenschaftlern eine ebenfalls höhere Zahl von Kindern pro Ehe sichern. Je eher eine Frau heiratete, desto eher erwartete man von ihr eine Ausschöpfung ihrer Reproduktionsfähigkeit.

Für die Jahre von 1946 bis 1949 läßt sich ein stetiges Wachstum der Geburtenzahlen feststellen, so war 1948 schon wieder der Stand von 1938 erreicht. Der Anstieg der Geburten am Ende der vierziger Jahre kann in Verbindung mit der großen Zahl heimkehrender Männer – also potentieller Väter – und dem dann folgenden Zuwachs an Eheschließungen gesehen werden. Auffällig ist die relativ hohe Zahl der nicht ehelich geborenen Kinder in der Zeit von 1946 bis 1947 (1946: 116310 und 1947: 88897). Diese vergleichsweise hohe Anzahl (1938: 49641 und 1958: 58198) läßt sich teilweise durch die sogenannten Zweckbeziehungen in dieser Zeit und auch durch wahrscheinlich vermehrte Vergewaltigungen erklären – trotz der teilweise stillschweigenden Außerachtlassung des Paragraphen 218.

Die Zahl der geborenen Kinder blieb zwischen 1950, dem Jahr mit den meisten Eheschließungen, und 1953 fast unverändert.

Es stellt sich also die Frage, wie die zunächst stagnierende, zum Ende der 50er Jahre jedoch stark ansteigende Anzahl der Geburten zu erklären ist.

Aufgrund des hohen Heiratsalters der in den Jahren 1950/51 geschlossenen »Wiederverheiratungsehen« (im Durchschnitt 36 Jahre) wurden in diesen Ehen nur wenige Kinder geboren. Es kann hier auch davon ausgegangen werden, daß die geringere Zahl an Geburten durch die verminderte Zahl der

Frauen im gebärfähigen Alter (geburtenschwache Jahrgänge) beeinflußt wurde. Außerdem werden sich Frauen geweigert haben, in der relativ unsicheren ökonomischen Situation Kinder zu bekommen. Erfahrungsgemäß werden in Zeiten wirtschaftlicher Not weniger Kinder geboren.

»Als ich 1948 heiratete, war ich 18 Jahre alt und mein Mann 36. Wir hatten fast nicht mehr als das, was wir auf dem Leibe trugen. Wir hatten ein Eisenbett, einen Bombenofen, einen Tisch und zwei Stühle. Wir haben in den ersten drei, vier Jahren keine Kinder gewollt. Aber es gab keine Pille wie heute, wir haben so aufgepaßt.« (Frau A.)

In den Jahren 1951 bis 1958 ist ein Rückgang der Erstkinder gegenüber der Zahl der Nachgeborenen zu verzeichnen. Eine große Zahl der Kinder wurde von Frauen im Alter über 30 Jahre geboren. Beide Tatsachen deuten daraufhin, daß es die schon bestehenden Ehen waren, die zu Beginn der 50er Jahre die sogenannten Nachholgeburten aufwiesen.

In den Jahren 1954 bis 1959 ist ein Anstieg der Geburtenzahl zu verzeichnen, der einen Zuwachs von mehr als 100000 Lebendgeborenen ausmacht und insbesondere durch die veränderte Altersstruktur der Mütter bedingt war.[20]

Weiterhin ist bemerkenswert, daß 60% aller überhaupt zu erwartenden Kinder bis zum Ende des ersten Ehejahres geboren wurden.[21] Bei diesen Kindern kann davon ausgegangen werden, daß sie bei besseren Empfängnis-

verhütungs- bzw. Abtreibungsmöglichkeiten nur zu einem Teil geboren wären. Sicherlich wäre auch die Zahl der Eheschließungen niedriger ausgefallen.

»Und wie das erste Kind unterwegs war, da hat mir kein Mensch gesagt, wie das funktioniert. Die Periode blieb weg, du kriegst halt ein Kind. Ich war gerade bei meiner Mutter, als mir elend wurde. Sie schälte Zwiebeln, und mir wurde erbärmlich übel und ich kämpfte gegen den Brechreiz. Da sagte meine Mutter: ›Jetzt hat es dich wohl erwischt!‹ Ich wollte das Kind da noch nicht, bestimmt nicht. Es waren zwei Kinder geplant, aber da hatten wir ja noch nichts. Das zweite Kind kam dann gleich hinterher. Das dritte wollte ich nicht mehr; da ich davor aber gerade eine Fehlgeburt hatte und fast dabei draufgegangen wäre, da habe ich mir gedacht, jetzt treibste nicht mehr ab.« (Frau M.)

Wie steht es nun aber um die für die 50er Jahre vielbehauptete Tendenz zur »Mehrkindfamilie«? Der Anstieg der verheirateten Frauen im reproduktionsfähigen Alter mit dritten Kindern betrug von 1950 bis 1957 nur knapp 0,3%. Die Zahl der zweiten Kinder stieg um etwa 17%, während die »Drittkinder« nur circa 18% ausmachten. Laut einer Befragung von 1958 lag die Vorstellung über die ideale Kinderzahl pro Familie im Durchschnitt bei zwei oder drei Kindern.[22] Für die eigene Familie planten allerdings 45% der Befragten nur zwei Kinder. Nur noch 21% von den 38%, die die »ideale« Kinderzahl allgemein bejahten, prognostizierten drei Kinder für die eigene Familie.[23]

»Ich wollte auch gern Kinder haben, zwei wollte ich sicher gern haben. Daß ich dann gleich noch zwei hinterher bekam, das habe ich dann sicher nicht mehr geplant.« (Frau L.)

Insgesamt kann über die Geburtenentwicklung in den 50er Jahren ausgesagt werden, daß sich die Kinderzahl pro Ehe nur unbedeutend erhöht hat. Es hat sich vielmehr die erhöhte Gesamtkinderzahl auf mehr Frauen verteilt.

Ehescheidungen

Ehescheidung stellt die häufigste Art der gerichtlichen Ehelösung dar; Nichtigkeitserklärungen und Eheauflösungen waren in den 50er Jahren zahlenmäßig so unbedeutsam, daß wir an dieser Stelle darauf nicht näher eingehen. Vor dem Hintergrund der relativ hohen Scheidungszahlen in der Nachkriegszeit untersuchen wir, ob auch in den 50er Jahren von einer »Krise der Institution Ehe« und damit auch der Familie auszugehen ist.

Unbeantwortet bleiben muß dabei die Frage, ob etwa ein gestiegenes Selbstbewußtsein von Frauen durch relative Eigenständigkeit in der Nachkriegszeit Ursache für die hohen Scheidungszahlen war. Denn diese Scheidungen betrafen vorwiegend Ehen, die während des Krieges oder kurz zuvor geschlossen worden waren. Die Ehen waren zumeist übereilt eingegangen worden oder hatten durch »Entfremdung« der Ehepartner nach langjähriger Trennung nur wenig Bestand.[24]

Begünstigt wurde die Möglichkeit der Ehescheidung durch die Einführung des sogenannten »Armenrechts« durch Alliiertes Recht. Somit war es vor allem finanziell schlechter gestellten Frauen erlaubt, eine Scheidungsklage zu erheben. 75 % der geschiedenen Ehen dieser Jahre wurden unter Inanspruchnahme dieses Rechts geschieden.[25]

Die Zahl der Ehescheidungen verringerte sich im Laufe der 50er Jahre jedoch gegenüber der Nachkriegszeit um nahezu die Hälfte.

Im Jahr 1950 war die Zahl der Ehescheidungen noch relativ hoch, jedoch war dies auch das Jahr mit den meisten Eheschließungen. Lediglich die Zahl der Scheidungen von zehn Jahren und länger bestehenden Ehen nahm ab, wogegen ein hoher Anstieg der Scheidungen bei den zwei bis vier Jahre bestehenden Ehen zu verzeichnen war.

Von 1950 bis 1956 sank die Anzahl der Scheidungen um fast 35000, nämlich von etwa 75000 auf 40000. Erst ab 1957 ist wieder ein leichtes Ansteigen der Scheidungszahlen festzustellen, welches wir aber nicht a priori als Instabilität der Institution Ehe bezeichen wollen.[26]

Gegen eine tendenzielle Eheunwilligkeit spricht die Tatsache, daß ein großer Teil der geschiedenen Frauen erneut eine Ehe einging.

1950 haben sich mehr als 40000 geschiedene Frauen und 1957 fast 32000 wiederverheiratet.

Übersicht: Angaben zur Bevölkerungsstatistik *

	1950	1957
Weibliche Wohnbevölkerung insgesamt	25344980	27487 00
davon ledig	10874145	10712000
verheiratet	11051190	13153000
geschieden	387000	441000
verwitwet	3033000	3390000
ledige, verheiratete, geschiedene und verwitwete Frauen zwischen 15–45 Jahren	12805175	11230000
Eheschließende Frauen	506101	453810
Durchschnittliches Heiratsalter von Frauen	27,3	25,7
Allgemeine Fruchtbarkeitsziffer	69,5	76,2
Lebendgeborene insgesamt	772850	855241
Unehelich geborene	74506	60636
Ehescheidungen insgesamt	75268	41468
Ehescheidungen auf 10000 bestehende Ehen	67,5	32,7

* vgl. Statistische Jahrbücher 1952 bis 1959 und Bericht der Bundesregierung über die Situation der Frauen in Beruf, Familie und Gesellschaft. Bonn 1966.

Bei dem Vergleich der Scheidungszahlen von 1950 bis 1957 wird deutlich, daß eine eventuelle Krise der Ehe in der Nachkriegszeit in den 50er Jahren keine direkte Fortsetzung fand. An den Zahlen ist eher eine Konsolidierung der Ehen abzulesen.

Anhand von Scheidungszahlen kann allerdings auch keine Aussage über die Geschlechterbeziehungen in ehelichen Verhältnissen gemacht werden.

Die Entwicklung der Scheidungshäufigkeit muß eher vor dem Hintergrund einer Scheidungsgesetzgebung gesehen werden, die die materielle Versorgung von Frauen nach der Scheidung nicht gewährleistet.

»Nach der Geburt der Zwillinge hatte ich schon mal einen Ausbruchsversuch gemacht. Es gab einen sehr schlimmen Zwischenfall. Da sah ich für die Kinder Gefahr und auch für mich keine Zukunft mehr mit ihm. Da war ich nicht mehr in der Lage, das zu steuern. Dann bin ich mit den Kindern in ein Frauenheim gegangen. Ich habe mit den Kindern ein Zimmer bekommen. Da bin ich drei Wochen mit den Kindern gewesen. Mein Mann hat versucht, mich zurückzuholen. Die haben ihn aber nicht reingelassen und ich wollte ihn auch nicht sehen. Ich wußte aber auch nicht, wie meine Zukunft aussehen sollte. Ich wußte nicht, wie es mit den kleinen Kindern weitergehen sollte. Ich habe damals mit dem Gedanken gespielt, wieder zu arbeiten, in meinen Beruf zurückzugehen.

Die ganzen Zwischenfälle in meiner Ehe waren sehr schlimm. Nach einem Anfall meines Mannes kam ein Arzt vom Gesundheitsamt und meinte, mein Mann ist doch völlig gesund. Daraufhin triumphierte er mir gegenüber und hat mich angegriffen und beschimpft. Die sexuelle Seite spielte natürlich auch eine große Rolle. Das ist ja dann auch das gewesen, was mich so sehr zurückgestoßen hat, was mich zum Schluß so sehr angewidert hat, daß ich gesagt habe, Ehe ist Prostitution. Nur dafür, daß ich mein Haushaltsgeld kriege, daß ich mit den Kindern leben kann, dafür muß ich stillhalten. Das ist also das, was mich zum Schluß meinerEhe völlig demoralisiert hat. Ich war nach zehnjähriger Ehe wirklich kaputt, völlig fertig, seelisch kaputt.« (Frau C.)

Auch die Diffamierung geschiedener Frauen in der Öffentlichkeit hatte zur Folge, daß ein wahrscheinlich nicht geringer Teil von Ehen selbst dann aufrechterhalten wurde, wenn eine eheliche Lebensgemeinschaft längst nicht mehr bestand. Die ökonomische Zwangslage von geschiedenen Frauen führte sicherlich auch zu einer größeren Bereitschaft zur Wiederverheiratung.

Entfremdung?

In jeder guten Ehe und in jeder guten Freundschaft gibt es kritische Augenblicke, in denen sich plötzlich und unerwartet eine unüberbrückbare Kluft aufzutun scheint.

Wie wird es weiter gehen? Kommt es zur Trennung — oder wird sich ein Weg zur Verständigung finden? Alles wird davon abhängen, daß wenigstens einer den unerschütterlichen Mut und den guten Willen zur Versöhnung findet. Warum sollten Sie es nicht sein? Vergessen Sie dabei nicht: vielerorts hat es sich als gut bewährt, die Versöhnung mit einem Dujardin zu bekräftigen. Der Dujardin ist ja etwas teuer, aber dafür unnachahmlich.

100 000,— DM Dujardin-Preisausschreiben.

Haben Sie sich schon am Dujardin-Preisausschreiben beteiligt? Gesucht werden die besten Antworten auf die Fragen: Können Sie Weinbrände in der Qualität unterscheiden? Wie stellen Sie Qualitätsunterschiede fest? Steigt die Nachfrage nach qualitativ hochwertigem Weinbrand? Schluß für Einsendungen: 31. Juli 1959. Lassen Sie sich die Bedingungen kommen von Dujardin, Uerdingen.

...DARAUF EINEN Dujardin

Zusammenfassung

Durch die Untersuchung statistischer Erhebungen über Frauen in Ehe und Familie erhielten wir Ergebnisse, die sich uns sehr ambivalent darstellten. Die durchschnittliche wirtschaftliche Situation einer vierköpfigen Familie scheint zumindest bis Ende der fünfziger Jahre sehr problematisch.

Neben der »Deckung des täglichen Bedarfs« war es nur schwer möglich, notwendige Anschaffungen an Hausrat zu machen. Die sich abzeichnende Orientierung an »Konsumgütern« (vorwiegend Elektrogeräte für den Haushalt) setzte eine enorme Sparbereitschaft voraus.

Diese Situation erklärt auch zu einem wesentlichen Teil die quantitative Erhöhung der Erwerbstätigkeit von Frauen bzw. die »Mitarbeit« von Ehefrauen und Müttern. Diesem Motiv von Erwerbstätigkeit stand andererseits aber auch ein gestiegener Bedarf an weiblichen Arbeitskräften von seiten der Wirtschaft gegenüber.

Der massiven Propagierung einer Familienidylle und den Warnungen vor »schädlichen« Auswirkungen der Müttererwerbsarbeit auf die Kinder zum Trotz verdreifachte sich die Zahl der Frauen mit Kindern, die einer außerhäuslichen Erwerbsarbeit nachgingen. Das sinkende Heiratsalter (für Frauen) muß in Zusammenhang mit der ökonomischen Situation gesehen werden, denn diese ermöglichte eine frühzeitige gemeinsame Hausratsanschaffung.

Die erwünschte und statistisch berechnete Geburtenzahl wurde von den Frauen nicht erfüllt. Der Anstieg der Geburten insgesamt erklärt sich lediglich aus der veränderten Bevölkerungsstruktur. Die innerhalb der 50er Jahre leicht angestiegene Zahl der Scheidungen werten wir nicht als Ausdruck einer Krise der Institution Ehe, denn sie sagt, wie gezeigt, nichts über die tatsächlichen ehelichen Verhältnisse aus.

Vor dem Hintergrund der dargestellten Zahlen und Faktoren, die das Leben von Frauen in Familien während der Nachkriegszeit und in den 50er Jahren bestimmten, untersuchen wir nun die Einschätzungen und Interpretationen diverser gesellschaftlicher Gruppen.

2

KRISE ODER IDYLLE ?

In der Diskussion um Familie in der Familien-Soziologie der 50er Jahre wurde von »natürlicher Bestimmung« und von »unersetzbaren Aufgaben« gesprochen, von der Pflichterfüllung des einzelnen Familienmitgliedes, ohne aber die Bedürfnisse und Rechte des einzelnen unabhängig von seiner Funktion als Gruppenmitglied zu beachten. Selten wurde definiert, wie eine »intakte Familie« auszusehen hätte; so gut wie nie fand eine Auseinandersetzung darüber statt, wie sie geformt und aufgebaut sein müßte, um die Glücksbedürfnisse des einzelnen erfüllen zu können.

Das Idealbild von Familie war die Vorstellung von einer Form des Zusammenlebens in einer größeren Hausgemeinschaft, bei der auf das Bild der vorindustriellen Großfamilie zurückgegriffen wurde, die so nie existiert hat und im nachhinein eine romantische Verklärung erfahren hat.

Der gesamtgesellschaftliche Wandel hatte von der Familie »Anpassungsleistungen« gefordert und Veränderungen bedingt, die von Politikern und Wissenschaftlern überwiegend als Krise eingeschätzt wurden. Aus dem Verlust sichtbarer Funktionen der Familie innerhalb der Gesellschaft folgte ihrer Ansicht nach ein Wandel innerfamilialer Strukturen, welcher insgesamt zu einer verstärkten Instabilität von Familie geführt habe. Die Lockerung der innerfamilialen Funktionszuweisung wurde gleichgesetzt mit Auflösungstendenzen von Familie an sich.

Politikern und Wissenschaftlern erschienen nicht primär die Beziehungen in den Familien, sondern die vermeintlich unersetzliche *Funktion der Familie für die Gesellschaft*, wie z.B. Zeugung und Aufzucht der Nachkommenschaft und die Bildung der »sozial-kulturellen Persönlichkeit« als gefährdet. Dabei blieb völlig unbeachtet, daß diese Veränderungen durchaus positive Züge für die Lebensgestaltung der Individuen beinhalten könnten und Möglichkeiten zuließen, sich aus den patriarchalischen Zwängen von Familie zu lösen und neue Formen des Zusammenlebens zu finden, in denen sich individuelle Bedürfnisse eher befriedigen ließen als in einer Gruppe mit traditionell festgelegten Funktionen und Verhaltensmustern.

Familiensoziologie nach 1945

Der Aufschwung der deutschen Familiensoziologie in den 50er Jahren läßt einen Zusammenhang mit der Erschütterung gesellschaftlicher Strukturen durch die Kriegs- und Nachkriegsereignisse vermuten. Die Frage nach der Zukunft der deutschen Familie schien von großer gesellschaftspolitischer Relevanz, da sich in den Wirren des Krieges und der wirtschaftlichen Not der Nachkriegszeit die Familie als das letzte stabile Gebilde erwiesen habe.

Vor dem Hintergrund der Erfahrung mit dem Faschismus sah man in einer Verstärkung der kleingruppenhaften und zwischenmenschlichen Beziehungen die Möglichkeit, die Entwicklung einer für politische »Verführer« besonders zugänglichen »Massengesellschaft« abzuschwächen. Ausgangspunkt aller familiensoziologischen Arbeiten in den 50er Jahren war der Gedanke vom »gesamtgesellschaftlichen Wandel« und der daraus folgenden Fragestellung, ob eine »Krise« oder »Stabilität« der Familie gegeben sei. War etwas ins Wanken geraten, was vordem einmal als stabil und intakt gegolten hatte, oder hatte sich Familie trotz gesellschaftlicher Veränderungen als stabile Einheit bewährt?

Die Sozialwissenschaftler begannen schon 1949 mit Untersuchungen über die Auswirkungen des Krieges und die daraus resultierenden veränderten Lebensbedingungen für die Familie.[1] Bereits 1946/47 erstellte *Hilde Thurnwald* eine Studie über 498 Berliner Familien. *Gerhard Wurzbachers* Untersuchung »Leitbilder gegenwärtigen deutschen Familienlebens«, die von 120 Studenten der Akademie für Gemeinwirtschaft im Zeitraum von 1949 bis 1951 durchgeführt wurde, analysierte die Situation von 167 ihnen bekannten Flüchtlingsfamilien mit dem Ziel, etwaige Kriegsauswirkungen auf die westdeutsche Familie zu erarbeiten. *Gerhard Baumert*, Mitglied des Instituts für Sozialwissenschaftliche Forschung in Darmstadt, leitete eine Untersuchung im regional begrenzten Darmstädter Raum über 470 Familien und über 518 Familien des Hinterlandes. Auch hier standen die Kriegsfolgen und eventuelle Veränderungen des Familienlebens im Vordergrund des Forschungsinteresses. Die Arbeiten von *René König*, *Helmut Schelsky* und *Renate Mayntz* sind theoretisch orientiert und versuchen, zumindest ansatzweise eine Theorie der Familie zu formulieren. König beschäftigte sich seit 1940 in der Schweiz intensiv mit familiensoziologischer Forschung. Seine Arbeit begann 1943 mit dem Auftrag, ein Gutachten über die Lage der Familie auszuarbeiten, das einen Gesetzesvorschlag zur Familienschutzinitiative des Schweizer Bundesrates soziologisch untermauern sollte. Schelskys »Wandlungen der deutschen Familie in der Gegenwart« von 1954 bezieht sich auf das Material der oben erwähnten Untersuchung Wurzbachers.

Sich durch sämtliche Untersuchungen ziehende Fragestellungen waren die nach den Auswirkungen des Krieges, nach den daraus resultierenden innerfamilialen Strukturwandlungen, nach der Interdependenz von gesellschaftlichem Wandel und dem Funktionsverlust der Familie und schließlich die Frage nach der Stabilität von Familie und den Möglichkeiten ihrer eventuellen Förderung. Grundlage unserer Beschäftigung mit den Analysen der Familiensoziologen bildet die Fragestellung nach ihrer Beurteilung gesamtgesellschaftlichen Wandels, nach den von ihnen Ehe und Familie zugeordneten Funktionen, nach ihren Begründungen für geschlechtsspezifische Arbeitsteilung, nach der von ihnen männlicher Autorität beigemessenen Bedeutung und nach ihren Kategorien für Stabilität, bzw. Instabilität. Es galt dabei herauszufinden, was ihre Diagnose damaligen Familienlebens für die Frauen bedeutete. Die fehlende Sicherheit durch den Zusammenbruch der öffentlichen Ordnung und die sozialen Schicksale führten nach Schelsky zu einer »Binnenkonsolidierung«[2] der Familie, die als natürlicher Halt und Schutz begriffen wurde. Die innerfamiliären Auseinandersetzungen wurden durch die Härte des Existenzkampfes an den Rand der Bedeutungslosigkeit gedrängt. Seinen Angaben zufolge hat die Notsituation den materiellen Lebensbedürfnissen Vorrang eingeräumt, und die Solidarität in der Familie prävalierte vor Sympathie- und Gefühlsbeziehungen. Verhaltensweisen reduzierten sich trotz weiterbestehenden Anspruchs auf Verinnerlichung und geistig- seelischen Gehalt, auf materielle Nützlichkeit. Diese allerdings nur äußere Stabilität meint Schelsky durch die starke Familienbezogenheit der Flüchtlings- oder der deplazierten Beamtenfamilie, zu der er selbst zu zählen ist, nachgewiesen zu haben, ohne jedoch zu berücksichtigen, daß Menschen in Notsituationen von jeher auf gegenseitige Hilfe angewiesen sind und daß sich die Nähe der Familie geradezu anbietet, aber nicht zwanghaft ist.

Baumert wendet sich gegen die These Schelskys, daß Ereignisse des Krieges zu einer allgemeinen familialen Stabilitätserhöhung geführt hätten. Für ihn scheint es sowohl »in Hinsicht auf die Intensität der beobachteten Erscheinungen als auch in Hinsicht auf ihre Dauer und Beständigkeit«[3] nicht gerechtfertigt zu sein, sie als Ausdruck einer dauerhaften Entwicklung, sondern eher als relativ kurzfristige Reaktion auf die ersten Nachkriegsjahre anzusehen.

Die Familiensoziologie der 50er Jahre beschäftigte sich vor allem mit dem »Funktionsverlust« der Familie, den sie als Krise und Gefährdung bewertete: Im Gegensatz zu der durch die Einheit von Produktion und Haushalt gekennzeichneten Familienform der vorkapitalistischen Gesellschaft besäße die moderne Familie ihre ehemals rein ökonomische Funktion nicht mehr. Familie sei durch den Staat jeglicher Machtfunktionen enthoben worden, wie sie auch Ausbildung und Erziehung der Nachfolgegeneration aufgrund hoher Anforderungen durch das Berufsleben nicht mehr zu gewährleisten vermöge. Kultur- und Freizeitgestaltung seien an andere gesellschaftliche Institutionen übergegangen, Versicherung und Altersversorgung würden von spezialisierten Anstalten des Staates und der Wirtschaft übernommen.

Der Strukturwandel der Familie läßt sich mit Habermas am ehesten als »fortschreitende Ausgliederung aus dem Funktionszusammenhang der gesellschaftlichen Arbeit«[4] charakterisieren. Für diese Ausgliederung von Familie aus allgemeinen gesellschaftlichen Zusammenhängen benutzt König den Begriff der »Desintegration«, den auch Schelsky zur Beschreibung des veränderten Verhältnisses von Familie zur Gesamtgesellschaft übernommen hatte.[5]

Parallel zu der Desintegration verlief der Prozeß der »Kontraktion«[6] nach Durkheim in Richtung auf einen immer enger werdenden Personenkreis der Familie, die ihren Gruppencharakter zwar beibehielt, deren intime Beziehungen jedoch einen höheren Stellenwert gewannen.

Diese aus der Desintegration folgende gleichzeitige Intensivierung der Beziehungen, die nun unter anderem die Grundlage des familialen Zusammenhaltes bildete, kann, wie Schelsky behauptet, stabilisierend wirken, ist aber nach König auch Ursache für eine erhöhte »Gebrechlichkeit«. Immer dann, wenn der Gruppencharakter auseinanderzubrechen droht, also eine Störung der innerfamilialen Verfassung vorliegt, bestehe die Gefahr von »Desorganisation«. König unterscheidet zwischen »gesamtgesellschaftlich bedingter Familiendesorganisation« und »Binnendesorganisation«.[7] Gesellschaftlich bedingte Desorganisation sieht er in den sich aus der Konkurrenz von Familie mit anderen Teilbereichen der Gesellschaft wie Staat, Wirtschaft, sozialer Mobilität und öffentlicher Meinung erwachsenden Konflikten.[8] Binnendesorganisation ist bei Ausscheiden eines oder mehrerer Familienmitglieder durch Tod sowie durch Verlassen, Trennung oder Scheidung innerhalb der Elterngeneration gegeben.

Eine weitere häufige Erscheinung von Binnendesorganisation seien zerrüttete Ehen, in denen die Personen äußerlich keine Trennung vollzogen, sich innerlich aber voneinander entfernt hätten.

Der Grundtypus der desorganisierten Familie ist nach König die »unvollständige« Familie. Er geht von vornherein von einer Grundkonstellation »Vater – Mutter – Kinder« aus und ordnet dabei andere Personenkonstellationen in die Kategorie der »zerrütteten« Familien ein.

Stabilität war der Familie nur noch gegeben, weil ihr »Restfunktionen« belassen wurden. Die Aufgabe liegt bei der Kindererziehung in der Bildung der »sozial-kulturellen Persönlichkeit«, worunter König das Erlernen von Verhaltensweisen, die Prägung von Normen und Wertmaßstäben versteht, mit denen sich das Individuum in der modernen Gesellschaft bewegen und orientieren kann. Der Prozeß der Ausbildung dieser »sozial-kulturellen Persönlichkeit« beginnt in der Familie und wird von gesellschaftlichen Institutionen weitergeführt.

Hier liegt nach Ansicht Schelskys und Königs die letzte Domäne von Familie, die trotz beträchtlicher wirtschaftlicher und gesellschaftlicher Entwicklung letztendlich unersetzbar bleibt, da »die unpersönlichen Großorganisationen, diese Bürokratien des Staates, der Wirtschaft oder anderer Bereiche der Öffentlichkeit... der Eigenschaften des Menschen, die in der Intimgruppe entwickelt sind, bedürfen, um zu funktionieren.«[9]

Die oben genannten »Restfunktionen« machen den Arbeitsbereich von Frauen in der Familie aus, da Männer durch außerhäusliche Erwerbsarbeit von Familienarbeit befreit werden. Die Behauptung, daß diese Restfunktionen auch nur in der Familie erfüllt werden können, beinhaltet demnach die Zuweisung und Beschränkung von Frauen auf den innerfamilialen Bereich.

Diese Erkenntnisse über die veränderten Bedingungen für Familie bilden die Grundlage der Interpretationen der direkten Nachkriegsfolgen für die Familien. Der Umsturz der politischen Institutionen und ihrer Wertmaßstäbe, der Zusammenbruch der Wirtschaft, Verlust und Zerstörung des Wohnraumes und Besitzes, Verarmung und die lebensbedrohende Ernährungs- und Versorgungslage, die hohe Zahl der Kriegstoten und -versehrten und der in Gefangenschaft geratenen Männer als auch die durch politische Deklassierung bedrohten Familien bildeten in diesem Sinn die Basis der instabilen gesellschaftlichen Situation.

Arbeitsüberlastung, starke psychische Belastung und eventuell langjährige Trennung der Ehepartner galten ebenfalls als Faktoren der ungeheuren sozialen Erschütterungen.

Aus den Erfahrungen der desolaten Wirtschaftslage entstand nach Schelsky in den Familien ein gesteigertes Streben nach Sicherheit und Ordnung. Der soziale und materielle Wiederaufstieg wird so zum Leitbild der Familie der 50er Jahre. Der Wiedereinstieg und das Vorwärtsstreben im Beruf, die eine Erhöhung des Arbeitseifers und des Leistungswillens mit sich brachten, aber auch ein sich langsam steigerndes Konsumbedürfnis aus der langen Zeit der Entbehrung hielt Schelsky für ein wichtiges Moment dieses Leitbildes. Diese »Entinnerlichung« von Familie machte er nicht nur an dem Vorrang von Solidaritätsfunktionen vor Gefühlsbeziehungen in der Familie fest, sondern auch an der »Degradierung der Erwerbsarbeit zum bloßen Gelderwerb«, dem »Verlust des Familienlebens an kulturellem Gehalt« und auch an der »Minderung des religiösen Lebens der Familien«. Aus der zunehmenden Bedeutung einer »rationalistisch-planerischen« Lebensgestaltung folgerte Schelsky »eine Versachlichung der Ehe«, die sich auf die Einstellung zu Elternschaft und Fortpflanzung ausdehne.[10]

Für Baumert allerdings konnte Versachlichung in den Beziehungen sowohl Stabilität, wenn das Interesse der Familie nicht nur auf die reine Gefühlsebene beschränkt blieb, sondern auch auf die wirtschaftliche Lage und den Zusammenhalt der Gruppe expandierte, als auch Instabilität, nämlich im Überwiegen der Individualität gegenüber der Gruppe, bedeuten.

Die Lösung des Dilemmas: Partnerschaft?

Allgemeine Übereinstimmung bestand in der Annahme, daß die Familie in ihrer Entwicklung nicht mehr starr patriarchalischen Leitbildern folge, sondern sich neuen Formen öffne.

Wurzbacher erkannte die Wichtigkeit beruflicher Bildung für Frauen. Diese sollten sich einen Platz in der Gesellschaft sichern, um nach geleisteter Erziehungsarbeit nicht durch Isolation in Unzufriedenheit zu fallen. Nur so könne auch ihre Arbeit als Ehefrau und Mutter aufgewertet, könnten familiäre Spannungen vermieden werden. Wurzbacher hielt die Anerkennung eines gemeinsamen Leitbildes für die Ursache einer letzten Stabilität von Familie. Das beinhaltete für ihn jedoch die selbstverständliche Vormachtstellung des Mannes, die auch seine »Außenstellung« unangetastet läßt.

Renate Mayntz sah eine Entwicklung zur »Gefährtenfamilie«, die durch das Streben von Frauen nach Selbständigkeit und durch ihr Eindringen in außerfamiliale Bereiche entstünde.

Diese Tendenz zu einer Gleichrangigkeit bedeutete nach Mayntz nicht unbedingt die Instabilität von Familie; Baumert sah hierin sogar einen Faktor für Stabilität. Ein Kriterium für die Gleichrangigkeit war die innerfamiliale Regelung wirtschaftlicher und finanzieller Fragen. Erst die gemeinsame Verteilung des erwirtschafteten Geldes ermöglicht einen Einbruch in die patriarchalischen Machtstrukturen, da der Besitz des Geldes, diese »Macht in substantieller Form« in der Hand des Mannes, die Familie zur Unterordnung zwingt.[11]

Für Baumert bedeutete ökonomische Partnerschaft Stabilität, wenn die Interessen auf die Familie als Gruppe gerichtet sind. In einer vorwiegend ökonomisch orientierten Partnerschaft sah dagegen Schelsky die Gefahr einer Versachlichung der Beziehungen, die zu der genannten »Entinnerlichung« führen und den kulturellen Gehalt des Familienlebens mindern könnte. Allerdings erkannte auch er die stabilisierende Wirkung gemeinsamer Aktivitäten und Planungen, wie z. B. »gemeinsam etwas aufbauen zu wollen«.

Die meisten Familiensoziologen befürworteten die partnerschaftliche Ehe also nur so weit, wie männliche Autorität und geschlechtsspezifische Arbeitsteilung grundsätzlich beibehalten wurden. In der Übernahme männlicher Rollenanteile durch Frauen sahen sie eine den Bestand von Familie gefährdende Tendenz.

Helmut Schelsky

Schelskys obskures Objekt der Begierde

Die veränderte Stellung der Frauen in den letzten Kriegs- und Nachkriegsjahren führte nach Schelsky zu einer »Verselbständigung« von Frauen, die allerdings nur auf äußeren Druck erfolgte, ihnen also aufgezwungen wurde, ohne daß gefragt wurde, ob es »ihrem individuellen Wesen« entsprach oder ob es gegen »ihre persönliche Natur« ging.[12] »Fast ausschließlich ist die wirtschaftliche Not und das Verantwortungsgefühl gegenüber den Kindern und der Zukunft der Familie der Beweggrund für Erwerbstätigkeit, und fast immer stehen dahinter der Wunsch und die Absicht, sie möglichst bald aufzugeben und als Nur-Hausfrau in das Heim zurückzukehren.«[13]

Schelsky schätzt die Bedeutung der wirtschaftlichen Situation der Nachkriegszeit, in der Frauen ohne Rücksicht auf ihre persönlichen Interessen jede Art von Arbeit annehmen mußten, derart hoch ein, daß er den Frauen das Bedürfnis, in Bereichen außerhalb der Familie tätig zu sein, absprach.

Aus der langfristigen Übernahme von Verantwortung für die Familie und aufgrund der Abwesenheit der Männer entwickelten jedoch Frauen Autorität, die auch Schelsky nicht ignorieren wollte und konnte. Autorität maß sich nicht mehr nur an der traditionellen Vorrangstellung des Mannes, sondern an für den Bestand der Familie erbrachten Leistungen und der daraus entstandenen Persönlichkeit. Diese Autoritätsverschiebung zu Ungunsten des Mannes erfolgte nach Ansicht Schelskys aufgrund der Anerkennung seiner geschmälerten Position durch eine Verringerung patriarchalischer Machtstrukturen in der Gesellschaft ohne größere Konflikte.

Die Zukunft der Frau zeichnet er düster. Konnte sie bisher »den seelischen Untergrund für ihre Verhaltensweisen in den Intimbeziehungen der kleinen familiären Gruppe finden«, so werde sie jetzt »immer mehr in die industrielle und bürokratische Öffentlichkeit hineingerissen.« Diese aber bilde »die Wurzel der modernen sozialen und seelischen Unsicherheit und Krise«. Sie stünde zwischen »Intimität und abstrakter Organisation der tragenden Sozialbeziehungen«, worin Schelsky wiederum eine Verstärkung von Tendenzen zur Entinnerlichung und Nivellierung von Familien zu sehen glaubt.[14]

... was u. a. auch ... den Antworten auf die ... tiven hervorgeht" (S. 193).

Das aus der zeit- und gruppenbedingten Lage der spätbürgerlichen Familienverfassung hervorgehende aufklärerisch-fortschrittliche Denken der Emanzipation hat auch in diesem Punkte in erschreckender Weise den Kontakt mit den sich wandelnden Tatsachen verloren, und seine Programmatik vertritt heute in keiner Weise mehr die vitalen und sozialen Interessen der Frau; indem die emanzipatorischen Intellektuellen die sich wandelnden sozialen Interessengruppierungen und -strukturen nicht mehr repräsentieren, verlieren sie nicht nur ihre soziale Führungsrolle in der Gesellschaft, sondern verwandelt sich ihre Ideologie sogar unversehens ins Menschenfeindliche. Gerade die „logische Konsequenz", die etwa in der Auffassung *Russells* von der „wirtschaftlichen Unabhängigkeit der Frau" zutage tritt: völlige Einschaltung der Frau in den außerfamiliären Produktionsprozeß, Übertragung der Kinderbetreuung und -erziehung an Heime, das System einer staatlichen Mutterschaftsfunktionärin, vor allem die Selbstverständlichkeit, mit der hier der Staat als der Bewahrer der überindividuellen Interessen der Menschen, insbesondere der Frau, eingesetzt wird, diese Konsequenz führt doch zu einer völligen Vernichtung der familiären Gruppe zugunsten des Staates, einem Nihilismus, der anscheinend doch als Komplementärergebnis der individualitätssüchtigen spätbürgerlichen Aufklärung ist. Zu dieser Verkehrung der emanzipatorischen Impulse gehört es, daß die Verselbständigung und Gleichstellung der Frau, wie sie heute sich durchgesetzt haben, gerade von der individualitätsfeindlichen Übermacht staatlicher Machtansprüche und Produktionsplanungen und von der wirtschaftlichen Not her gegen den Willen und die Interessen der Frau erzwungen worden sind. Die in dieser Entwicklung von der Frau gewonnenen „Rechte" der Emanzipation stellen sich in Wirklichkeit vielfach als zusätzliche und schwere Belastungen (Arbeitszwang, Kriegsdienst) heraus und die „Gleichberechtigung" ideologisiert hier eine härtere Ausbeutung der Frau als je zuvor. So kehrt sich die Forderung der „Gleichberechtigung" der Frau, die in ihrem emanzipatorischen Ursprung eine Forderung der Frau an die Gesellschaftsverfassung war, in der industriell-bürokratischen Sozialstruktur in einen egalisierenden Anspruch der Gesamtgesellschaft und ihrer politisch-wirtschaftlichen Großorganisation an die Frau selbst um.

Wir sehen das am deutlichsten, wenn wir die Rolle der Frau in den totalitären Staats- und Wirtschaftssystemen betrachten, insbesondere gerade in deren *Frauen- und Mutterschutzpolitik*. In dem von der ostzonalen Deutschen Demokratischen Republik 1950 erlassenen „Gesetz über Mutter- und Kinderschutz und die Rechte der Frau" heißt es: „Die Verfassung der Deutschen Demokratischen Republik hat die volle Gleichberechtigung von Mann und Frau festgelegt und alle Gesetze aufgehoben, die die Frau gegenüber dem Mann benachteiligen" (Präambel). „Durch die Eheschließung darf die Frau nicht gehindert werden, einen Beruf auszuüben oder einer beruflichen Ausbildung und ihrer gesellschaftlichen und politischen Fortbildung nachzugehen, auch wenn hierdurch eine zeitweise örtliche Trennung der Eheleute bedingt wird" (§ 15, 1). „Auf der Grundlage der Gleichberechtigung ist den Frauen in erhöhtem Maße die Arbeit in der Industrie, im Transportwesen, in der Kommunalwirtschaft, im Handelswesen, in den Maschinenausleihstationen und Volksgütern, in allen Organisationen der staatlichen Verwaltung, der Volksbildung, des Gesundheitswesens und anderer Institutionen der Deutschen Demokratischen Republik zu ermöglichen. Die Arbeit der Frau in der Produktion soll sich nicht auf die traditionellen Frauenberufe beschränken, sondern auf alle Produktionszweige erstrecken . . ." (§ 19, 1). Ministerpräsident *Grotewohl* kommentierte dazu: „Es gibt keine letzte gesellschaftliche Gleichberechtigung der Frau ohne die gleichberechtigte Einbeziehung der Frau in das Wirtschaftsleben . . . Die Erfüllung und Übererfüllung der Wirtschaftspläne erfordern von der Frau die ständige und wachsende Bereitschaft zur Eingliederung in den Produktionsprozeß."

Der Sinn der früheren Frauen- und Mütterschutzgesetzgebung war die Bewahrung ihrer eigentümlichen familiären Rolle und deren Schutz vor der Ausbeutung durch die industriellen Produktionsformen, die Leistung dieses Mutterschutzes dagegen liegt in der Regelung der minimalsten Konzessionen, die der Frau und Mutter zur Erfüllung ihrer familiären Aufgaben bei sonst dem Manne völlig gleicher Einordnung in den industriellen Produktionsprozeß und Aktivierung für die gesamtgesellschaftlichen Organisationsinteressen zugestanden werden müssen. Dabei kann es gar keinen Zweifel geben, daß es sich weitgehend um eine echte Gleichstellung, d. h. Gleichberechtigung und Gleichverpflichtung, der Frau mit der Rolle handelt, die der Mann in dieser Gesellschaftsverfassung spielt. Mit Recht können natürlich die Vertreter der aufklärerisch-fortschrittlichen Frauenemanzipation darauf hinweisen, daß sie diese Art der Gleichberechtigung in ihrer Programmatik nie gemeint haben; aber das ist es ja gerade, worauf wir hinweisen: Sie haben die Gleichberechtigung der Frau in der spätbürgerlichen Wohlstandsgesellschaft erstrebt, aber verkannt, daß eben mit diesem Emanzipationsstreben sich die Gesamtstruktur der Gesellschaft ändern und damit der geforderten gesellschaftlichen Gleichstellung der Frau mit dem Manne ganz andere Inhalte zuwachsen mußten.

Mit Bedenken ist die Neigung zu einer solchen der Frau von gesamtgesellschaftlichen Interessen her auferlegten Gleichstellung mit dem Mann heute auch in weniger totalitären Staatssystemen zu bemerken, so z. B. schon, wenn die Reform des Familienrechts in der westdeutschen Bundesrepublik sich vorwiegend von der abstrakten Verfassungsnorm der Gleichberechtigung von Mann und Frau her begründet, den soziologisch konkreten Tatsachen der gewandelten Stellung der Frau in der Familie aber kaum Beachtung schenkt, obwohl deren Institutionalisierung die wichtigsten Erfordernisse einer familienrechtlichen Reform verbindlicher begründete als ein abstrakter Sollenssatz der Verfassung; denn gerade in der Abstraktheit der Gleichheitsforderung ohne Angabe, in welcher Gesellschaftsverfassung und in welchen sozialen, politischen, wirtschaftlichen oder familiären Leistungen und Rechten die Gleichstellung zu erstreben oder abzulehnen ist, beruht ihre Unverbindlichkeit gegenüber den konkreten sozialen Interessen der Frau und damit die Gefahr, zu einem ideologisch verbrämten Instrument der gesamtgesellschaftlichen Ausbeutung der Frau zu werden.

Dem individualitätsarmen, modernen Berufsschicksal gegenüber ist das Leben in der Intimität der kleinen Gruppe gerade das Rückzugsgebiet der Individualitäts- und Persönlichkeitsgestaltung geworden. Wir sahen in den Berichten von *Gottschalk* (S. 340), daß die Frau in die Ehe und Familie hineinstrebt, weil sie in ihrem rein häuslichen Dasein „mehr Spielraum für ihre Individualität" und die Entlastung von der Disziplin industrieller Berufstätigkeit erwarten kann. In der Tat ist die Tätigkeit der Hausfrau und Mutter, eben weil sie im höchsten Maße heute noch vorindustrielle „Produktionsformen" bewahren konnte, universaler und der individuellen Gestaltung verfügbarer und offener als fast alle außerfamiliäre Berufstätigkeit mit ihrer unvermeidlichen Tendenz zur Spezialisation und zur Abhängigkeit von schematisch-bürokratischen Anordnungen. *Chesterton* sieht in dieser Universalität hausfraulicher Betätigung gegenüber der immer stärkeren Spezialisation männlicher Berufsarbeit geradezu die eigentliche Funktionsteilung der Gatten in der modernen Welt:

„Man schloß die Frauen nicht im Hause ein, um ihren Blick eng zu halten; im Gegenteil, um ihnen den weiten Blick zu erhalten. Die Welt außerhalb des Hauses war eine Fülle von Engheit, ein Wirrsal verrammelter Pfade, ein Narrenhaus voll Monomanen. Nur durch eine teilweise Einschränkung und Beschützung der Frau könnte sie fähig werden, in fünf oder sechs Berufen zu spielen und solcherart Gott fast so nahe zu kommen wie das Kind, wenn es mit hundert Geschäften spielt. Aber die Berufe der Frau waren ungleich denen des Kindes, alle wahr und beinahe schrecklich fruchtbar; so tragisch wirklich, daß nur ihre Universalität und ihr Gleichgewicht es hinderten, daß sie kränklich wurden. Dies ist mein Standpunkt zur Streitfrage über die historische Stellung der Frau. Ich leugne nicht, daß man den Frauen unrecht getan hat; aber ich bezweifele, ob sie jemals so sehr gequält worden sind wie jetzt durch den absurden modernen Versuch, sie gleichzeitig im Hause zu Kaiserinnen und im Konkurrenzkampf zu Schreiberinnen zu machen . . . Ich zögere auch nicht, zuzugeben, daß die Frau ein Dienstbote war; aber zumindest war sie ein allseitiger Dienstbote . . . Die Frau muß eine Köchin, aber keine im Konkurrenzkampf stehende Köchin sein und eine ebensolche Lehrerin, eine Hausdekorateurin, eine Schneiderin. Sie soll kein Geschäft haben, aber zwanzig Steckenpferde . . . Dies ist es, wonach eigentlich von allem Anfang an immer gestrebt wurde, durch Abschließung, wie man es nannte, oder sogar Unterdrückung der Frauen." (Was Unrecht ist an der Welt, deutsch Basel 1945, S. 154/55.)

Das von uns allenthalben festgestellte Rückstreben der Frau und zugleich des Mannes in das Leben der familiären Gruppe gründet sich zum großen Teil gerade in dem Bemühen, den Lebensbereich der Individualität und Person vor der Seelenlosigkeit und Nivellierung der gesamtgesellschaftlichen Lebens- und Arbeitsbedingungen zu retten, und das heißt doch, daß die Ziele, die die Frauenemanzipation ursprünglich mit dem Zugang der Frau zu dem außerfamiliären Berufsleben verfolgte, in der gewandelten Gesellschaftsverfassung gerade nur noch innerhalb der Familie zu erreichen sind.

Aber diese Wandlungen liegen in der Entwicklungsgesetzlichkeit unserer Gesellschaftsverfassung selbst, sind daher unvermeidlich und in ihren wesentlichen Zügen weitgehend unabhängig davon, mit welchen bejahenden oder warnenden Deutungen sie begleitet werden; wir haben die stärkere Verflechtung und Belastung der Frau mit der Öffentlichkeit und dem außerfamiliären Berufsleben als eine Auswirkung der sozialen und politischen Geschehnisse der jüngsten deutschen Geschichte feststellen müssen, obwohl sich damit keineswegs mehr ein emanzipatorisches Streben der deutschen Frau verknüpfte. Und mit dieser Feststellung der Unvermeidlichkeit einer Entwicklung, die die Frau immer mehr aus der Familie in die Lebensbereiche der industriell-bürokratischen Gesellschaft herausreißt, treffen wir auf das wahrscheinlich *tiefste und folgenreichste soziale Dilemma der Frau in der modernen Gesellschaft*, auf das wir schon hinwiesen (vgl. S. 308 f.): *Indem die Frau, die früher ausschließlicher den seelischen Untergrund für ihre Verhaltensweisen in den Intimbeziehungen der kleinen familiären Gruppe finden konnte, immer mehr in die industrielle und bürokratische Öffentlichkeit hineingerissen wird, gerät auch sie in verstärktem Maße in die Spannungen zwischen primären und abstrakten Sozialbeziehungen*, die das Leben des Mannes in der modernen Gesellschaft schon lange bestimmen und die Wurzeln der modernen sozialen und seelischen Unsicherheit und Krise bilden. Auf längere Sicht gesehen, können die Auswirkungen dieser Vorgänge gar nicht überschätzt werden; schon heute führen sie deutlich zu einer nicht nur physischen, sondern auch seelischen Überlastung und Erschöpfung der Frau.

Darüber darf die heute vielfach zu machende Beobachtung nicht hinwegtäuschen, daß gerade die Frau sehr oft sich mit viel größerer Sicherheit und menschlicher Durchsetzungskraft in der bürokratischen Apparatur bewegt und den schwierigen Nachkriegsverhältnissen gegenüber sich durchschnittlich leistungs- und anpassungsfähiger erweist als der Mann. Diese gegenwärtige Verhaltensstärke wird wahrscheinlich auch auf eine Übergangsphase der sozialen Entwicklung begrenzt bleiben, da sie in der zur Zeit noch vorhandenen festeren Bindung der fraulichen Anschauungen und Haltungen in der intimen Gruppenhaftigkeit wurzelt. Gerade weil die Frau viel länger als der Mann in unspezialisierten, „universalen" Tätigkeiten lebte, weil sie bisher nicht in die Organisationen und Fronten der bürokratischen Gesellschaft verwoben war, sich mit ihren Positionen nicht indentifiziert und „belastet" hatte, kann sie mit größerer Frische und Unmittelbarkeit die Anpassung an die soziale Struktur und Lage der Öffentlichkeit vollziehen, in die sie erst jetzt mehr und mehr heraustritt. Für die Frau findet erst heute der Übergang in die industrielle und bürokratische Gesellschaft statt, die bisher vorwiegend auf den Mann beschränkt war; auch die eigentümliche gegenwärtige Leistungs- und Anpassungsfähigkeit der Frau wird daher nachlassen, je mehr sie gezwungen ist, innerhalb der industriell-bürokratischen Öffentlichkeit ihre Dauerhaltungen zu entwickeln.

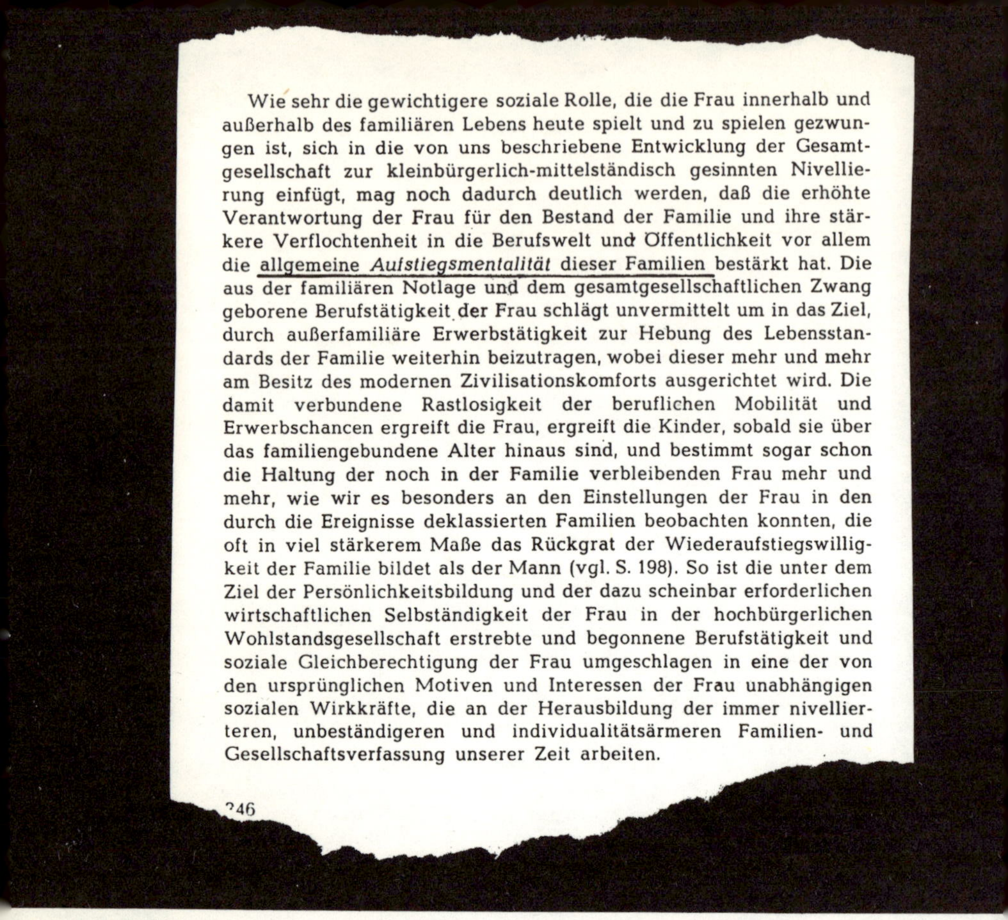
Wie sehr die gewichtigere soziale Rolle, die die Frau innerhalb und außerhalb des familiären Lebens heute spielt und zu spielen gezwungen ist, sich in die von uns beschriebene Entwicklung der Gesamtgesellschaft zur kleinbürgerlich-mittelständisch gesinnten Nivellierung einfügt, mag noch dadurch deutlich werden, daß die erhöhte Verantwortung der Frau für den Bestand der Familie und ihre stärkere Verflochtenheit in die Berufswelt und Öffentlichkeit vor allem die allgemeine *Aufstiegsmentalität* dieser Familien bestärkt hat. Die aus der familiären Notlage und dem gesamtgesellschaftlichen Zwang geborene Berufstätigkeit der Frau schlägt unvermittelt um in das Ziel, durch außerfamiliäre Erwerbstätigkeit zur Hebung des Lebensstandards der Familie weiterhin beizutragen, wobei dieser mehr und mehr am Besitz des modernen Zivilisationskomforts ausgerichtet wird. Die damit verbundene Rastlosigkeit der beruflichen Mobilität und Erwerbschancen ergreift die Frau, ergreift die Kinder, sobald sie über das familiengebundene Alter hinaus sind, und bestimmt sogar schon die Haltung der noch in der Familie verbleibenden Frau mehr und mehr, wie wir es besonders an den Einstellungen der Frau in den durch die Ereignisse deklassierten Familien beobachten konnten, die oft in viel stärkerem Maße das Rückgrat der Wiederaufstiegswilligkeit der Familie bildet als der Mann (vgl. S. 198). So ist die unter dem Ziel der Persönlichkeitsbildung und der dazu scheinbar erforderlichen wirtschaftlichen Selbständigkeit der Frau in der hochbürgerlichen Wohlstandsgesellschaft erstrebte und begonnene Berufstätigkeit und soziale Gleichberechtigung der Frau umgeschlagen in eine der von den ursprünglichen Motiven und Interessen der Frau unabhängigen sozialen Wirkkräfte, die an der Herausbildung der immer nivellierteren, unbeständigeren und individualitätsärmeren Familien- und Gesellschaftsverfassung unserer Zeit arbeiten.

246

aus: Helmut Schelsky, »Wandlungen der deutschen Familie in der Gegenwart«

Frauen waren in das Spannungsfeld außerhäuslicher Arbeit geraten, was für den Bestand der Familie in der direkten Nachkriegszeit äußerst notwendig, in der Zeit der Restauration aber zum Hindernis geworden war. Schelskys Ansicht nach lassen sich außerhäusliche Erwerbsarbeit mit den »eigentlich weiblichen Aufgaben des Haushaltes, ja auch der Kindererziehung«[15] in letzter Konsequenz nicht vereinen. Möglichkeiten zur Lösung dieses Konflikts, z. B. durch Arbeitsteilung im häuslichen Bereich zwischen den Familienmitgliedern, bezieht er in seine Überlegungen nicht ein. Ihm ging es demnach nicht um die angebliche Überbelastung der Frau, sondern er befürchtete mit ihrer Anpassung an die »industriell-bürokratische Gesellschaft« die »schärfste Reduzierung der Familie auf ihre Solidaritätsfunktion«, da familiale Arbeit für erwerbstätige Frauen »an Gewicht und Bedeutung (verliere), ohne daß ihr die Verantwortung dafür und deren Leistungen abgenommen« werde.[16]

Schelskys Annahme über eine grundsätzlich vorhandene Stabilität von Familie hätte nur dann Bestand, wenn Frauen ihr Selbstverständnis als Reproduzentinnen der Familienmitglieder behielten und die geforderte Familienarbeit weiterhin leisten würden. Die Ausweitung und Manifestation weiblicher Eigenständigkeit bedeutete Unabhängigkeit von jener »Versorgungsinstitution« Ehe und hätte nicht nur eine Einschränkung männlicher Autorität und Vormachtstellung, sondern eventuell deren gänzlichen Verlust zur Folge, der dann mit einer Auflösung herkömmlicher Familienordnungen einherginge.

Um dieser Bedrohung, die sich ihm in der Nachkriegszeit als real existent dargestellt hatte, entgegenzuarbeiten, hielt Schelsky in seiner Theorie über »die Stabilisierung von Familie« an der Zuständigkeit von Frauen für familiale Arbeit fest. Frauen, die für ihn das Gegengewicht zur abstrakten Arbeitswelt darstellten, könnten diese Aufgabe nur erfüllen, indem sie ihr »feminines Element« vor den schädlichen Einflüssen der industriellen Öffentlichkeit schützten.

Einig waren sich alle Familiensoziologen darüber, daß sich die öffentliche Meinung über Ehe und Familie zwar gelockert, daß sich aber an der grundsätzlichen Anerkennung dieser Institution nichts verändert habe. Obwohl von krisenhaften Erscheinungen ausgegangen wurde, konnten keine real bedrohlich erscheinenden Zerfallstendenzen der Familie aufgezeigt werden. Es handelte sich lediglich um eine Autoritätsverschiebung zugunsten der Frau, gemessen allerdings an längst überkommenen patriarchalischen Leitbildern, und eine dadurch hervorgerufene innerfamiliale Strukturveränderung.

Uns erscheint aber die konfliktlose Anerkennung der »Verselbständigung« und der »erhöhten Autorität« von Frauen, wie Schelsky es beschrieb, als unglaubwürdig, da selbst heute noch Bestrebungen von Frauen, ihre traditionellen Arbeitsbereiche in Frage zu stellen und zu erweitern, auf immense Widerstände nicht nur von seiten der Ehepartner stoßen.

Zudem müssen wir uns fragen, warum Frauen permanent auf die Familie zurückverwiesen werden mußten, wenn die Verschiebung der innerfamiliären Autorität konfliktlos geschehen war. Wir bezweifeln, daß Frauen sich ohne den Druck und die Anstrengung von Männern in die untergeordnete Stellung des familialen Bereichs wieder eingefügt hätten.

Keiner der angeführten Soziologen plädierte für einen weiteren Abbau männlicher Autorität in der Familie. Die Beibehaltung männlicher Vormachtstellung wird trotz der Anerkennung einer gewissen Gleichrangigkeit der Frau als Grundkonstante für den Bestand der Familie gewertet. Auf die unbezahlte familiale Arbeit von Frauen, die nicht nur der Tradierung bürgerlicher Normen und Werte in der Kindererziehung, sondern unter anderem auch der weiteren Bevorzugung von Männern dient, konnte um den Bestand gesellschaftlicher Verhältnisse willen nicht verzichtet werden.

Ehepaar Wuermeling (rechts)

Franz-Joseph Wuermeling

Wuermeling, 1900 in Berlin geboren, katholisch, genoß eine humanistische Ausbildung, studierte Rechts- und Staatswissenschaft, promovierte 1921 zum Dr. rer. pol. über ein so familienfernes Thema wie »Das Kohlenwirtschaftsgesetz von 1919 und seine Bedeutung« und schlug dann eine Verwaltungslaufbahn ein. Ab 1939 hatte er in der Industrie leitende Funktionen, wurde nach dem Krieg vorübergehend Bürgermeister von Linz, avancierte in Koblenz zum CDU-Landtagsabgeordneten und im Anschluß daran zum Staatssekretär im Innenministerium. 1949 wurde er in den ersten Deutschen Bundestag gewählt und erhielt in der zweiten Legislaturperiode von Adenauer das neu gegründete Familienministerium zugewiesen.

Wuermeling war verheiratet und hatte fünf Kinder. Schon vor seiner Berufung zum Bundesminister hatte sich Wuermeling in der Familienfrage engagiert. Er war ein Fürsprecher der Familienverbände im Bundestag und gründete schon vor seinem Amtsantritt die »Kampfgruppe für die Familie«. »Deshalb möchte ich hoffen, daß die kleine Kampfgruppe sich über alle Partei- und Standesgrenzen hinweg ausweitet, indem jedes Mitglied des Bundestages sich zutiefst der einzigartigen sittlichen und volklichen Aufgabe und Bedeutung unserer Familien, unserer Mütter und Väter bewußt wird und damit in eine gemeinsame große Kampffront für unsere Familie eintritt.«[17]

Die Familie war für Wuermeling allerdings nicht nur eine »hilfsbedürftige Kleingruppe«, sondern eine bedeutende staatliche »Funktionsträgerin«. Er betonte immer wieder ihre Wichtigkeit gegen die Entstehung von Kollektivismus, der ja in der Zeit des kalten Krieges drohend von Osten herüberblickte. Familie war für ihn ein letztes »Bollwerk« gegen Staatssozialismus und Kommunismus. »Millionen innerlich gesunde Menschen mit rechtschaffen erzogenen Kindern sind als Sicherung gegen die drohende Gefahr der kinderfreudigen Völker des Ostens mindestens so wichtig wie alle militärischen Sicherungen.«[18] »Der Lebensinhalt, den uns die Familie gibt, und die Gesinnung, die sie prägt, sind letztlich auch das Fundament unserer inneren Widerstandskräfte gegen die Weltgefahr des Kommunismus.«[19] In seinem Aufsatz »Die Familie in Gefahr« von 1960 schreibt er: »Die Familie ist als persönlicher Intimbereich des Menschen zugleich ein Schutzraum und Bollwerk seiner Freiheit gegenüber dem Kollektiv.«[20]

Abgesehen von dieser »übergeordneten Aufgabe« als Schutz gegen den Kollektivismus erfüllt die Familie nach Wuermeling eine wichtige Erziehungsfunktion. In ihr werden seiner Ansicht nach maßgebliche Eigenschaften wie »Selbstverantwortung und Hilfsbereitschaft gegenüber Mitmenschen, Anpassungsfähigkeit und Rücksichtnahme«[21] ausgebildet. Diese erzieherischen Leistungen sind vor allem die Arbeit von Frauen, die auch die weiteren Funktionen, die nach Wuermeling Familie erfüllen muß, tragen. Diese sind nicht nur der Schutz des einzelnen vor physischer Not, sondern zudem die Ausbildung von Familie als Gegengewicht zur »Inanspruchnahme des Menschen im Erwerbsleben, gegen Unrast, materialistische Interessengebundenheit und gegen Vermassung.«[22] Darüberhinaus muß nach Wuermeling die ordnungspolitische Funktion von Familie beachtet werden, womit die Verbindung von individuellem Verhalten und gesellschaftlichem Handeln und das Erlernen von Unterordnung und Anerkennung bestimmter Rangfolgen gemeint ist.

Ein weiteres Anliegen in seinem Engagement zum Schutz der Familie scheint Wuermelings Streben nach einer neuerlichen Stärkung seiner christlichen Werte und Vorstellungen zu sein. Für ihn gab es den Fortbestand des Volkes nur, wenn »die Grundhaltung unserer Familien durch ihre Verantwortung vor Gott und durch die Anerkennung seiner ewig gültigen Gesetze bestimmt ist.«[23]

Als Mitglied der Laienvereinigung katholischer Männer in Köln und der »Fides Romana«, einem Treuebund für den Heiligen Vater, hatte er nicht nur wie jeder normale Katholik geschworen, ihm in Treue ergeben zu sein, sondern verpflichtete sich, für dessen Lehren und Dogmen einzutreten und für deren Einhaltung Sorge zu tragen.

Nach Wuermeling muß sich das Familienleben an den Verhaltensanweisungen der Bibel orientieren, denn nur »Religiösität kann sie (die Familie) zur Erfüllung ihrer kulturellen Aufgaben befähigen.«[24] »Es ist eine kulturhistorisch erhärtete Tatsache, daß sich eine Kultur ohne Religion nicht erhalten, ausbreiten und entwickeln läßt.«[25] Mit Kultur meint er nicht Kunst und Wissenschaft, sondern die »Lebensform«, ein menschliches Zusammenleben, das sich auf christliche Grundwerte bezieht. Die Familie soll »unser Denken, Bewerten und Erleben« prägen. Das Zusammenleben fordert die Anerkennung der familialen Ordnung, die sich in »gegenseitiger Liebe« begründet.

In dieser Ordnung werden christliche Werte wie Nachsicht, Verzicht auf eventuelle Rechte, Opfer- und Einsatzbereitschaft für den anderen verlangt. Diese Eigenschaften sind nach Wuermeling nicht nur Grundbedingungen für das Leben in der kleinen Gruppe der Familie, sondern haben ihre Entsprechung in der Gesellschaftsordnung: »Gerechtigkeit und christliche Nächstenliebe.«[26] Die Werte des christlichen Zusammenlebens festigen die Bereitschaft, individuelle Interessen den gesellschaftlichen unterzuordnen und unterstellen die Eigenverantwortlichkeit bei sozialen Problemen. Dies ermöglicht es konservativer Familienpolitik, sich einem »Sozialstaatsgebot« zu entziehen.

Ein Grundpfeiler christlichen Familienlebens ist die sich »aus der Aufgabenverteilung der Familienmitglieder notwendig ergebende Autorität«.[27] Wuermeling tritt als ein entschiedener Gegner einer völligen Gleichberechtigung von Mann und Frau auf und spricht dem Mann, gemäß seiner christlichen Vorstellung, die Funktion des Familienvorstandes und somit auch eine »natürliche Autorität« zur Führung von Frau und Kindern zu. Diese Zuordnung der Autorität verstoße nicht gegen den Grundsatz der Gleichheit, da »der Satz, daß alle Menschen gleich seien, mißgedeutet«[28] werde. »Gemäß solcher Mißdeutungen sieht man in der Gleichberechtigung, nichts anderes als eine schematische Gleichmacherei, Gleichsetzung und Gleichbehandlung.«[29] Für ihn bedeutete Gleichberechtigung, daß »Gleiches gleich und Ungleiches ungleich behandelt« werde.[30] Er hält zwar die »patriarchalische Form oder gar die hausväterliche Despotie« für überlebt, geht aber davon aus, daß Familie ohne die väterliche Autorität nicht denkbar wäre. Autorität des Mannes bedeutet demnach nicht »ehemännliche Willkür«, sondern entsteht aus der Verantwortung, »für das Wohl der Familie (zu) sorgen.«[31]

Die Frau soll allerdings im Falle einer Vernachlässigung familialer Aufgaben seitens des Mannes imstande sein, die »Führung« der Familie zu übernehmen. In diesem Zusammenhang bezieht sich Wuermeling auf die Eheenzyklika von 1930: »Wenn der Mann seine Pflicht nicht tut, ist es die Aufgabe der Frau, seinen Platz in der Leitung der Familie einzunehmen.«[32]

Patriarchalische Strukturen sind nach Wuermelings Meinung in genügendem Maße entfallen, so daß von einer generellen »Schlechterstellung« der Frau nicht mehr ausgegangen werden könne. Die gesellschaftlichen Veränderungen, die eine Vermehrung des Einflusses der Frau in der Familie mit sich gebracht habe, empfänden Frauen – so Wuermeling – nicht als eine »Vergrößerung ihrer persönlichen Freiheitssphäre oder eine bessere Möglichkeit zur Bildung und Entfaltung«,[33] sondern eher als eine Aufbürdung zusätzlicher Arbeitsleistungen.

Es erscheint uns selbstverständlich, daß jene Erweiterung des Arbeitsbereiches, die sich in der Nachkriegszeit fast ausschließlich auf harte körperliche Arbeit bezog, nicht unbedingt als Bildungs- und Entfaltungsmöglichkeit für Frauen angesehen werden kann.

Ob Frauen das Anwachsen ihrer Aufgaben als eine »Vergrößerung ihrer persönlichen Freiheitssphäre« oder mehr als eine Überbelastung empfun-

MUTTER SEIN IN DIESER ZEIT

(Baden-Baden 1959)

Mutterglück ist stets vom Anfang an nicht nur mit großer Verantwortung, sondern auch mit stetem Verzicht verbunden. Die Mutter muß mit jedem ihrer Kinder einen weiten Entwicklungsweg zurücklegen: Aus der tiefen leibseelischen Verbundenheit mit dem werdenden und heranwachsenden Kinde muß sie einen Schritt der Ablösung nach dem anderen ertragen und bejahen: die Entwöhnung, die ersten Schritte führen das Kind von ihr fort, die eigenen Willensregungen im Trotzalter, die Einfälle des Märchenalters, dann die ersten Eindrücke und Freundschaften mit den Spielgefährten entfernen es ihr immer mehr, die sachlichen Anforderungen und menschlichen Bindungen in Schule und Beruf zeichnen ihm später den eigenen Weg vor, bis die selbständige Existenzfindung in Beruf, Gattenwahl, Ehe- und Familiengründung schließlich diesen langsamen, aber stetigen Prozeß der Verselbständigung vollendet.

Wenn wir dieses ebenso natürliche wie oft auch leidvolle Geschehen betrachten, ahnen wir etwas von der hohen Kunst der Mütter: mit ihren Kindern mitzugehen und mitzuleben, aber zugleich auch beiseite zu stehen, zurückzubleiben und das Liebste anderen Menschen und Einflüssen neidlos zu überlassen; den werdenden jungen Menschen im Ringen um sein Bestes an Körper, Seele und Geist zu unterstützen, ihn in seiner eigenständigen Entfaltung zu bestätigen und zu ermutigen, ihm zu helfen, Meister über sich selbst zu werden, und doch die eigene Autorität nach und nach zurückzuhalten und entbehrlich zu machen; bereit zu sein zu unermüdlich liebender Sorge und Anteilnahme, ohne sich unentbehrlich zu machen; stets nur und neu zu säen, ohne eigentlich die Früchte selbst voll ernten zu können.

Diese Gabe und Aufgabe der Selbsthingabe und Selbstverleugnung um höherer Ziele willen ist es auch, die die Mutter zur verständnisvollen Lebensbegleiterin des Mannes und Vaters und zum Herzen der Familie werden läßt. In einer Zeit immer stärkerer Entpersönlichung der menschlichen und sozialen Beziehungen ist sie es, die die Tugenden geduldiger, liebender, verstehender und verzeihender Sorge miteinander, der Dankbarkeit und Hilfsbereitschaft, des Miterlebens und Mittragens am Schicksal des Nächsten, der Freude an Fortschritt und Fortentwicklung menschlich-geistigen Lebens vorlebt.

Es liegt nicht im Wesen der Mütter, Aufhebens von sich zu machen und Ansprüche zu stellen. Aber wären sie in einer Interessengemeinschaft zusammengeschlossen, so wäre uns allen gegenwärtig, was sie tapfer ertragen und fraglos auf sich nehmen: daß die Mütter in unserer Zeit bis an den Rand ihrer Kräfte überbürdet sind.

Mutter sein in dieser Zeit — was bedeutet das also? Es heißt zunächst:

Maß halten in einer maßlosen Zeit

Endlich ist es mit in die Verantwortung der Mutter gelegt, dem vielfältig an sie herangetragenen Angebot zu außerhäuslicher Erwerbsarbeit mit dem rechten inneren und äußeren Maß zu begegnen. Gesellschaft und Staat sind nicht befugt, die persönliche Entscheidung einer Frau, ob sie erwerbstätig sein will oder nicht, zu bestimmen oder gar Urteile über einen solchen Entschluß zu fällen, der ihr ja oft sehr schwer fällt. Staat und Gesellschaft haben aber die Pflicht, der Frau und Mutter den Verzicht auf familienfremde Tätigkeit so weit wie möglich zu erleichtern — einmal um der Familie willen, dann aber auch, weil das Wirken der Hausfrau und Mutter in der Familie für das Gemeinwohl von ungleich höherem Wert ist als der wirtschaftliche Nutzen aus Fabrik- oder Büroarbeit.

Da wird heute so viel von der Gleichberechtigung der Frau geredet, aber so wenig von dem höchsten und schönsten Beruf der Frau und Mutter in der Familie. Dazu müssen wir klar und weithin hörbar aussprechen: *Mutterberuf ist Hauptberuf wie jeder andere Beruf und hat höheren Wert als jeder Erwerbsberuf*. Und niemand kann zwei Hauptberufe gleichzeitig voll ausfüllen. Die gleichzeitige Ausübung zweier Hauptberufe — daheim als Mutter und im Beruf als Arbeitskraft — geht entweder zu Lasten des Betriebes oder zu Lasten der Familie, meist aber zu Lasten beider, und führt dazu noch zu schweren gesundheitlichen Schäden der Mutter. Es geht darum, die Gleichberechtigung und Gleichbewertung des Hausfrauen- und Mutterberufs in der öffentlichen Meinung wieder durchzusetzen. Es muß eine allgemeine Parole für unsere Zeit werden: *Rettet unsere Mütter für unsere Familien und unsere Kinder! Ihr Fehlen dort kann nie wieder gutgemacht werden!*

Mutter sein in dieser Zeit — das bedeutet aber noch weit mehr. Es heißt vor allem auch:

Liebe schenken in liebeleerer Zeit

Die Zuneigung und Liebe der Mutter als Ehefrau ist es auch, die den Mann und Vater immer wieder ermutigt, seine beruflichen und sozialen Sorgen zu meistern, die scheinbar oder wirklich erlittenes Unrecht im Existenzkampf und Berufsleben tragen hilft. Aus ihr erwächst dem Manne immer wieder die Kraft, sich im Sog des beruflichen Alltags und der vielen, immer wiederkehrenden Sorgen des häuslichen Bereichs Mut zum Weitergehen, zur fortschreitenden Lebensgestaltung zu bewahren, den Tag nicht mühselig und mißmutig zu vertun, sondern ihn dankbar als Geschenk für sich und die Seinen anzunehmen und zu gestalten. Sie weist den Weg in jene kleine private Welt, die mit Ungestörtheit, Erlebnisfülle und innerem Reichtum aufwiegt, was das berufliche Streben so häufig versagt. So läßt die Kraft der Liebe die Mutter auch wirken als verständnisvolle Dolmetscherin zwischen Sohn und Vater, zwischen Bruder und Schwester, zwischen Mann und Kindern.

Aber diese Liebe will auch gehegt, gepflegt und genährt werden. In unserer Zeit, in der ein unbarmherziger Konkurrenzkampf die menschlichen Beziehungen vergiftet, in der Gefühle der gegenseitigen Fremdheit, des Neides, der Furcht triumphieren, in der Lebensgier und Hast, Mißtrauen und Unzufriedenheit, Ichsucht und Angst die Menschen gegeneinander aufbringen und tragende Werte verächtlich gemacht werden, kann auch Mutterliebe erlahmen, wenn sie nicht Bestätigung, Erwiderung, Aufrichtung und Stärkung findet in tätig liebender Anteilnahme der Familie für die Aufgaben, Gedanken und geheimen Wünsche der Hausfrau und Mutter.

Mutter sein in dieser Zeit — das heißt endlich:

Gesinnung bilden in einer Zeit, die arm ist an echten Gesinnungen.

Das bloß Vorgeredete, das an den Verstand allein gerichtete erzieherische Bemühen versinkt allzu bald im Vergessen. Aber die Gesinnung, aus der die Mutter dem Kind und Jugendlichen und auch dem Manne und Vater entgegentritt und das tägliche Umgangsgeschehen gestaltet, diese gelebte Gesinnung wirkt als Bleibendes. Diese „Macht der Kleinigkeiten" ist den Müttern gegeben. In der Hand und in der Verantwortung der Mütter wird sie zu einer Großmacht der Menschenbildung.

Mutter sein in dieser Zeit umschließt damit ein hohes, vielleicht das höchste Wächteramt. Mutter*beruf ist* daher Be*rufung* von unermeßlicher Tragweite, fortwirkend in Gegenwart und Zukunft unseres Volkes, fortwährend bis zu den Enkeln und Urenkeln. Mütterliches Leben und mütterliche Leistung zu achten und zu ehren kann daher nicht nur Aufgabe und Sinn eines einzigen Tages sein.

den haben, könnte wohl kaum für jede Frau in gleicher Weise behauptet werden; zudem entzog sich dies aufgrund fehlender Untersuchungen wohl auch Wuermelings Kenntnis.

In einer Situation, in der die eigene Entscheidung, eine Aufgabe zu übernehmen oder sie in gewohnter Weise dem Mann zu überlassen, schon aufgrund äußeren Drucks nicht gegeben war, hatten Frauen gar nicht erst die Möglichkeit einer Wahl. Deshalb gab sich Wuermeling in der Zeit des wirtschaftlichen Aufschwungs, in der die Frauen rein faktisch sehr wohl die Möglichkeit einer Wahl zwischen Hausarbeit und Erwerbsarbeit hatten, größte Mühe, sie von der Wichtigkeit und Bedeutung ihrer Erziehungs- und Harmoniearbeiten in der Familie zu überzeugen.

Er vertrat ein Frauenbild, in dem die Frau ihre »wahre Erfüllung« nur im Muttersein voller Selbstaufgabe und Verzicht findet, und differenzierte nicht nach individuellen Bedürfnissen und Neigungen. »Frau sein« bedeutete für ihn das Wirken als »verständnisvolle Lebensbegleiterin des Mannes und Vaters«[34] und als pflegende und aufopfernde Erzieherin der Kinder. Andere Lebensvorstellungen erschienen ihm – falls überhaupt vorhanden – in jedem Fall negativ und an jenem »wirklichen Sinn des Lebens« vorbeizugehen. Ideen und Wünsche von Frauen, die sich nicht an der Familie orientierten, nannte er materialistisch und egoistisch.

Eine solche Verklärung und Glorifizierung des Mutterbildes macht deutlich, daß nicht die Realität und die daraus entstandenen Probleme der Frauen im Vordergrund von Wuermelings Denk- und Handlungsweise standen, sondern eher die Vorstellung einer religiösen Mustern entnommenen »Übermutter«.

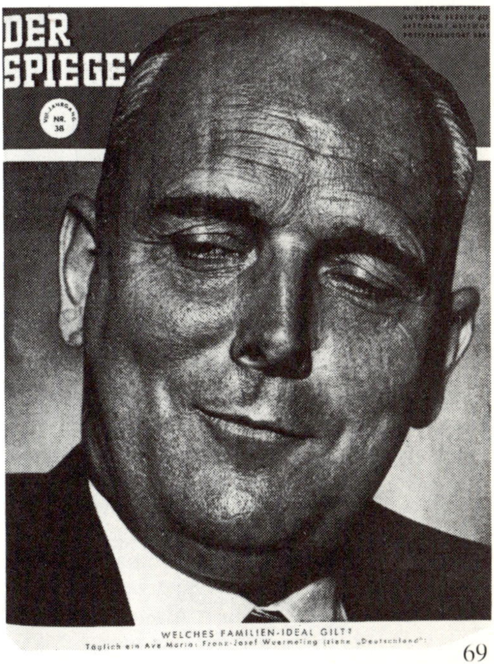

aus: Franz-Josef Wuermeling,
»Familie – Gabe und Aufgabe«

Die von ihm geforderten Maßnahmen sollten keine Verringerung von familialer Arbeit für Frauen bedeuten, sondern diese durch die Andeutung materieller Hilfestellung von familienfremder Arbeit, für die sich Frauen oft mit dem Argument finanzieller Not rechtfertigten, fernhalten. Einerseits gab Wuermeling vor, weder Gesellschaft noch Staat seien befugt, »die persönliche Entscheidung, ob sie (die Frau) erwerbstätig sein will oder nicht, zu bestimmen, oder gar Urteile über einen solchen Entschluß zu fällen...«;[35] andererseits sagt er in gleichem Zusammenhang, daß die Familie »das erste Anrecht auf die Ehefrau und Mutter hat«[36] und daß »die außerhäusliche Erwerbsarbeit unserer Mütter keine ›Lösung‹, sondern ein erzwungenes Unheil darstellt, dem mit aller Macht entgegenzuwirken ist.«[37] »Der Mutterberuf ist Hauptberuf wie jeder andere Beruf und hat höheren Wert als jeder Erwerbsberuf.«[38]

Diese Aussagen enthalten sowohl eine Zuweisung von Frauen auf den Bereich Familie, als auch eine negative Bewertung von »Müttererwerbsarbeit«. Es wird deutlich, daß Wuermeling es keinesfalls dem alleinigen Wunsch der Frau zuordnet, ob sie außerhäuslicher Erwerbsarbeit nachgehen will oder nicht.

In fast allen seinen Reden und Aufsätzen stellt Wuermeling der aufopfernden, selbstlosen, verzichtenden Mutter das ins Negativ verkehrte Bild der nur konsumorientierten, ihre Kinder vernachlässigenden Frau und Mutter gegenüber. Wenn sich eine Frau für Erwerbsarbeit entschied, bedeutete das für Wuermeling eine Entscheidung gegen die Familie, denn beide Aufgaben waren seiner Ansicht nach nicht in vollem Maße zu erfüllen. Eine andere Aufteilung der innerfamilialen Arbeit, die eine Entlastung für Frauen bedeuten könnte, erschien ihm nicht erstrebenswert, da die christliche Familienverfassung eine im Prinzip starre und feststehende Funktionsverteilung der Geschlechter beinhaltet. Hinter seinen Ausführungen über die schädlichen Folgen außerhäuslicher Erwerbsarbeit von Müttern für die Familie stand das Ziel, außerfamiliale Arbeit für Frauen zu diskriminieren.

Seine Ablehnung der Müttererwerbsarbeit versuchte er nicht durch rationale Argumente darzulegen, sondern in einer ideologischen Aufbereitung des herkömmlichen Mutterbildes und einer wahrhaften Dämonisierung der erwerbstätigen Mutter. Über die Erzeugung von Schuldgefühlen versuchte er, auf das Bewußtsein berufstätiger Frauen einzuwirken, worin ihn viele gesellschaftliche Institutionen massiv unterstützten. Er entwarf ein seinen Vorstellungen entsprechendes »mütterliches Wesen« und propagierte Verhaltensmuster, an die sich jede »gute deutsche Mutter« anpassen sollte. Er bestimmte die Aufgaben, die Frauen in der Familie zu erfüllen hätten. So schuf er das Idealbild einer funktionierenden Familie, das der Durchsetzung seiner Vorstellungen zum Aufbau eines »gesunden Volkes« dienen sollte. Eine Anlehnung an nationalsozialistisches Vokabular, insbesondere die Äußerungen Wuermelings über das »Muttersein« betreffend, ist nicht zu übersehen.

Wuermeling verwahrte sich in seinen Ausführungen immer wieder gegen die Gleichsetzung seiner Familienpolitik mit Bevölkerungspolitik. Dennoch kann man zu Recht davon ausgehen, daß es seine Absicht war, Familien zu befähigen, die von ihnen »gewünschte« Zahl an Kindern aufziehen zu können – wobei er nirgendwo zu erkennen gibt, aus welchen Quellen er diesbezügliche Wünsche der Betroffenen erfahren hat. Wieder ging er davon aus, daß es dem Wesen der Familie entspreche, »Kinder über Kinder« zu zeugen und Hinderungsgründe nur materielle Schwierigkeiten sein könnten. In seiner Rede über »die Aufgabe der Familie« schrieb er: »Kinderreichtum der Familie ist die Garantie für den Weiterbestand unseres Volkes«, und vergaß auch nicht, im folgenden auf den bedrohlichen Rückgang der Kinderzahl in Deutschland hinzuweisen, »der zu großer Besorgnis Anlaß gibt.«[39] Die durchschnittliche Kinderzahl pro geschlossener Ehe, die seinen Angaben zufolge 1960 bei 1,9 lag, hielt er für unzureichend. »2,5 bis 3 Kinder je in jüngeren Jahren geschlossener Ehe wären aber Voraussetzung für die Erhaltung des zahlenmäßigen Bestandes unseres Volkes.«[40] Wuermeling hielt allerdings keine staatliche Bevölkerungspolitik für erforderlich, denn es müsse nur der »Wille zum Kind« als Wesensmerkmal der Familie wieder gestärkt werden. Die Aufzucht und Erziehung von Kindern sollte den Rahmen von weiblicher Arbeit im häuslichen Bereich bilden und durch massive Propagierung dieser »natürlichen Aufgaben« die Bereitschaft von Frauen verstärken, auch weiterhin unbezahlte Arbeit in der Familie zu leisten.

Prediger Thielicke

Die Kirchen

Familienpolitik war das Gebiet für die Kirche, auf dem sie ihre christliche Ideologie direkt und vehement durchsetzen konnte. »Die katholische Kirche hatte einen der Hauptgründe für den Nationalsozialismus in der Verdrängung Gottes aus dem privaten und öffentlichen Leben gesehen.«[41] Für sie ergab sich daraus die Forderung nach »Rechristianisierung« der Gesellschaft: »Alle sozialen Institutionen sollten christlichen Prinzipien entsprechen und für die Erhaltung christlicher Normen sorgen.«[42]

Auch heute greift die Kirche wieder verstärkt in die Diskussion um familienpolitische Maßnahmen und Gesetze ein, wie z. B. gezielte Aktionen gegen den »reformierten« Paragraphen 218 oder die Forderung nach Aufgabe des reformierten Scheidungsgesetzes zeigen. In einem »Wächterruf gegen den sittlichen Dammbruch« von 1979 wetterte die Konferenz bekennender Gemeinschaften in der EKD gegen »die Freigabe des Trieblebens«, die jede Familie innerlich aushöhle. Ursache dieses »selbstsüchtigen Selbstverwirklichungsstrebens« seien Aufklärung, Wissenschaft und Emanzipationsbestrebungen der Frauen.[43]

Nach dem Zweiten Weltkrieg, einer Zeit sich andeutender gesellschaftlicher Neuorientierung, sah die Kirche in dem verstärkten Einsatz von Frauen in dem gesellschaftlichen Aufbauprozeß eine akute Bedrohung von Ehe und Familie. Nach kirchlicher Lehre ist die Familie Bestandteil der göttlichen Schöpfungsordnung. Sie ist »die natürliche, rechtliche, sittliche und wirtschaftliche Gemeinschaft von Personen«, »die naturgegebene Lebensgemeinschaft von Vater, Mutter und Kindern« und »bildet als elementarste Sozial-, Wirtschafts-, Fortpflanzungs- und Erziehungseinheit die Grundzelle der menschlichen Gesellschaft.«[44] In ihr wird der Ort gesehen, in dem sittliche, geistige und religiöse Werte übertragen werden, in der sich nach Ansicht des Kardinals Höffner unverzichtbare Tugenden für das Zusammenleben mit anderen Menschen wie »Liebe zum Nächsten, Selbstlosigkeit, Hingabe, Ehrfurcht, Vertrauen, Dienstbereitschaft, Verantwortungsbewußtsein... Pietät, Gehorchen und Befehlen können«[45] entwickeln. Dies sind nicht zuletzt Eigenschaften, die die Unterordnung unter kirchliche Ordnung weiterhin garantieren.

Die Familie braucht zwar zu ihrer Verwirklichung Schutz und Hilfe von Gemeinde, Staat und Kirche, »kollektivistisches« Eingreifen lehnt die Kirche allerdings entschieden ab. Der Staat dürfe durch »naturrechtswidrige« Rechtspolitik (z.B. Förderung der Ehescheidung, Duldung von ehe- und familienfeindlicher Unsittlichkeit in der Öffentlichkeit), durch familiengefährdende Wirtschaftspolitik (z.B. asozialer Wohnungsbau, ungerechte Steuer-, Lohn- und Preispolitik) sowie durch den Interessen der Familie zuwider laufende Kulturpolitik (z.B. in Fragen der Jugenderziehung) die Eigenständigkeit der Familie nicht in Gefahr bringen.[46]

Das Scheidungsrecht, das in den 50er Jahren erneuert werden sollte und eine Auflösung der Ehe erschwert hätte, kam den kirchlichen Vorstellungen von staatlicher Aufgabenerfüllung zur Erhaltung von Ehe und Familie sehr nahe.

Als »eine besondere Stiftung Gottes« stellt die Ehe dennoch eine Eigenständigkeit gegenüber dem Staat dar. Sie gehört zum irdischen Leben, das nach dem Willen Gottes gestaltet und erhalten werden soll. Dadurch, daß die katholische Kirche die Ehe zum Sakrament erhoben hat, unterstellt sie diese ausschließlich ihrer Zuständigkeit und ordnet ihr die sich aus der Natur des Menschen »und den Erfordernissen der menschlichen Gesellschaft« ableitenden Wesenseigenschaften zu: Einheit, Unauflöslichkeit und Fruchtbarkeit.

Einerseits überläßt die Kirche dem Staat das Recht, Gesetze über die Ehe zu erstellen, toleriert die obligatorische Zivilehe, die eine kirchliche Trauung überflüssig macht, andererseits beansprucht sie aber für sich das Recht, den Sinn von Ehe zu bestimmen.

Hier wird deutlich, daß die rechtliche Zuständigkeit des Staates für die Ehe zwar akzeptiert wird, die Kirche aber dennoch für sich beansprucht, Verhaltensmuster zu diktieren.

Als eine ebenfalls gesellschaftliche Entwicklung wurde die angebliche Lockerung der Sexualmoral der 50er Jahre beurteilt. »Auch früher hat es Untreue und Ehebruch gegeben. Heute aber wird das alles publizistisch breitgetreten und im Sinne eines zynischen Genußegoismus als vorbildlich und nachahmenswert hingestellt.«[47] Die massive Versexualisierung führt nach Meinung Kardinal Höffners zu kulturellem Verfall und zu »Verheerungen im sittlichen Bewußtsein der Menschen.«[48] Enthaltsamkeit gilt noch immer als sexueller Standard, und obwohl das katholische Bild von Sexualität keiner rationalen Befragung standhält, hat die Kirche noch immer Einfluß und die Macht, ihre repressive Sexualmoral zu verbreiten. Das Einwirken der Kirche auf Moral und sittliches Bewußtsein der Bevölkerung in den 50er Jahren hat die Tendenz einer zur Schau getragenen und aufdringlichen Biederkeit und Prüderie mitbestimmt und untermauert.

Die Kirche behauptet von sich, in der »Zurückweisung mechanischer Methoden der Empfängnisregelung dem Menschengeschlecht einen der größten Dienste«[49] erwiesen zu haben. In seiner Enzyklika »Mater et Magistra« schreibt Papst Johannes XXIII: »Selbstverständlich dürfen... nicht Wege eingeschlagen werden, die nicht nur der gottgegebenen Sittenordnung zuwiderlaufen, sondern die menschliche Fortpflanzung selbst ihrer Würde entkleiden.«[50]

Die »Eindämmung der Geschlechtlichkeit« ist seit jeher Ziel der katholischen Kirche. In der Versagung sexueller Triebbefriedigung geben sich wirkliche Gottesliebe und Ehrfurcht zu erkennen. »Wo Gott ist, da ist Keuschheit.«[51] Die repressive Sexualmoral der katholischen Kirche findet in der Überhöhung von Keuschheit, einem der vierten Kardinalstugend »Mäßigung« zugeordneten Lebensgebot, ihren Ausdruck. Jungfräulichkeit wird in den 50er Jahren zum »lebendigen Mahnmal« gegen den »Materialismus des Geldes«, gegen die »Bedrohung der Lüste« und »zum lebendigen Protest gegen alle Sklaverei der Triebe« erklärt.[52]

Ein befriedigendes sexuelles Erleben, das Erkennen und Ausleben eigener Lust ist nach katholischer Moralvorstellung verwerflich und nicht Ziel menschlicher Verwirklichung. Eine als unbefriedigend empfundene Sexualität wird nicht zum Movens ihrer Veränderung, sondern zum Merkmal der eigenen Keuschheit.

Askese und Jungfräulichkeit werden explizit nur von Frauen gefordert, sexuelle »Ausbrüche« des Mannes gelten zwar als ebenso verwerflich, haben aber keineswegs ähnlich schwerwiegende Folgen. Mit dem Moment Schuld verfügt die Kirche über Eingriffsmöglichkeiten in die persönliche Lebensgestaltung der Individuen. Die Propagierung der Ehe als dem einzig legitimen Ort für die Befriedigung sexueller Bedürfnisse hat in den 50er Jahren eine soziale Ablehnung aller anderen Lebensformen zur Folge gehabt.

Die Diskriminierung unehelicher Kinder und ihrer Mütter war in den 50er Jahren wieder erfolgreiches Mittel zur Eindämmung sexueller Beziehungen. Die Angst vor einer Schwangerschaft, sowohl vor als auch in einer Ehe, sollte sexuelle Betätigung ohne generatives Motiv verhindern. Unter diesem Aspekt ist das strikte Verbot antikonzeptioneller Mittel zu verstehen.

Die evangelische Kirche erhob in den 50er Jahren nicht mehr die Forderung nach dem ausschließlichen »Hauptzweck Fortpflanzung« in der Ehe, sondern räumte der Partnerschaft, was auch immer das heißen mag, einen gleichwertigen Platz ein. Doch auch die evangelische Kirche hält die Ehe für den Ort der Befriedigung des »individuellen Eros«.[53] »Die Ehe ist der einzige legitime Ort sinnerfüllter und damit sittlich gerechtfertigter geschlechtlicher Betätigung; jede außereheliche ist darum nicht nur unsittlich, sondern auch eine Beeinträchtigung der sittlichen Ordnungsmacht der Ehe im Gesamtbereich menschlicher Sexualbetätigung.«[54] Voreheliche Virginität und monogame sexuelle Beziehungen werden in rigoroser Weise nur von der Ehefrau gefordert. Ihre sexuelle Erfüllung findet sie sowieso im Empfangen und Gebären. In einer neuerlichen Mystifizierung und Verklärung ist das »harte Los des Mutterseins« zu einem Akt der Selbstfindung geworden. Nicht nur der Kinderwunsch sei in der Natur der Frau begründet, sondern auch Pflege und Erziehung derKinder werden als dem Wesen der Frau zugehörig erklärt. Frauen sind für das harmonische Gefüge zwischen Vater und Kindern zuständig. Treten Konflikte in den familialen Beziehungen auf, so werden die Ursachen bei den Ehefrauen und Müttern gesucht.

Die Idealisierung ihrer Funktion als »Herz und Regentin« im Inneren der Familie sollte der Frau die Illusion von Autorität und Würde vermitteln. »Von diesen Grundzügen her gesehen versteht es sich, daß der Frau und Mutter in der Familie in ihrem Wirken nach außen Grenzen gesetzt sind.«[55]

Jegliche Entscheidungsfreiheit der Frau liegt im Ermessen des Ehemannes. Er gilt zwar nicht als der Erzieher der Kinder und der Vormund der Frau, doch letztendlich ist ihm jede Entscheidungsbefugnis in allen die Familie betreffenden Angelegenheiten vorbehalten. Noch 1958 hat sich die katholische Kirche für den »Stichentscheid des Vaters« eingesetzt, und zwar nicht wie die evangelische Kirche im Bereich der gemeinsamen Kinder, sondern auch in solchen Streitfragen, die die Frauen selbst betrafen. Aus katholischer Sicht diente diese letzte Entscheidungsgewalt, die kein männliches Vorrecht, sondern »ein dem Mann zur Wahrung der Einheit der Ehe zukommendes Pflichtrecht« (ius can. cic. 1012) sei, zum Erhalt der Ehe.

Die Beibehaltung dieses jeglicher Gleichberechtigung hohnsprechenden Gesetzes hätte nur den Zweck gehabt, die wankende Vorrangstellung des Mannes künstlich aufrechtzuerhalten. Da in dieser Vormachtstellung des Mannes sich auch die Vormachtstellung der Kirche widerspiegelte, wird deutlich, daß die Kirche so ihrem eigenen Machtverlust entgegenzutreten versuchte. Die Anerkennung der kirchlichen Führung in allen ethischen und moralischen Fragen ist nur in der Beibehaltung patriarchalischer Strukturen möglich. Die »natürliche« Autorität des Ehemannes ist wesentliches Merkmal der kirchlichen Familienordnung, in der eine geschlechtsspezifische Arbeitsteilung in der Familie ihre Begründung findet. »Durch dogmatische Parallelisierung des Verhältnisses der Frau zum Mann mit dem der Kirche zu Christus (Mann das Haupt der Familie) bleibt die Frau prinzipiell dem Mann untergeordnet.[56] Dem Ehemann und Vater als Familienoberhaupt (in der Analogie zu Gott als dem Haupt der Menschheit) ist die Verantwortung und Vertretung familialer Angelegenheiten nach außen übergeben. Er ist so Mittler zwischen Privatsphäre und Öffentlichkeit.« Nach kirchlicher Auffassung brauchte der Mann seine natürliche Autorität nicht durch die Ausübung von Macht und Gewalt gegen Frauen zu wenden, da deren Unterordnung unter seine Führung als göttliches Gebot von Frauen grundsätzlich anerkannt würde. Für sie stellte die Gestaltung ihres Ehe- und Familienlebens

Überfüllter »Michel« in Hamburg

ihre wichtigste Lebensaufgabe dar: »Verantwortliche Beziehung zum Mann, klare Schau der eigenen Berufung als Frau, Gestaltung eines eigenen Lebensraumes und die Bildung eines Kreises, in dem sie ihre mütterliche Funktion finden kann.«[57] Verständnis und Hilfsbereitschaft, Selbstlosigkeit und Verzicht in hingebender Liebe machen ein harmonisches und sinnvolles Frauenleben aus. Verantwortliches Handeln dem Mann gegenüber bedeutet, sich seinen Anordnungen zu fügen, familiale Arbeit in seinem Sinn zu leisten und auf die Erfüllung eigener Bedürfnisse zu verzichten. Da dieses von Frauen als oft sehr leid- und schmerzvoll, zumindest aber unbefriedigend und ohne Bestätigung erfahren wurde, lag es nahe, den Frauen als Ideal Aufopferungsgabe, Selbstlosigkeit und Verzicht zu predigen.

Zu dem für Frauen bestimmten Bereich gehörte außerhäusliche Erwerbsarbeit nur sehr eingeschränkt. Andere Motive für Erwerbstätigkeit als die wirtschaftliche Notlage lehnten die Kirchen zumindest für Mütter minderjähriger Kinder als genußsüchtig, egoistisch und individualistisch ab. Am ehesten machten sie sich noch zur Fürsprecherin des in den 50er Jahren sich verbreitenden »Drei-Phasen-Modells«. Außer im Dienst für Christus und die Kirche gab es prinzipiell für Frauen keine Alternative zu Eheleben und Mutterschaft, und letzteres in gefordertem Maße erfüllen zu können, bedeutet, auf jede außerhäusliche Erwerbsarbeit zu verzichten. Dazu sagt Emmi Welter, Leiterin der evangelischen Frauenhilfe in Nordrhein-Westfalen: »Es liegt uns daran, daß die Mütter erkennen, daß die außerhäusliche Erwerbsarbeit nicht so wichtig ist als der Segen, der von der von ihrer Liebe erfüllten Kinderstube ausgeht, die die Pflanzstätte ihrer Tugenden ist.«[58]

Die Doppelbelastung der Frau wurde nur in bezug auf die Auswirkungen auf die Familie gesehen. Konsequenz jener Überlastung konnte nach kirchlicher Meinung nur der Verzicht auf außerhäusliche Erwerbsarbeit und nicht die Veränderung innerfamilialer Arbeitsstrukturen sein. Die Kirche versuchte vielmehr über die Erzeugung von Schuldgefühlen, die Einbeziehung außerhäuslicher Erwerbstätigkeit in die Lebensplanung von Frauen zu verhindern.

Familienverbände

Die zahlreichen Gründungen von Familienverbänden in den 50er Jahren sind ein weiteres deutliches Indiz für das allgemein zunehmende Interesse an der Familie. Träger dieser selbsternannten »Bewegung« waren vor allem die vier Familienverbände und ihre nationalen und internationalen Dachorganisationen.

Unser besonderes Interesse gilt ihrer Verflechtung mit anderen an Familienpolitik beteiligten Personen, Gremien und Gruppen und ihrem nicht unbedeutenden Einfluß im Familienministerium.

Zu der ersten offiziellen Gründung eines dieser Verbände kam es schon Anfang 1950. Eine Gruppe Frauen und Männer – zum großen Teil entstammten sie der bündischen katholischen Jugendbewegung – hatte sich auf einer Sozialtagung der katholischen Kirche in München 1949 zur Gründung des »Deutschen Familienverbandes e. V.« (DFV) entschlossen. An der Gründung maßgeblich beteiligt waren der Diplomingenieur Umstätter, viele Jahre erster Präsident des Vereins, und Oberkirchenrat Ranke von der evangelischen Kirche. Der Verband war bewußt christlich ausgerichtet und verstand sich als überkonfessionell und überparteilich.

Die Mitgliedschaft konnten nicht nur kinderreiche Familien, sondern auch deren »katholische und nichtkatholische Freunde« erlangen. Bedeutende Mitglieder waren die Professoren Mackenroth, Schelsky und Achinger sowie Persönlichkeiten des öffentlichen Lebens, die sich teilweise auch im Wissenschaftlichen Beirat des Familienministeriums wiederfanden. Der DFV machte es sich zur Aufgabe, die Interessen von Familie gegenüber Staat, Wirtschaft und Öffentlichkeit zu vertreten, das gesellschaftliche Ansehen der Familie zu stärken und auf Orts- und Kreisverbandsebene auch Einzelfallhilfe zu leisten.

Zur Zeit der Planung eines Familienministeriums gründeten sich 1951 die beiden konfessionellen Familienverbände. Zuerst rief der Deutsche Episkopat die Familien auf, sich in dem »Bund der deutschen Katholiken« zusammenzuschließen. Die Bischöfe bezogen sich auf die vorangegangenen Kirchentage mit familienpolitischen Themen und auf einen Aufruf von Papst Pius XII von 1949, in dem dieser »Hilfe für die Familie« und andererseits die Entstehung einer »Front der Familie zur Durchsetzung und Bewahrung ihrer Interessen und Rechte«[59] forderte.

Das oberste Gremium dieses Bundes war der »Zentrale Familienrat«. In ihm entschieden die von den Diözesen entsandten Vertreter die Richtlinien der Verbandsarbeit. Aufgabe des »Familienrats« war auch die Wahl des Päsidiums, dem ein von den Bischöfen beauftragter Assistent zur »Beratung« zur Seite stand und das für die Weiterleitung von Forderungen an Institutionen des Staates, der Politik und der Wirtschaft zuständig war.

Die Ehrenmitgliedschaft Adenauers und Wuermelings gewährleistete die Übernahme katholischer Vorstellungen und Ziele in die Regierungsarbeit.

Die Gründung eines rein katholischen Familienbundes erschien den Bischöfen geboten, da »umfassende Familienarbeit« nur vom »Nährboden der Kirche« aus geleistet werden könne. Die katholische Kirche fühlte sich hierzu besonders berufen, da sie es als ihre Aufgabe ansah, die Grundlage der Familie, die Ehe, als Sakrament zu bewahren. Demgemäß verstand sie die Forderung nach einem »gesunden, christlichen Familienleben«, das vor den »zersetzenden Einflüssen von Literatur, Presse, Funk und Film, etc.«[60] geschützt werden sollte, und nach einer erhöhten Anerkennung von Familie als Grundlage jeder gesellschaftlichen Ordnung in der Öffentlichkeit als oberstes Ziel ihrer Arbeit.

Die evangelische Kirche hielt den »Familienverband«, dem auch zahlreiche evangelische Familien angeschlossen waren, für ausreichend und beschränkte sich darauf, die bestehenden evangelischen Verbände und Werke, die sich mit Familie beschäftigten, zu einer Aktionsgemeinschaft für Familienfragen zusammenzuschließen. Zur Gründung dieser Gemeinschaft kamen 1953 in Bethel die Initiatoren Pastor Münchmeyer, Martin Donath, Emmy Welter (MdB, CDU) sowie Vertreter der evangelischen Kirche zusammen. Auch die Professoren Schelsky, Wurzbacher und Oeter sowie zahlreiche Persönlichkeiten aus Politik und Wirtschaft wurden Mitglieder der evangelischen Aktionsgemeinschaft für Familienfragen.

Man machte es sich zur Aufgabe, die von den Einzelverbänden der evangelischen Kirche getragenen Aktionen zu koordinieren und dem ethischen, wirtschaftlichen und sozialpolitischen Anliegen der Familie vom evangelischen Glauben her Gewicht zu verleihen.

Zudem war es das Ziel der Aktionsgemeinschaft, der Geringschätzung kinderreicher Familien entgegenzuwirken und die gesellschaftliche Anerkennung der Institution Familie zu erhöhen. Diese Arbeit wurde auf zahlreichen Tagungen und durch Vorträge in Presse und Rundfunk zum Ausdruck gebracht. Die Aktionsgemeinschaft war wie auch die anderen Familienverbände im wissenschaftlichen Beirat des Familienministeriums vertreten, u.a. durch Klaus v. Bismarck, Pastor Münchmeyer und auch Helmut Schelsky; Gabriele Wülker, die sich engagiert an der Verbandsarbeit beteiligte, wurde später Staatssekretärin im Familienministerium. Emmi Welter, langjährige Präsidentin der Aktionsgemeinschaft, gehörte dem Bundestag an. Die Verknüpfung von politischen- und Verbandsfunktionen war eine günstige Voraussetzung für die Durchsetzung der Verbandsziele auf breiter Ebene.

Schließlich wäre noch der »Bund der Kinderreichen« zu nennen. Diesen Verein gab es schon in der Weimarer Republik. 1933 wurde er der NSDAP unterstellt und folglich 1945 von den Alliierten verboten. Dr. Engelmann, Obermedizinalrat i. R. und Vater von sechs Kindern, der bis zur Auflösung der Organisation Stellvertretender Vorsitzender war, wurde auch beim »Neubeginn« wieder in den Vorstand gewählt.

Der »Bund der Kinderreichen« arbeitete überparteilich und überkonfessionell und richtete sein Engagement ebenfalls auf die Förderung einer familienfreundlichen Einstellung in der Öffentlichkeit. Er forderte insbesondere den Schutz vor der sozialen Deklassierung für Mehrkinderfamilien und beteiligte sich an Kampagnen für familienpolitische Maßnahmen wie z. B. das Kindergeld und den Familienlastenausgleich. Auch der »Bund der Kinderreichen« fand z. B. durch seine Vorsitzende Gräfin Finkenstein (MdB und Mitglied des Beirats im Familienministerium) direkten Zugang zu gesetzgeberischen Gremien.

Auf nationaler und internationaler Ebene rückten die einzelnen Verbände eng zusammen. 1958 verbanden sie sich zur »Arbeitsgemeinschaft der Familienorganisation«, deren Vorsitz turnusgemäß wechselte. Die gute Zusammenarbeit wurde von den einzelnen Verbänden besonders betont und eine Doppelmitgliedschaft sogar empfohlen.

Außerdem waren sämtliche Verbände Mitglieder der Internationalen Familienorganisation (Union Internationale des Organismes Familiaux, UIOF). Auf Tagungen und Kongressen dieser Dachorganisation waren auch stets Vertreter der europäischen Regierungen anwesend. Die UIOF hatte Mitspracherecht beim Europarat der EWG, der Unicef, der Unesco und in der UNO.

Die Tatsache, daß Forderungen dieser Verbände auf eine starke politische Lobby stießen, scheint die Voraussetzung für deren Erfolg und ihre überaus hohe Publizität gewesen zu sein.

Das gemeinsame Ziel der Verbände war die Unterstützung und Stabilisierung der Familie in ihren traditionellen Strukturen als Fundament dieser Gesellschafts- und Wirtschaftsordnung. Den im Grundgesetz gebotenen Schutz von Ehe und Familie wollten sie mit ihren Aktionen und Forderungen untermauern.

An dem von den Verbänden propagierten Ehe- und Familienbild erkennt man deren kirchliche Herkunft und Verbundenheit: Martin Donath, Vorsitzender der »Aktionsgemeinschaft für Familienfragen«, nannte die Ehe eine »Stiftung Gottes« und die Familie den ursprünglichsten und bedeutsamsten Sozialorganismus, der niemals im Staat untergehen dürfe. Der mittelständischen Familie als Trägerin und Übermittlerin bürgerlicher Kultur und Tradition sollte es ermöglicht werden, den erhöhten Aufwand und die Mehrkosten für Kinder zu tragen; denn diese Familien tradierten patriarchalische und bürgerliche Strukturen, deren Erhalt aus der Sicht der Familienverbände mit dem Entstehen der konsumorientierten Leistungs- und Massengesellschaft gefährdet war. Ihre Ausführungen über das von ihnen geforderte »gesunde Familienleben« beschränkten sich allerdings auf die Ausgestaltung der gemeinsamen Freizeit, z. B. die Möglichkeit zu Hausmusik, gemeinsamen Wanderungen etc.

Emmi Welter sprach in ihrem Vortrag »Gebt der Familie Zukunft« von der Deklassierung der kinderreichen Familie, womit sie betonte, daß Familien mit mehreren Kindern an dem steigenden Lebensstandard nicht teilhaben könnten, obwohl gerade für eine »wohlgeordnete« Aufzucht der Kinder der materielle Aufwand sich erhöht hatte. »Folge davon ist, daß eine solche

Familie mit ihren Kindern Margarine statt Butter ißt, daß sie den Kindern kein frisches Obst geben kann und daß sie weder für die Anschaffung von Büchern, noch für den Musikunterricht für die Kinder, noch für den Besuch kultureller Veranstaltungen, noch für eine gemeinsame Ferienerholung, noch für vieles andere mehr Mittel zur Verfügung hat.«[61]

Grundlage des familienpolitischen Engagements der Verbände waren diese »Mißstände«, die an bürgerlichen Werten gemessen wurden. Die Familienverbände hatten es sich daher zur Aufgabe gemacht, familienschädigende Einflüsse einzudämmen, z. B. durch die Entsendung von Vertretern in Kontrollgremien, durch die Presse, Rundfunk und Film einer ständigen Überwachung unterstanden. Als schädigenden Einfluß betrachtete man u. a. das Anwachsen des Lebensstandards, der »öffentlich zerstörende Formen« annähme und der in einem »übersteigerten Konsumbedürfnis« zum Ausdruck käme. Das Überwuchern materieller Bedürfnisse, die »Verfallenheit an die materiellen Güter«, die »Flucht in die Sachwerte« führe zu einer Verarmung des seelischen Lebens.[62]

Der Familienverband der deutschen Katholiken schrieb in seinem Programm: »Der Familienbund will kein Überwachungsorgan sein. Er wendet sich aber mit Nachdruck dagegen, daß in falsch verstandener oder zügellos strapazierter demokratischer Freiheit offen oder nur getarnt die edelsten Güter der Familie in den Schmutz gezogen werden.«[63] Der Familienverband fühlte sich zu einem »Wächteramt« berufen, das von sich aus zu entscheiden berechtigt war, welche Einflüsse als moralisch verwerflich und damit schädigend auf die Familie wirkten, oder im entgegengesetzten Fall, welche der Familie dienlich waren. Ziel aller Familienverbände war die Verstärkung der gesellschaftlichen Anerkennung von Familie. Sie waren darauf bedacht, den Familiensinn zu stärken, und es war ihnen ein besonderes Anliegen, das Ansehen der kinderreichen Familien in der Öffentlichkeit zu verbessern. Es erschien ihnen widersinnig, Mehrkindfamilien zu fördern, gleichzeitig aber deren soziale Geringschätzung, die in einer allgemeinen Kinderfeindlichkeit ihren Ausdruck fand, kritiklos zu akzeptieren.

Aktionen und Publikationen hatten das Ziel, ein »familienfreundliches Klima« in der Bundesrepublik zur Durchführung einer positiven Familienpolitik zu schaffen. »Wenn überdies ›Familientage, Familienfilme, Familienpackungen, Familienflaschen‹ usw. wieder Mode geworden sind, dann werten wir das als Anfangserfolge in der Gewinnung der öffentlichen Meinung zugunsten der Familie – auch wenn wir bei alledem äußerst kritisch auf der Hut bleiben, damit daraus kein ›Familienrummel‹ und vor allem kein ›Familiengeschäft‹ wird.«[64]

Schwerpunkt ihrer Arbeit war die ideologische Aufwertung der Funktion der Frau als Mutter in der Familie. Sie hielten die gesellschaftliche Nichtbeachtung und -anerkennung der »Nur-Hausfrau« und »Mutter« für eine Ursache der außerhäuslichen Erwerbstätigkeit von Frauen, insbesondere von Müttern.

Der einseitigen Zuweisung der familialen Aufgaben an die Frauen entspricht das von den Familienverbänden geforderte und zum Teil angebotene Programm an Haushalts- und Mütterkursen; denn die vielfältige Tätigkeit einer Mutter, vom Verwalten des Familieneinkommens, der Erziehung der Kinder und der Versorgung des Haushalts bis hin zu ihrer »Liebesarbeit« als

Ehefrau verlangte nach Ansicht der Familienverbände eine umfassende Ausbildung. Empfohlen wurden Verlobten- und Ehekurse, Eheanbahnung, Säuglings- und Kleinkinderpflege, Erziehungsberatung sowie Wirtschafts- und Haushaltskunde inklusive Kurse zur Heimgestaltung und die Müttererholung.

Nach Meinung der Familienverbände ist die Frau »Hauptträgerin der Familienaufgaben, als Gattin, Gebärerin, Erzieherin (und) Hausfrau.«[65] Zentrale Aufgabe der Frauen sei die »Gestaltung der Intimsphäre«,[66] d.h. die Pflege- und Fürsorgetätigkeit als Mutter gegenüber anderen Familienmitgliedern. Dieser Aufgabe kann die Frau bei Aufnahme einer außerhäuslichen Erwerbsarbeit angeblich nicht mehr gerecht werden. Dazu heißt es im selben Zusammenhang: »So zerren Hausarbeit und Erwerbsarbeit an den Kräften der Mutter und verkürzen ihre Einflußnahme auf die Familie. Tisch- und Schlafgemeinschaft sind ein kümmerlicher Rest des Familiengehäuses, wenn es innen hohl und leer geworden ist.«[67] Die Berufstätigkeit von Frauen im außerhäuslichen Bereich tritt in allen Stellungnahmen lediglich als »Problem« auf. Auch Frau van Aubel verzichtet nicht darauf, das bedrohliche Bild der körperlich und geistig zurückgebliebenen Schlüsselkinder und das der Verwahrlosung von Jugendlichen – sie verweist auf das Problem der Halbstarken – zu zeichnen.

Da die Wirtschaft in den 50er Jahren auf weibliche Arbeitskräfte nicht verzichten wollte, beschränkten sich die Familienverbände darauf, zwar den Zugriff auf die Mütter abzulehnen, aber die Erwerbsarbeit von Frauen generell als eine Entwicklung der Zeit zu akzeptieren. Familienpolitik müsse allerdings gewährleisten, daß Mütter uneingeschränkt für ihre Kinder da sein könnten.

Die Stilisierung des Mutter-Seins zu einem Beruf war wesentlicher Bestandteil der Familienpropaganda der Verbände; Beruf aber nicht im Sinne einer Gleichstellung mit Erwerbsarbeit, sondern eher im Sinne einer Berufung. Im Gegensatz zu der Festlegung der Frau auf ihre innerfamilialen Aufgaben wurde dem Ehemann und Vater der außerfamiliale Bereich zugeschrieben. Allerdings sahen auch die Familienverbände die Problematik einer veränderten innerfamilialen Struktur. Durch die »soziale Schwächung des Hausvaters als Alleinernährer«, die einen Verlust an Autorität mit sich brachte, waren auch sie gezwungen, Tendenzen zu einer partnerschaftlichen Ehe wahrzunehmen. Sie beharrten jedoch weiterhin auf einer geschlechtsspezifischen Funktionsverteilung innerhalb der Familie.

Zur Verhinderung von Erwerbstätigkeit verheirateter Mütter und zur Erleichterung der außerfamilialen Pflichten des Ehemannes forderten die Verbände statt des »Leistungslohnes« den »Familienlohn«, eine an der Größe der Familie und nicht nur an der »Leistung« orientierte Bezahlung des Mannes. Die wirtschaftliche Not der Nachkriegszeit hatte nach Ansicht der Familienverbände den Zusammenhalt der Familie zwar verstärkt, jedoch durch die folgenden gesellschaftlichen und ökonomischen Veränderungen speziell in der »Mehrkinderfamilie« zu einer bedrohlichen Situation geführt.

Zum Ende des Krieges und in der Nachkriegszeit waren die Familien nach dem Kartensystem pro Kopf versorgt worden, nun mußten sie sich mit dem Verdienst des Familienernährers begnügen, wie es die Präsidentin des deutschen Familienverbandes, Emmi Welter, auf einer Tagung in Köln 1958 beklagte. Die Belastung, die einer Familie durch eine größere Kinderzahl entstand, sollte durch eine staatliche Unterstützung aufgefangen werden, um ein Absinken gerade mittelständischer Familien in die unteren sozialen Schichten zu verhindern. Im Rahmen eines allgemeinen Familienlastenausgleichs, der die ökonomische Benachteiligung durch Kinderreichtum innerhalb einer Schicht verhindern sollte, forderten die Verbände steuerliche Vergünstigungen, Kinderfreibeträge und nicht zuletzt das Kindergeld. Die geforderte finanzielle Unterstützung sollte ihren Angaben zufolge vorrangig eine gesellschaftliche Anerkennung gegenüber der steigenden Diskriminierung kinderreicher Familien bewirken.

Durch die Diskussion um die materiellen Vergünstigungen sollte die Familie mehr in den Mittelpunkt tagespolitischer Themen gerückt werden. Zudem sollte aber auch durch die Zahlung gewisser Beträge ein Anreiz zur Familiengründung (steuerliche Vorteile und Ehestandsdarlehen) bzw. zu einer Familienerweiterung (Kinderfreibeträge und Kindergeld) geschaffen werden. Da der geforderten Kindergeldzahlung, übrigens noch von den Kindergeldkassen der Berufsverbände ausgezahlt und an das Gehalt des Mannes gekoppelt, nur geringe Bedeutung für das ökonomische Budget einer Familie beigemessen werden konnte, kann von einer tatsächlichen Verbesserung der wirtschaftlichen Bedingungen der Familien nicht gesprochen werden.

Während die Familienverbände von hehren Zielen sprachen, distanzierten sie sich gleichzeitig von den familienpolitischen Maßnahmen »östlicher Regime«. In ihnen meinten sie ausschließlich bevölkerungspolitische Ziele zu erkennen, die darauf abgerichtet seien, die Anzahl an Arbeitskräften und Soldaten zu erhöhen. Die Familienverbände befürchteten eine zahlenmäßige Überlegenheit der kommunistischen Länder. Materielle Zuwendungen sollten daher den Willen zu einer Mehrkinderfamilie fördern und dem Trend zur Einkindfamilie Einhalt gebieten, um die Reproduktion der Bevölkerung und damit die Altersversorgung zu sichern.

Die wirtschaftliche Unterstützung sollte nach Ansicht des deutschen Familienverbandes an der »Autonomie« der Familie orientiert und immer nur subsidiär sein, sie sollte »nur eintreten, wo die Familien als Gesamtheit sich als Opfer einer völlig veränderten Wirtschafts- und Gesellschaftsordnung nicht mehr selbst helfen können.«[68] Die »Privatsphäre« der Familie sollte vor staatlichen und wirtschaftlichen Eingriffen weitgehend geschützt werden.

Zusammenfassend kann über die Familienverbände gesagt werden, daß sie keine »Selbsthilfebewegung« betroffener Familien waren, sondern ein Zusammenschluß einflußreicher, konservativer Politiker, Wissenschaftler, Ärzte und Kirchenvertreter, die sich als repräsentative Sprecher und Vertreter der Familien verstanden. Durch ihre Verankerung vor allem in den Kirchen verfügten sie über ein großes Potential an Menschen, aus denen sich die enorm hohe Zahl an Mitgliedern rekrutierte. Durch ihren Einfluß auf die öffentliche Meinung waren sie in der Lage, Druck auf die Politik der entsprechenden Ministerien auszuüben.

Die Verbände waren das familienpolitische Sprachrohr der Kirchen und übten eine Vermittlerfunktion zwischen Kirche und Staat aus. Die von ihnen initiierten familienpolitischen Maßnahmen fanden durch ihre Kontakte zu Ländern und Bundesministerien und zu den Spitzenverbänden der Wirtschaft weite Verbreitung. Intensiv sind vor allem die Beziehungen zu führenden Politikern der CDU/CSU und besonders zu Familienminister Wuermeling zu nennen. Ihr Einfluß hat wesentlich dazu beigetragen, die Politik Wuermelings zu unterstützen und die Kompetenzen seines umstrittenen Ministeriums zu erweitern. Die Vertreter der Familienverbände bildeten zum großen Teil den »Wissenschaftlichen Beirat« des Familienministeriums; umgekehrt waren wie erwähnt z. B. Wuermeling und Adenauer, beide streng katholisch, Mitglieder im Familienbund der deutschen Katholiken. Selbstverständlich sind auch heute wieder Bundeskanzler und Familienminister Mitglieder des katholischen Familienverbandes.

Die gegenseitige Zuarbeitung und Verstärkung war noch zusätzlich dadurch gesichert, daß die führenden Mitglieder zudem hohe Stellungen in der Verwaltung oder Wirtschaft inne hatten.

Ihre Grenzen fand jedoch die Forderung nach mehr »Anerkennung« für die Familie an den Interessen der Wirtschaft.

Eheberatung

Einige der zuvor genannten gesellschaftlichen Kräfte hatten es sich, wie dargelegt, aus ihrem Selbstverständnis heraus zur Aufgabe gemacht, als Beschützer und Bewahrer der Institution Ehe und Familie zu wirken.

Sie näherten sich diesem »Problem« nicht nur in theoretischer Form durch Publikationen, Vorträge o. ä., sondern auch praktisch in Form von Beratung wie Jugend-, Erziehungs-, Familien- und Eheberatung. Diese Beratungstätigkeit stellte eine Ergänzung der überwiegend wirtschaftlichen, staatlichen und familienpolitischen Maßnahmen dar.

Auch Familienminister Wuermeling sprach sich für die Anregung und Förderung von Eheberatungsstellen als »praktische Hilfe für die Familie« aus.[69]

Träger dieser Beratungsstellen waren vorrangig die Kirchen, aber auch freie Gruppen.

Die hohen Scheidungszahlen nach dem Zweiten Weltkrieg und das daraus gefolgerte Sinken der Ehemoral waren der Anlaß für die Einrichtung zahlreicher Eheberatungsstellen.[70]

Als erste begann 1948 die evangelische Kirche wieder mit der Einrichtung von Eheberatungsstellen.

Elf Jahre später, 1959, schlossen sich diese Stellen zur »Evangelischen Konferenz für Familien- und Lebensberatung e. V.« in Berlin zusammen.

1952 wurde das »Katholische Zentralinstitut für Ehe- und Familienfragen« in Köln gegründet, wobei hauptsächlich die Fuldaer Bischofskonferenz, katholische Jugend- und Erwachsenenorganisationen und der Deutsche Caritas Verband den finanziellen und geistigen Hintergrund bildeten. Das

Zentralinstitut konzentrierte seine Arbeit vorwiegend auf den katholischen Raum.

Herausragende Persönlichkeiten dieser beiden Arbeitsgemeinschaften waren Guido N. Groeger, Leiter der evangelischen Beratungsstelle in Düsseldorf und Berhard Korte, Geschäftsführer des katholischen Zentralinstitutes in Köln. Unter den katholischen Publizisten muß auch Josepha Fischer-Erling genannt werden.

Die »Deutsche Arbeitsgemeinschaft für Jugend- und Eheberatung« (DA JEB) wurde 1949 in Detmold unter Leitung von Carl Coerper und Jochen Fischer gegründet. Dies war ein Zusammenschluß von Einzelpersonen und Beratungsstellen beider Konfessionen. Durch zahlreiche Publikationen trat der spätere Geschäftsführer Lothar Loeffler besonders in Erscheinung.

In dieser Arbeitsgemeinschaft fanden sich Ärzte, Erzieher, Juristen, Seelsorger und engagierte Persönlichkeiten aus dem Bereich der Sozialarbeit zusammen, um die verstreuten Erfahrungen auf dem Gebiet der Eheberatung und Familienpflege zu sammeln und zentral zu erfassen.

Die bisher genannten Arbeitsgruppen und die von ihnen eingerichteten Beratungsstellen beriefen sich auf kirchliche Eheberatungsstellen aus der Zeit der Weimarer Republik, die damals als Gegenbewegung zu den Sexualberatungsstellen initiiert worden waren.

Die aus der »sexualreformerischen Bewegung« hervorgegangenen Sexualberatungsstellen sahen ihre Aufgabe vorwiegend in der Aufklärung über empfängnisverhütende Mittel und deren unentgeltliche Verteilung. Auf dieser Tradition fußte die 1952 in Kassel gegründete Beratungseinrichtung der »Deutschen Gesellschaft für Ehe und Familie e. V.«, heute besser bekannt unter dem Namen »Pro Familia«. An der Gründung maßgeblich beteiligt war der Bevölkerungswissenschaftler Hans Harmsen.[71] In fünf Städten, Berlin, Kiel, Hamburg, Kassel und Bremen wurden Beratungsstellen eingerichtet. Ihre Breitenwirkung blieb allerdings recht begrenzt, was aufgrund der massiven Ablehnung von seiten der Kirche und der Ärzteschaft nicht verwunderlich ist. Zudem galt in den meisten Bundesländern der Bundesrepublik zu Beginn der fünfziger Jahre noch die Himmlersche Polizeiverordnung, nach der Werbung und Verbreitung empfängnisverhütender Mittel untersagt war.

Die konfessionellen und überkonfessionellen Eheberatungsstellen betrieben in erster Linie psychosoziale Beratung. Ihrer Ansicht nach sollte die Beratung über Geburtenregelung hauptsächlich in den Händen des Familienarztes liegen.[72]

An die Öffentlichkeit trat man in Form von Einzelvorträgen und Veranstaltungsreihen, die der Vorbereitung auf die Ehe und der Klärung allgemeiner Eheprobleme dienen sollten. In für Brautleute obligatorischen »Verlobtenkursen« und in gerade jüngeren Ehepaaren empfohlenen »Verheiratetenkursen« wurden Themen behandelt wie »Mann und Frau in Beruf und Ehe«, »Reifungskrise der jüngeren Ehe«, »Leibesgemeinschaft« und die Frage der Kinderzahl. Daneben erfreuten sich aber auch Themen wie Heimgestaltung, Haushaltsrationalisierung und Freizeit und Muße in der Familie großer Beliebtheit.[73]

Die Ratsuchenden erfuhren von der Möglichkeit einer Beratung meist aus der seelsorgerischen Arbeit der in der Umgegend tätigen Pastoren.

Um aber noch mehr Menschen von ihrem Beratungsangebot zu informieren, bediente sich die Katholische Eheberatung in Köln »nach vielen vergeblichen Versuchen mit großem Erfolg trotz anfänglichem inneren Widerstreben amerikanischer Methoden . . ., indem sie durch Artikel, Kurzhinweise und Annoncen in den Tageszeitungen auf ihre Tätigkeit hinwies.«[74]

»Daneben haben wir Plakate mit Benennung unserer Stellen und Angabe der Sprechstunden in allen Kirchen, Pfarrämtern, Krankenkassen am Schwarzen Brett. Möglichst kleine raumsparende Plakate. Diese Plakate schicken wir auch den Standesämtern.«[75]

Die Beratungsstellen sollten im Stadtzentrum für jeden leicht erreichbar, jedoch nicht »sichtbar«, in »unverdächtig« aussehenden Häusern untergebracht sein und, wenn möglich, mit mehreren Räumen, nämlich mindestens zwei Beratungszimmern, einem Büro und einem Wartezimmer, ausgestattet sein.[76]

Die Eheberatungsstellen wurden vorrangig von den Pfarrern der zuständigen Gemeinden geleitet. Die Beratungen selbst wurden allerdings häufig von ehrenamtlich tätigen Frauen ausgeführt. »Ob die Beratung durch Frauen oder Männer geschehen soll, ist mehr eine Frage der Persönlichkeit als eine grundsätzliche: Vielleicht haben hier die Frauen mehr Geduld und Einfühlungsvermögen.«[77]

Selbstverständlich mußten die Eheberater glücklich verheiratet – im besten Fall mit einer stattlichen Kinderzahl gesegnet – und in ihrem christlichen Glauben an die Ehe unerschütterlich sein.[78]

Im Laufe der fünfziger Jahre wurde die Beratungstätigkeit weitgehend professionalisiert. Es wurden geschulte Eheberater eingestellt, die spezielle Kurse und Seminare absolvieren mußten. Die Beratungsstellen arbeiteten jedoch weiterhin mit Psychologen, Ärzten oder Seelsorgern zusammen.

Die Arbeit der Eheberatungsstellen bestand neben den als Präventivmaßnahmen gedachten Vorträgen und Kursen in Einzelgesprächen mit Ehepaaren bzw. mit den einzelnen Ehepartnern, denn die Mehrzahl der Ratsuchenden waren Frauen.

Es wurde »eine Vormittagsstunde tunlichst für solche Ehefrauen abgehalten, die zunächst ohne Wissen ihres Mannes die Stelle« aufsuchten.[79]

Das oberste Ziel der katholischen Eheberatungsstellen war, »die Ehe über alle Schwierigkeiten hinweg als oberste Gemeinschaft zu erhalten.«[80] Ziel war es also, »im Dienste der Katholischen Ehefassung der Gesundung unserer Familien zu dienen.«[81] Inwiefern sich dies mit den Motiven der Ratsuchenden deckte, sei dahingestellt.

Daß eine Ehe für zerrüttet gehalten wurde, daß man zu einer Scheidung riet, blieb sicherlich ein Ausnahmefall. Man ging davon aus, daß die individuellen Probleme durch festen Glauben und ein Leben nach den Richtlinien des christlichen Glaubens beseitigt werden können: »Es lassen sich für jedes Problem Glaubensquellen finden.«[82] »Jede gute Beratung muß zu einer inneren Umkehr des Ratsuchenden führen, indem dieser sein Versagen erkennt und dieses zu überwinden sucht.«[83]

Eheliche Probleme wurden auf ein »Abkommen vom Glauben« reduziert. Der Rat richtete sich nicht auf die Verbesserung der Lebenssituation und eine tatsächliche Konfliktlösung für den einzelnen, sondern hatte das unumstößliche Ziel, die Ehe und die Familie zu erhalten.

Im Gegensatz zur katholischen Eheberatung hatte die evangelische Eheberatung zumindest die Möglichkeit, auch zu einer Ehescheidung zu raten. Dennoch sollte auch nach Angaben der Inneren Mission Eheberatung das Ziel verfolgen, »in der heutigen Ehekrise (zu) versuchen, Ehen zusammenzuhalten, besonders auch, wenn Kinder da sind.«[84]

Ähnlich wie in der katholischen Eheberatung waren die Motive der Ratsuchenden auch in der evangelischen gelagert. Das am häufigsten genannte Problem war eine allgemeine Unausgefülltheit in der Ehe. Darunter waren sowohl eine fehlende Gemeinschaft der Ehepartner zu verstehen, als auch innere Eheablehnung.[85]

Als »Problemlösungen« wurden fester Glaube, Beten und geduldiges Hoffen genannt. Frauen wurden darin bestärkt, trotz offensichtlicher Verfehlungen ihrer Ehemänner die Ehe aufrechtzuerhalten und auf deren »Umkehr« zu hoffen.[86]

»Eine andere häufige Not, welche die Frau zum Eheberater führt, ist die Frigidität, respektive die Angst, den Mann deswegen zu verlieren. Wenn in solchen Fällen die vorehelichen Beziehungen zur Sprache kommen, kann man gewöhnlich starke Schuldgefühle feststellen. (...) Den Schuldgefühlen liegt nicht selten eigenes Versagen in der Beziehung zum Manne zugrunde. Wenn nämlich die Frau mannesfeindlich, auf der Flucht vor dem Manne ist, oder wenn sie ihn jahrelang beherrscht hat, bis er sich ihr durch die Flucht entzieht.«[87]

»Depressiven Frauen« wurden schlichterweise »ein paar Wochen Ferien« angeraten, um ihnen nicht nur »in ihrer persönlichen Not« zu helfen, sondern auch »den Weg zu einer Ehe-Sanierung« zu öffnen.[88] »Als besonders schwerwiegend ist die Verweigerung der Kinder (in der Ehe) anzusehen.«[89] »Eine Ehe ohne den Wunsch nach Kindern ist keine Ehe. Es wird keine bestimmte Kinderzahl geboten. ›Mehrkindrigkeit‹ scheint mir hiermit aber gefordert zu sein.«[90] Ein Kinderwunsch außerhalb der Ehe war nicht denkbar. Erwerbsarbeit der Ehefrau und Mutter wurde als Gefährdung für das Familienleben gesehen. »Berufstätigkeit macht sie (die Frau) weniger anpassungsfähig und mindert erheblich die Chancen eines erträglichen Lebens.«[91]

Geburtenregelung wurde von den katholischen Beratungsstellen strikt abgelehnt. Die evangelischen Beratungsstellen akzeptierten Empfängnisverhütung nur, »um den zeitlichen Abstand zwischen den einzelnen Geburten« zu regeln,[92] jedoch sollte sie nicht der Beschränkung der Kinderzahl dienen.

Die generelle Ablehnung von Empfängnisverhütung ist aus der Sichtweise der Ehe als göttlicher Lebensordnung, deren Aufgabe und Zweck die Nachkommenschaft darstellt, zu verstehen.

Die evangelische Kirche bot zwar nicht derart eindeutige und vielfältige Stellungnahmen zu dem »Problem der Empfängnisverhütung«. Aber auch für sie hatte die Ehe den Zweck und das Ziel der Produktion von Kindern und verlangte Dauerhaftigkeit, besonders zum Wohle des Kindes. Die Grundbedingungen der Ehe waren also auch hier Lebenslänglichkeit und Ausschließlichkeit. Jede Beschränkung der Kinderzahl »aus Gründen der Selbstsucht, der Genußsucht oder der Bequemlichkeit wird aufs schärfste verurteilt. Wir beklagen den fortschreitenden Geburtenrückgang, besonders in den wirtschaftlich gehobenen und biologisch gesunden Familien.«[93]

Andererseits sollte die Zeugung von Nachkommenschaft in der Verantwortung der Ehegatten liegen. Diese Aussage ließ immerhin gewisse Interpretationsmöglichkeiten im Sinne einer »verantwortlichen Geburtenfolge« zu.

Diese Auffassung wurde auch von der DAJEB vertreten. »Die Geburtenregelung wird vor allem dann statthaben, wenn, sei es durch Krankheit, Leiden oder Leistungsminderung des Mannes oder der Frau eine Schonzeit notwendig geworden ist.«[94] Die DAJEB erkannte die Notwendigkeit der Einbeziehung des Komplexes Geburtenregelung in die Beratung in begrenztem Maße an.[95] Allerdings distanzierte sie sich deutlich von der »Deutschen Gesellschaft für Ehe und Familie e. V.« und sah es nicht als ihre Hauptaufgabe an, über empfängnisverhütende Mittel zu informieren. Die Beratungsstellen sollten Empfängnisverhütung auch deshalb nicht durchführen, weil sie sonst, so meinte man, ausschließlich zu Anlaufstellen für Geburtenkontrolle für Verheiratete und Unverheiratete würden und damit ihre eigentliche Aufgabe der Eheberatung aufgeben müßten.[96]

Ebenso wie die Eheberatungsstellen der Gesundheitsämter hielten es die Berater der DAJEB für wichtig, Eugenik als Beratungsschwerpunkt beizubehalten.

Obwohl auch von den konfessionellen Beratungsstellen die Tatsache, daß mehr als ein Drittel aller »Problemehen« der Ratsuchenden sogenannte

»Mußehen« waren, nicht geleugnet werden konnte, wurde Empfängnisverhütung als Beratungsinhalt nicht akzeptiert. Die Berater der evangelischen Arbeitsgemeinschaft, oft selbst Ärzte, sahen es nicht als ihre Aufgabe an, den Bereich Empfängnisverhütung öffentlich zu machen. Jener war für sie kein generelles Eheproblem. »Eine Ehe ohne Kinderwunsch ist keine Ehe! Geburtenregelung ist nur unter Umständen erlaubt, in denen sie zum Erhalt der Familie beiträgt.«[97]

Die Zuordnung des Kinderwunsches zur Ehe ließ eine Paarbeziehung, die Fortpflanzung ablehnte, nicht zu.

Im Vordergrund der Beratungen stand im allgemeinen nicht Hilfe bei Konflikten, nicht Anleitung zur Problemlösung, sondern die Vermittlung von »christlichen Grundsätzen«. Ausgehend von einem christlichen Ehe- und Familienbild und der Anthropologie der Geschlechter, wurden die Probleme der Ratsuchenden nicht auf tatsächliche Ursachen hin untersucht, sondern unter dem Aspekt, die »unauflösliche Lebensgemeinschaft Ehe« zu erhalten.

Ehe, die einzig denkbare Form getrenntgeschlechtlichen Zusammenlebens, als »Seinsinstitution« an sich, konnte von daher nicht als Problem begriffen werden, sondern nur als jeweiliges Problem der Ehegatten. Konflikte entstanden dabei durch den Egoismus des einzelnen und durch eine innere Eheablehnung, die als Kontaktstörung zwischen den Ehepartnern therapiert werden sollte.

Weitere Konfliktbereiche waren nach Ansicht der Berater äußere Ursachen, wie z.B. finanzielle Schwierigkeiten oder das Schwiegerelternproblem. Für diesen Problembereich wurden praktische Hilfeleistungen angeboten, z.B. wurden Kontakte zu Altersheimen vermittelt oder auf finanzielle Unterstützungsmöglichkeiten hingewiesen.

Eine Lösung der Konflikte für den einzelnen, die außerhalb von Ehe und Familie lag, wurde nicht in Betracht gezogen.

Die Beratungsstellen sollten den Scheidungsgerichten die Möglichkeit bieten, »vor Eröffnung oder wenigstens noch während eines Scheidungsverfahrens bestimmte Ehen darüber begutachten zu lassen, ob mit einer Herstellung einer dem Wesen der Ehe entsprechenden Lebensgemeinschaft der Partner gerechnet werden kann und welche Möglichkeiten bestehen, dieses Ziel zu erreichen.«[98] Außerdem sollten die Beratungsstellen dazu dienen, in Zusammenarbeit mit den Gerichten und im Einverständnis der streitenden Parteien, »Eheleute, deren Scheidung ausgesetzt oder abgelehnt ist, zu beraten und zu betreuen.«[99]

Ein Scheidungsbegehren lehnten sie, aus welchen Gründen auch immer, meist ab. Sie wollten und konnten den Frauen nicht zugestehen, sich als Mittelpunkt ihres Lebens und eigenständige Person zu begreifen. In den Beratungsstellen wurde versucht, einer Orientierung von ratsuchenden Frauen an außerfamilialen Bereichen, die ihrer Ansicht nach häufig die Konfliktursache darstellten, entgegenzuwirken. Außerhäusliche Erwerbsarbeit von Frauen stellte für sie per se eine Gefährdung der Familie dar.

Wenn die Erfüllung familialer Funktionen von Frauen nicht mehr gesichert schien, waren es die Frauen, die dafür verantwortlich gemacht wurden. Es war wichtig, ihre Bereitschaft zur Reproduktionsarbeit zu erhalten bzw. wiederherzustellen.

Die ratsuchenden Frauen, die sich mit »privaten« Problemen an öffentliche Institutionen wandten und damit den Schritt aus der Umklammerung ihrer Familienbeziehungen wagten, wurden nicht als Individuen mit individuell gelagerten Problemen angesehen, sondern als Trägerinnen gesellschaftlicher Funktionen in der Familie. Den Frauen wurde nur insoweit eine Konfliktlösung angeboten, wie die Erfüllung dieser Funktionen gewährleistet blieb.

Urteilen Sie selbst, wie der milde, dezent duftende Schaum der Palmolive-Seife Ihre Haut zart und glatt macht.
Benutzen Sie das große Stück für Ihr Schönheitsbad. Geben Sie Ihrem ganzen Körper diese Schönheitspflege.

Filme

Die 50er Jahre sind die »Glanzepoche« des Filmtheaters. Trotz großer Finanzknappheit wurde gleich nach dem Krieg sowohl mit der Produktion neuer Filme als auch mit dem Wiederauf- und Neubau großer Filmpaläste begonnen. Die Zahl der Kinobesucher hatte schon 1948 wieder den Stand der Vorkriegszeit erreicht und stieg bis 1956 auf durchschnittlich fast sechzehn Kinobesuche pro Einwohner und Jahr an. Während im Jahr 1956 nur ein westdeutscher Spielfilm produziert worden war, stieg die Zahl 1949 auf 61, 1955 auf 114 Filme; insgesamt wurden von 1945 bis 1960 1010 westdeutsche Filme gedreht. 1950 waren die meisten »alten« Kinosäle wiederhergestellt, neue wurden in einem regelrechten Gigantismus gebaut. Selbst in kleineren Städten (Ulm, Kassel, Mannheim) gab es Filmtheater mit über 1000 und in Düsseldorf und Berlin sogar mit mehr als 2000 Plätzen.[1] Neue Verfahren (z. B. Farbfilm und Breitwand) boten dem Zuschauer einen besonderen Reiz.

An all dem läßt sich die Bedeutung des Kinos als Treffpunkt für Geselligkeit und »Zweisamkeit« feststellen. Für alleinstehende Frauen, denen andere Orte der geselligen Öffentlichkeit wie z. B. Gaststätten und Restaurants zwar nicht verwehrt waren, aber als Tabu galten, war das Kino eine Möglichkeit, sich mit anderen Menschen zu treffen.

Das massenhafte Rezipieren von Kinofilmen bildete eine solide Basis zur Vermittlung bestimmter Werte und Rollenbilder. Demnach kann der Film als unterstützendes Medium zur Festschreibung traditioneller Frauenbilder, denen die gesellschaftliche Stellung der Frauen in der Kriegs- und Nachkriegszeit allerdings nicht mehr entsprach, gesehen werden. Erst mit der weiteren Verbreitung des Fernsehens verlor das Kino an Bedeutung.

Hier interessieren vielgesehene Filme, in denen Ehe und Familie nicht nur, wie in Abenteuer-, Kriegs-, Arzt- oder Heimatfilmen peripher einbezogen wurden, sondern im Mittelpunkt der Handlung standen und in denen die weiblichen Hauptrollen mit sehr populären Schauspielerinnen besetzt waren.

Ledige Frauen

Einer der wichtigsten Filme dieser Kategorie, ist »Die Sünderin« von 1951 mit Hildegard Knef; die Filme »Die Staatsanwältin Corda« von 1954 und »Doktor Holl« von 1951 handeln von der Versagung »privaten Glücks« bei beruflichem Engagement und deren Unvereinbarkeit. Einem weiteren Typus lediger Frauen, der von der Filmindustrie in unzähligen Filmen dargestellten jungen, attraktiven und berufstätigen, aber unerfahrenen Frau, entspricht der Film »Die Privatsekretärin« von 1954, in dem das Traumpaar der 50er Jahre, Sonja Ziemann und Rudolf Prack, die Hauptrollen spielten.

In dem Film »Die Privatsekretärin« geht es um die Ausrichtung einer jungen Frau auf das erhoffte große Glück. Diese Frau findet es allerdings nicht in Ausübung ihres Berufes, sondern durch die Begegnung mit einem schon

etwas reiferen attraktiven Mann, durch dessen soziale Stellung sie von der Härte und Eintönigkeit ihrer Erwerbsarbeit befreit wird. In diesen Filmen bieten sich Identifikationsmöglichkeiten für einen großen Teil von vorehelich erwerbstätigen Frauen. Das Alltagsleben der Filmheldinnen wird nur ausschnitthaft oder in unangemessener Weise durch Präsentation unverhältnismäßigen Luxus' dargestellt. Die filmisch nur angedeutete Eintönigkeit der vorehelichen Phase wird durch die »schicksalhafte« Begegnung mit einem Mann beendet. Die Perspektivlosigkeit durch Aufstiegsbarrieren und Lohndiskriminierung der meisten Berufe, in denen Frauen arbeiten, fördert die Bereitschaft, sich mit den im Film dargestellten Perspektiven zu identifizieren. Die illusionären Inhalte dieser Filme drängen die Frauen, in Heirat und Ehe das Ziel ihrer Wünsche zu sehen. Die filmische Handlung endet bezeichnenderweise dort, wo normalerweise das Alltagsleben anfängt und die Monotonie der Erwerbsarbeit gegen die Monotonie der Hausarbeit ausgetauscht wird.

Dargestellt werden in idealisierender und ausschnitthafter Weise das Freizeitverhalten und im weitesten Sinne das Gefühls- und Sexualleben, auch wenn die auf der Leinwand vorgeführte »Liebe« die Assoziation »Sexuali-

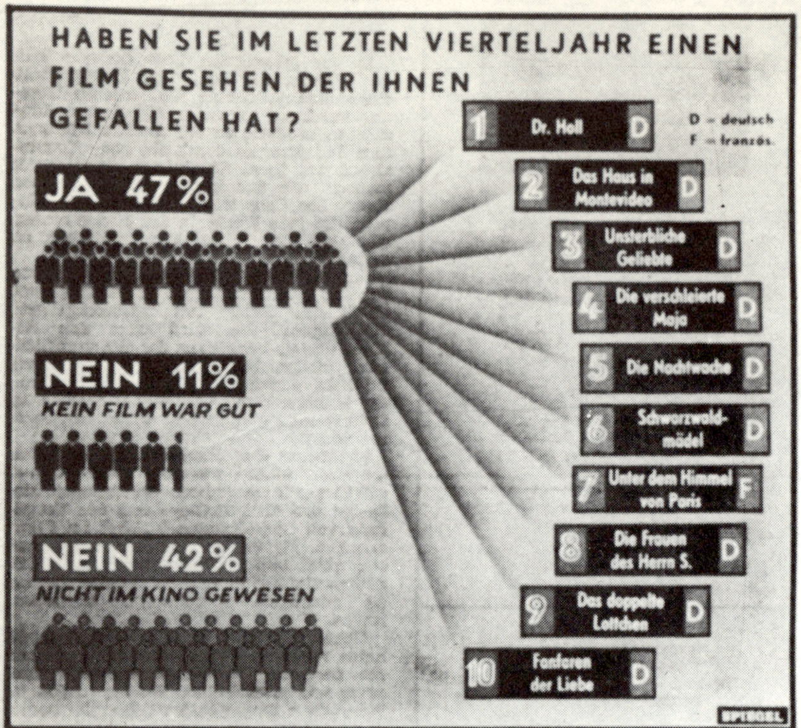

DAS PUBLIKUM ENTSCHIED SICH

nicht eindeutig: weder für den künstlerischen Spitzenfilm noch für den durchschnittlichen oder unterdurchschnittlichen Unterhaltungsfilm, als das Allensbacher Institut für Demoskopie einen repräsentativen Bevölkerungs-Querschnitt fragte, welcher Film im letzten Vierteljahr am besten gefallen habe. Bezeichnend ist das immer stärker werdende Desinteresse der Kinobesucher an ausländischen Filmen. Unter den „besten Zehn" findet sich neben neun deutschen nur ein französischer Film. Von den bewußt auf Publikumswirksamkeit gedrehten Revue- und Operettenfilmen rangiert „Die verschleierte Maja" erst an 4. Stelle, das „Schwarzwaldmädel" sogar erst auf dem 6. Platz.

aus: Der Spiegel, 1952, Nr. 12

tät« nicht zuläßt. Die Heldinnen werden ausnahmslos als jung, zurückhaltend, unerfahren und rein dargestellt.

Die Werbungen der männlichen Hauptfigur sind vielfältiger Art, die Ablehnung der Umworbenen einbezogen. Die zurückweisende Haltung bei derartigem Drängen von Männern wird als Hofierungsritual dargestellt und von den Frauen sogar erwartet. Kurzen Sequenzen des Films, in denen die Moral der Hauptfigur ins Wanken gerät, folgt sofort eine negative Verstärkung, die aber aufgrund der eigentlichen moralischen Integrität der Frau das Happy End – die Heirat mit dem begehrten Mann – nicht verhindert.

Anders die Darstellung des Typus der reifen, in der Mitte des Lebens stehenden, erfolgreichen Frau. Sie muß aufgrund ihrer Berufstätigkeit auf die Liebe eines Mannes verzichten. Die dargestellten, in der beruflichen Hierarchie sehr weit oben stehenden Berufe, wie z. B. in den von uns ausgewählten Filmen Ärztin oder Juristin, werden durch die Verknüpfung von Verzicht und Schicksal ins Negative gewendet. Männer werden durch derartige Berufe erst als Heiratskandidaten begehrenswert, während Frauen durch sie ihre Heiratswürdigkeit verlieren.

An »Staatsanwältin Corda« wird deutlich, daß eine Frau, die Ehrgeiz und Aufstiegswillen im Beruf zeigt, nicht in der Lage ist, dieses mit privatem Glück zu verbinden. Der Gegenstand ihrer Zuneigung ist gleichzeitig Opfer ihrer beruflichen Stellung. Eine im Film angedeutete Jugendliebe scheint ebenfalls an ihrem beruflichen Werdegang gescheitert zu sein. Das gleiche Moment findet sich in »Dr. Holl«. Diese Filme unterstützen den herrschenden Diskurs über die Unvereinbarkeit von privatem und öffentlichem Leben.

8 Quälende Ahnungen steigen in Helga auf: wie — wenn es Holl tatsächlich gelänge, das endgültig wirksame Heilmittel für Angelikas Krankheit zu entdecken! Die widerstrebendsten Gefühle martern das Herz der Frau, die den Geliebten für immer zu verlieren fürchtet. Eine gute Tat wächst sich zu einem Verhängnis aus

11 Doch auch für Alberti selbst stürzt durch die Wendung der Dinge eine schöne Hoffnung jäh zusammen: der alternde Mann hatte eine tiefe, nie ausgesprochene Neigung zu Helga gefaßt und wollte sie zu seiner Frau machen. Sie aber ist entschlossen, Holl endgültig freizugeben und sich künftig ganz ihrem Beruf zu widmen

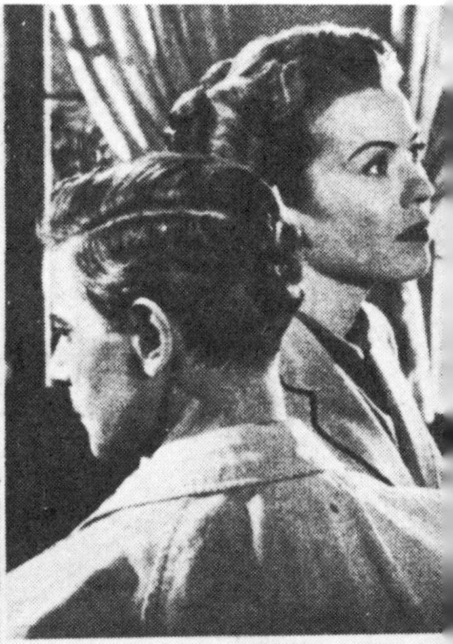

6 Mit der Großzügigkeit ihrer noblen Natur macht Helga dem geliebten Manne den Vorschlag, Angelika zu heiraten und auf diese Weise einer armen Todgeweihten eine kurze Spanne des Glücks zu schenken. Holl willigt schweren Herzens ein. Aber das Geschick läßt sich nicht willkürlich von Menschenhand lenken. Wer sein Glück verschenkt, verliert es

In dem Film »Die Sünderin«, der in der Öffentlichkeit sehr widersprüchlich aufgenommen und zu einem der ersten Filmskandale der Nachkriegszeit wurde, wird in schwülstiger und übersteigerter Dramatik die Läuterung einer ehemaligen Prostituierten zu einer opferbereiten und »kompromißlos« liebenden Frau dargestellt. Leidenschaft, Sinnlichkeit und Sexualität drükken in diesem Film immer nur das Negative ihres Vorlebens aus.

Hildegard Knef als »Die Sünderin«

Das nichteheliche Zusammenleben wurde nicht standardisiert, sondern als durch ungünstige äußere Umstände erzwungen dargestellt. Zudem entschärfte die Ansiedlung der Handlung in der »Halbwelt des Künstlermilieus«, dem von jeher ein Verhaltensbonus zugemessen wurde, die Darstellung der Unehelichkeit und bot nur eingeschränkt reale Identifikationsmuster. Das »negative« Vorleben wird nicht als eine Entscheidung der Filmfigur für ein genußvolleres Leben dargelegt, sondern als ein durch das Versagen der Mutter begünstigtes Absinken in soziale Randschichten der Gesellschaft.

DIE PRIVATSEKRETÄRIN

„Gott sei Dank", mag sich Gerda denken, „die Akte hätte ich also gefunden. Was sich der Ostermann (der Personalchef) so einbildet? Schließlich bin ich zum arbeiten hier. Na, den habe ich ganz schön abblitzen lassen." (oben)

Natürlich hat eine Privatsekretärin auch ihr Privatleben. Da wäre also Erich (Rudolf Prack), ein netter junger Mann, den Gerda im Büro kennenlernte. Erich bat Gerda um ein Rendezvous. Warum auch nicht? Jedenfalls ist man glücklich, richtiggehend glücklich zusammen (Bild unten links)

Portier Julius (Paul Hörbiger), der die beiden beobachtet, weiß mehr, als Gerda glaubt. Beispielsweise weiß er, daß Erich nicht ein x-beliebiger junger Mann, sondern der Chef des Bankhauses ist. Da drückt man eben ein Auge zu

Was tut man nicht alles, wenn man beschwipst ist. Man wirbelt ein Schlagzeug, oder man sagt dem guten Erich, von seinem kleinen Monatsgehalt ließe sich nicht heiraten. Wenn schon, dann müßte ein Reicher her. Das verdirbt natürlich alles. Erich zieht sich zurück; und wenn Julius, der Portier, nicht eingriffe und ein bißchen Schicksal spielte, wäre es ganz aus

Gerda hat ihrer Freundin (Ruth Stephan) von ihrem Unglück erzählt. Wie sehr sie in Wahrheit Erich liebe, wie sie litte und so weiter, und so weiter . . . Und — welch ein Glück — Erich hat dieses Gespräch am Telefon zufällig mitgehört; er bittet Gerda zum Diktat

. . . aber er diktiert nicht. Gerda wimmelt Gespräche ab und rührt den Kaffee um. Nebenbei flirtet sie auch. Es wäre also alles in bester Ordnung. Wenn sie überdies auch noch bemerkte, daß Erichs Krawatte nicht ganz salonfähig sitzt, vor allem der Knoten, dann wäre sie in der Tat perfekt

Aus Gerda Weber ist also Gerda Delbrück, geborene Weber, geworden. Die Herren Bankdirektoren werden Frau Gerda die Hand küssen und ganz entzückt sein. Und ihrer Freundin Lizzy wird Frau Gerda dann gestehen: „Weißt du, eine Privatsekretärin ist eigentlich die überflüssigste Sache von der Welt. Mein Mann jedenfalls wird keine Privatsekretärin mehr haben"

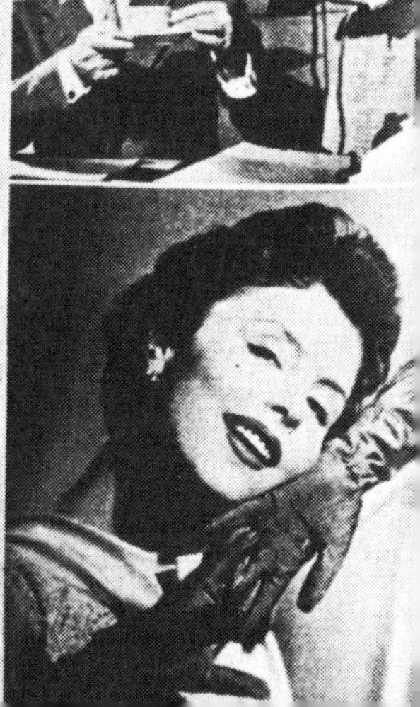

Aufnahmen: CCC/Gloria-Film/Grimm (3)/ Michaelis (2)

In den Filmen dieses Genres wird für eine ledige, berufstätige Frau eine zufriedenstellende Perspektive nur durch eine Verheiratung aufgezeigt. Berufstätigkeit kommt nur im vorehelichen Stadium in Betracht oder als Ersatz für die Versagung der Liebe eines Mannes. Der Frauenüberschuß der 50er Jahre hatte Männer zu einem seltenen Gut werden lassen, so daß »geheiratet werden« zu »Glück an sich« stilisiert wurde. Die permanente Darstellung der Komplettierung durch einen Mann verhinderte die gesellschaftliche Anerkennung von Frauen, die ohne die Unterordnung innerhalb der Ehe oder in einer sonstigen Partnerschaft mit einem Mann lebten. Daß sich eine Frau in den 50er Jahren gegen die Ehe und für ein Alleinleben bewußt entschied, wurde von solchen Filmen in den Bereich der Unvorstellbarkeit gerückt.

Ehe- und Familienkomödien

Die zweite Kategorie der Filme betrifft die Ehe- und Familienfilme, deren Kernhandlung sich auf die Vervollständigung einer »unvollständigen« Familie reduzieren läßt, wie »Vater braucht eine Frau« von 1952, »Die Trappfamilie« von 1956, »Laß die Sonne wieder scheinen« von 1955 und »Das doppelte Lottchen« von 1950. Diese Filme waren mit sogenannten Publikumslieblingen besetzt und konnten einen enormen kommerziellen Erfolg verbuchen. Die Kinder fungierten in diesen Filmen als tragende Figuren, die mit Hilfe des »Schicksals« und einigen Tricks den jeweiligen Elternteil zu einer Wiederverheiratung und damit zur Komplettierung der Familie bewegten.

Gesucht wurde nicht primär eine Sexualpartnerin für den attraktiven, wenn auch ergrauten Familienvater, sondern eine Frau, die bei allen geforderten Qualitäten für ihre künftige Mutterrolle nur am Rande den herrschenden Schönheitsidealen entsprechen mußte. Den gängigen Klischees entsprechend gehörte Mütterlichkeit zwar nicht gerade zu den Eigenschaften eines Mannequins, das in der filmischen Handlung nun die Ehefrauen- und Mutterrolle übernahm, jedoch entwickelten sich die »mütterlichen« Eigenschaften jedesmal noch rechtzeitig.

So entsprach sie, wenn auch nicht explizit gefordert, gleichzeitig dem Schönheitsideal des Mannes. Sowohl in diesem Film als auch in der »Trappfamilie« ist in der Hauptrolle Ruth Leuwerik zu sehen, die als bekannteste deutsche Filmschauspielerin dieser Zeit sonst nahezu ausnahmslos wartende, verzichtende und leidensfähige Frauen verkörperte.

Das dargestellte Ideal einer Mutter verlangte neben Kinderliebe und einem ausgeprägten Familiensinn grundlegende Kenntnisse in der Haushaltsführung. Das scheinbar mühelose Bewältigen vordem unlösbarer Konflikte zeichnete sie ebenso aus, wie die spielerische Überwindung chaotischer Verhältnisse. Die Darstellung des Mutterideals in den genannten Filmen läßt die Assoziation »Arbeit« nicht zu. Es wird als selbstverständlich dargestellt, daß eine Frau für ihre neue Familienaufgabe ihre vorherige Erwerbsarbeit aufzugeben hat und dieses von den Frauen auch bereitwillig geleistet wird. Eine Vereinbarkeit wird nicht in Betracht gezogen. In »Laß die Sonne wieder scheinen« und »Das doppelte Lottchen« sind die jeweiligen Mütter und Väter, die allerdings von Haushälterinnen unterstützt werden, berufstätig und alleinstehend. Dieser Zustand fordert jedoch die psychische Vernachlässigung oder Überforderung der Kinder heraus, die erst mit der Gründung einer »vollständigen« Familie überwunden werden kann.

»Vater braucht eine Frau«, 1952

Ehe- und Problemfilme

Die dritte Kategorie von Filmen bezieht sich auf die Darstellung von Ehe und Familie in »vollständiger« Form. Die Filme »Gefangene der Liebe« von 1954, »Tagebuch einer Verliebten« von 1953 und »Eine Frau von heute« von 1954 sowie »Ich und Du« von 1953 haben Geschlechterbeziehungen in ehelichen Verhältnissen zum Thema.

Die Filme handeln überwiegend von der zu überwindenden Entfremdung der Ehepartner durch die langjährige Trennung durch Krieg und Gefangenschaft, von einem millionenfach erlebten Schicksal einer ganzen Frauengeneration.

Die Darstellung jener Konfliktlösung in den Ehen ist dramatisch und aufreibend, der Verlauf der Filme wird durch Mißverständnisse und schicksalhafte Ereignisse bestimmt, bis endlich beide Partner wieder in die Ehe zurückkehren, wobei jeweils den männlichen Parts die Einsicht, ohne Frau nicht friedlich leben zu können, zugeschrieben wird. Ein uneheliches Kind

„Eine Frau von heute"

Jngleiche Rivalinnen: die intelligente, resolute Frau, die für ich und ihren Mann, der noch in Kriegsgefangenschaft war, ine neue Existenz aufbaute und tragischerweise dem Heim- ehrenden gerade durch diese ihm ungewohnte Selbständig- eit fremd wird, und das törichte, eitle, aber zärtlich anschmieg- ame Luxusgeschöpfchen, bei dem der gleiche Mann findet, was r bei der anderen vermißt — wie oft in den letzten Jahren tanden sich diese beiden Extreme weiblicher Natur feindlich ind fremd gegenüber! In dem neuen Fama-Film „Eine Frau von eute", der nach einer Idee der bekannten Bühnen- und Film- utorin Juliane Kay unter Paul Verhoevens Regie gedreht vurde, spielen Luise Ullrich und die erst vor kurzem für len Film entdeckte junge Darstellerin Marianne Brauns lie entsprechenden, so durchaus unterschiedlichen Rollen

I Das ist Toni Bender (Luise Ullrich). Sie hat nicht immer hier uf einem Münchner Wochenmarkt Obst und Gemüse verkauft. hr Mann war vor dem Krieg Architekt. Aber nun ist er in Gefangenschaft, und bis er wiederkommt, will Toni eine esicherte Existenz für sie beide schaffen (Bild unten)

2 Die tapfere junge Frau entwickelt einen gesunden C sinn und hat eine glückliche Hand. Im Laufe der Ja aus der kleinen Hökerin eine angesehene Engrosh mit eigenem Auto, eigenem Lieferwagen und einem dem Freundin Ida (Carsta Löck) den Papierkram

STARK SEIN — ZART ERSCHEINEN

Wenn ich gelegentlich meinem Sohn versichere, daß ich einmal eine zarte, verwöhnte, auf Händen getragene und gar nicht sehr tüchtige Frau gewesen sei, lächelt er nachsichtig und ungläubig, wie etwa zu den Liebesgeschichten einer Hundertjährigen. Er kennt eben nur die Mutter, die ihn in fernen Nächten und Tagen durch Feuerstürme führte, mit ihm unter den heulend ihre Bogen ziehenden Granaten in einer Ackerfurche lag und die seitdem sein ganzes Dasein nach ihren Entschlüssen regelte — oft kurz angebunden, sachlich, souverän und keineswegs immer bequem. Er schätzt

bei der Heimkehr des Ehemannes aus der Gefangenschaft fungierte in »Gefangene der Liebe« als Trennungsgrund, der nur mit Hilfe des Schicksals überwunden werden konnte. In »Eine Frau von heute« war es die neue Selbständigkeit der Ehefrau, die in ihrer Arbeit als Geschäftsfrau mehr Bestätigung fand als in ihrem »Ehefrauendasein« und ihrem heimgekehrten Mann nicht genug Aufmerksamkeit widmete.

Weitere Gründe für Trennungen waren die Vernachlässigung der Ehefrau durch die Überbeanspruchung der Männer in ihren Berufen oder die Verschwendungssucht der Frauen. In »Tagebuch einer Verliebten« erfolgt die Trennung aufgrund »kleinerer Abenteuer« des Ehemannes, jedoch wird auch hier die Ehe nach zahlreichen Verwicklungen wiederhergestellt. Zu einer Versöhnung der Ehepartner führt die plötzlich wiedererkannte »große Liebe«, das »einander brauchen« oder schlichtweg die »Vernunft«.

Außereheliche sexuelle Beziehungen der Ehemänner werden während der Phase der vorläufigen Trennung geduldet, für Frauen besteht dagegen das Verbot außerehelicher sexueller Beziehungen weiterhin wie in dem Film »Eine Frau von heute«, während in dem Film »Gefangene der Liebe« der Ehemann einen länger zurückliegenden Seitensprung seiner Frau während seiner Abwesenheit durch Krieg und Gefangenschaft nur mit größten Mühen verzeihen kann.

Die Handlungsfreiheit für Frauen wird als eingeschränkt dargestellt und verstärkt somit die öffentliche Meinung, die in den 50er Jahren von einer starken Diffamierung geschiedener oder unverheirateter Frauen, die Beziehungen zu einem oder mehreren Männern hatten, geprägt war.

Die Filme spiegeln die geltenden Normen jener Zeit wider. Männern wurden bestimmte Freiräume zugestanden, Frauen demgegenüber strikte Grenzen gesetzt.

Die Lösung der dargestellten Konflikte war nicht eine Trennung der Ehepartner. So wurde die Problematik der Entfremdung durch kriegsbedingte Trennungen nicht als tatsächlich vorhanden, sondern nur als kurzzeitige Verblendung dargestellt, die mit beiderseitigem Einlenken und Verständnis – vor allem aber von seiten der Frau – beseitigt werden konnte. Eine unterschiedliche Bedürfnislage wurde wohl als Krise, nicht aber als eine reale Gefahr für eine Auflösung der Ehe dargestellt.

Zusammenfassend kann gesagt werden, daß in der Scheinwelt des westdeutschen Films der 50er Jahre den unterstellten Bedürfnissen nach geordneten Lebensverhältnissen genüge getan wurde. Inhaltlich knüpften die Filme an Handlungsorte und -zusammenhänge an, die als traditionelle weibliche Domäne begriffen wurden.

Das dargestellte Spektrum weiblicher Zuständigkeiten beschränkte sich auf »Innenräume« wie Liebe, Ehe, Familie, Haushalt, etc.. Individuelle Bedürfnisse und gesellschaftliche Aufgaben von Frauen wurden im Film als auf diese Bereiche ausgerichtet und damit auch als identisch abgebildet.

Abweichendes Verhalten war in der filmischen Handlung an gängige Verhaltensmuster angepaßt. Weibliche Existenz ohne die Komplettierung durch einen Mann erschien als Entsagung und dementsprechend Berufstätigkeit alleinstehender Frauen als Ersatz.

Ehe und Familie wurden als sicherer Zufluchtsort für Frauen gepriesen, der ihre Bedürfnisse nach Lebensglück erfüllt. Berufliche Arbeit als sinnvoller und selbstgewählter Lebensinhalt von Frauen war nur selten Inhalt eines Films, und wenn, dann als Übergangsphase vor der Ehe, die durch Kontaktmöglichkeit am Arbeitsplatz die Partnerfindung erleichterte, oder als Folge wirtschaftlicher Not nach der Ehe, wenn der Mann als Versorger ausfiel.

Monogamie und unverbrüchliche Treue wurden als weibliche Verhaltensmaximen manifestiert. Weibliche Sexualität blieb ausgespart, respektive in traditionellen Mustern, wie Passivität und Virginität, dargestellt. Die Zurückdrängung der Frau in familiale Zusammenhänge findet in den filmischen Darstellungen jener Zeit seine Entsprechung.

Illustrierte

Auch das von den Illustrierten gezeichnete Frauenbild kann als Mittel der Unterstützung einer traditionellen Frauenrolle gesehen werden.

Constanze als sogenannte erste »Frauenzeitschrift« erschien schon im Jahre 1949 und erfuhr seitdem eine ständig steigende Auflage bis in die sechziger Jahre (1969 wurde sie dann mit »Brigitte« vereinigt).

Frauenzeitschriften richten sich mit ihren Inhalten direkt an ein weibliches Publikum und können von daher vielleicht noch stärker als das Medium Film der Unterstützung und Ausprägung eines Rollenbildes dienen. Sie beziehen sich auf die soziale Situation von Frauen und geben weibliche Verhaltensmuster vor. Trotz einer gewissen »Modernisierungstendenz« im Verhältnis z. B. zu Ehefilmen werden auch hier ausschließlich traditionelle Frauenbilder vermittelt.

Im folgenden untersuchen wir ausgewählte Ausgaben der *Constanze* unter dem Gesichtspunkt der aufgezeigten Lebensräume und Perspektiven für Frauen. Die *Constanze* war eine Zeitschrift sowohl für unverheiratete jüngere, berufstätige Frauen als auch für die jungverheiratete Ehefrau oder Mutter, deren Fragen nach zweckmäßiger, netter und platzsparender Wohnungseinrichtung ebenso behandelt wurden wie Probleme, die sich aus ihren repräsentativen Funktionen als Ehefrau und Hausfrau ergaben.

In den Heften des Jahrgangs 1959 hat sich im Gegensatz zu denen der Anfangsphase 1949/50 der Anteil von Mode – zum Kaufen oder Selberschneidern –, Kochrezepten, Erziehungsfragen und Haushaltstips wesentlich vergrößert. Die Einrichtungsvorschläge waren noch 1950 und 1955 vorwiegend auf Appartements für alleinstehende Frauen ausgerichtet, 1959 jedoch schon auf die Gestaltung des Eigenheims, wobei der Schwerpunkt auf der Einrichtung von Wohnzimmer und Küche lag und die Schlafzimmer so gut wie nie abgebildet wurden.

Die Ratschläge für Mode und Kosmetik betrafen hauptsächlich das Alltagsaussehen der Leserinnen, indem bequeme, aber geschmackvolle Kleidung für die Tätigkeit im Büro, Kostüme für den Nachmittagseinkauf oder Freizeitbekleidung für die Reise präsentiert wurden. Teure Abendgarderobe aus wertvollen Stoffen waren ebenso wie Damenunterbekleidung und -nachtwäsche nur selten im Modeteil abgebildet.

Der Anteil des Themenbereichs »Politik und Zeitgeschehen« hatte sich in den Ausgaben der Zeitschrift im Laufe der fünfziger Jahre erheblich verringert und wurde später nur noch peripher behandelt. Über politische Sachverhalte wurde nur dann informiert, wenn sie im Zusammenhang mit Familie standen; so wurden z. B. in einigen Ausgaben Fragen der Familiengesetzgebung behandelt. Größeren Anteil hatte dagegen die Darstellung von Filmen und Filmstars, die sich allerdings in dem Abdruck von Fotos, ergänzt durch Untertitel, erschöpfte.

Der »Lebensberatung« wurde in den vier von uns untersuchten Jahrgängen ein ständig gleichbleibend großer Umfang eingeräumt.

Die inhaltliche Gestaltung der Illustrierten richtete sich an eine weibliche Käuferschicht, der das Ideal einer »modernen Frau« eindringlich vermittelt

ONSTANZE
eiern wir
hnachten
HEFT
25
70 PFENNIG

CONSTANZ
HEFT
10
70 PFENNIG
Constanze
besuchte Picasso

ONSTANZE
dbericht:
n ich zum Film

CONSTANZ
HEFT
5
70 PFENNIG
In diesem Heft:
15 Jahre –
und schon
Ehefrau!
Hamburg, zweites Februarheft 1957

werden sollte. Die Propagierung neuer Moderichtungen und deren Zwanghaftigkeit zielte darauf ab, das Kaufverhalten einer Frauengeneration, die von der Warenknappheit der Nachkriegsjahre geprägt war, dahingehend zu konditionieren, daß die von der sich entwickelnden Wirtschaft produzierten Güter Absatz finden konnten.

Von ebenso großer Bedeutung war die nahezu stereotype Zuweisung von Frauen auf Heirat, Ehe und Familienleben. Generell kann gesagt werden, daß die Festlegung von Frauen auf die »drei K's« – Kinder, Küche und Kirche, wobei letzteres gegen »Konsum« ausgetauscht wurde – als Leitbild für Frauen weiterhin gefördert wurde.

Berufstätigkeit von Frauen wurde als Übergangsstadium zwischen Schule und Heirat dargestellt. Dementsprechend erforderten die in der Illustrierten vorgestellten Berufe eine kurze Ausbildungsdauer, boten nur geringe Aufstiegschancen, waren in den unteren Gehaltsskalen angesiedelt und entstammten vorwiegend dem sozialen und kaufmännischen Bereich oder beinhalteten Schreibtätigkeiten. Eine große Anzahl der angepriesenen Berufe

hatte »helfenden« Charakter, wie z. B. Arzthelferin, Anwaltsgehilfin, etc. Metallverarbeitende Berufe oder Fabrikarbeit waren nicht Gegenstand der Darstellungen.

Als privilegiert geltende Berufe, wie z. B. Ärztin oder Juristin, wurden zwar als interessant und positiv, aber als nicht nachahmenswert bzw. nicht nachahmensmöglich aufgezeigt. Umfangreich kann ebenfalls die Berichterstattung über Mannequins genannt werden, den Traumberuf der fünfziger Jahre.

Den weitaus größten Anteil an Artikeln über »Frauenberufe« nahm allerdings der der Sekretärin ein, denn sie verkörperte die Zielgruppe dieser Zeitschrift schlechthin. Sie galt als Exponentin der konsumorientierten »modernen« Frau, deren äußerliche Erscheinung zumindest ebenso wichtig war wie ihre Fähigkeiten in Stenographie. Ihr lieferte man Anweisungen, sowohl Kleidung als auch ihr Verhalten betreffend: »Nur nicht zu auffällig!«[2]

Die inhaltliche Auseinandersetzung mit den beruflichen Bedingungen einer Sekretärin beschränkte sich zum größten Teil auf die Beratung individueller Probleme, und dabei allein auf Hilfestellungen, um sich mit den »ungünstigen Bedingungen« besser arrangieren zu können.

So wurde erreicht, daß Heirat und Ehe zur Befreiung aus der Abhängigkeit des Berufslebens stilisiert wurden. Zudem wurde das Hausfrauendasein stark idealisiert. Einerseits zielten die Artikel darauf ab, Schwierigkeiten der Arbeitsbewältigung und Isolation zu verschleiern, andererseits sollten sie aber auch die Ehe- und Hausfrauen als Konsumentinnen konditionieren, indem für Mode, Kosmetik und Wohnungseinrichtungen, für Kochrezepte und neueste Haushalts-Technologien geworben wurde und zugleich »Tips für eine organisierte Haushaltsführung« gegeben wurden.

Obwohl sich *Constanze* ein »progressives« äußeres Erscheinungsbild gab, verbreitete sie dennoch ein traditionelles Frauenbild. Eine Frau sollte einem bestimmten Schönheitsideal entsprechen, sich prinzipiell an den Bedürfnissen von Männern orientieren und sich unterordnen.

Der Frau wurde die Zuständigkeit für den familialen, häuslichen Bereich zugesprochen und als ihrem Wesen zugehörig angesehen. Zur Bewältigung hierbei entstehender Arbeit gab *Constanze* Hilfestellungen, die sich auch auf die Arbeitsleistung der Ehefrau zur Wahrung der Harmonie erstreckten.

Als wichtiger Bestandteil öffentlicher Meinungsbildung beteiligte sich die Zeitschrift an der Umsetzung weiblicher Bedürfnisse und Energien in Konsumverhalten. Sie bewirkte die Internalisierung und Habitualisierung des von ihr produzierten »modernisierten« Ehe- und Hausfrauenbildes, das nicht durch weniger Arbeit, sondern durch deren Verschleierung mittels Produkten der Kosmetik- und Haushaltsgeräteindustrie gekennzeichnet war.

In der Zeitschrift *Constanze* wurde die Gleichheit der Geschlechter zwar prinzipiell bejaht, aber weiterhin von einer Vormachtstellung des Mannes ausgegangen, Arbeits- und Verhaltensanweisungen für Frauen orientierten sich weiterhin an männlichen Vorstellungen und Bedürfnissen.

In einer Zeit fehlender Orientierungsmittel vermochten es gerade die von normativen Zügen geprägten Medien Film und Illustrierte, ein Frauen- und Familienbild darzustellen, das der Verschleierung oder Kompensation der tatsächlichen Versagungen und Probleme dienen sollte. Es wurden Traumwelten konstruiert, in denen der Realität entrückte Bilder und Vorstellungen an die Rezipientinnen weitergegeben wurden.

Die Wirksamkeit der durch diese Medien vermittelten Bilder beruht nicht auf der Entwicklung eines Leitbildes, sondern auf der Aufnahme und Verwertung bestehender öffentlicher Meinung von Frauen, Ehe und Familie, die durch die permanente Darstellung und Übertreibung den Frauen als Leitbilder oktroyiert wurden. Durch die Medien Film und Illustrierte erfuhren Frauen nicht nur eine Zuweisung auf die von ihnen geforderte soziale Rolle, sondern es wurden zudem Mittel und Methoden zur Erlangung jener Rolle dargeboten. Jeder einzelnen wurden »Lösungen« zur Lebensbewältigung angeboten, die sich nicht auf die Realität übertragen ließen, sich auf Veränderungen von Äußerlichkeiten reduzierten, also Scheinlösungen darstellten und dadurch dem Entstehen von Solidarisierungsprozessen durch Individualisierung und Verdrängung in Traumwelten entgegenwirkten.

In den Illustrierten als potentiellen Werbeträgern sollten die Rezipientinnen durch produktspezifische Konditionierung zu Konsumentinnen gemacht werden, indem Kompensation durch Konsum angeboten wurde. So stieg im Laufe der fünfziger Jahre, also mit Anwachsen der Kaufkraft, in der *Constanze* der Anteil an Mode, Kosmetika etc. und sank der an direkter oder indirekter Lebensberatung.

Werbung

Nach den Entbehrungen und der Not der Kriegsjahre und der direkten Nachkriegszeit waren Frauen zu guten Konsumentinnen der aufstrebenden Wirtschaft geworden. Die leerstehenden Wohnungen mußten mit Möbeln gefüllt werden, der Bedarf an Kleidung und Wäsche war immens. Mit dem immer vielfältiger werdenden Warenangebot stieg gleichzeitig die Sehnsucht der Frauen, sich mit diesen Waren zu umgeben. Gerade diese Waren und Produkte, die ihre Körper reinigten, pflegten und schmückten und die Mittel, die ihren Haushalt bereicherten oder ihre Hausarbeit erleichterten, waren Gegenstand der auf Frauen abzielenden Werbung.

In der Illustrierten-Werbung findet sich die Darstellung von hauptsächlich zwei Frauentypen. Es werben z. B. attraktiv, jugendlich und erfolgreich wirkende Frauen für Mode, Kosmetika, Schmuck und andere Luxuswaren. Auffällig ist die Zigarettenwerbung, in der oft und für die 50er Jahre noch völlig untypisch Frauen (ohne Männer) rauchend abgebildet wurden.

Für diese Art von Reklame benutzte man mehr als im heutigen Maße prominente Frauen als Werbeträgerinnen. Die Filmschauspielerinnen, die noch heute mit einem ungeschminkten Gesicht für eine spezielle Seife werben, sind sozusagen ein Relikt aus der Werbung der 50er Jahre. Diese Werbung richtete sich vor allem an junge unverheiratete erwerbstätige Frauen, die über eigenes Geld verfügten und auf der Suche nach einem Ehemann in die Verschönerung ihres Körpers und ihrer Erscheinung investierten.

Die Ausbildung dieses Klischees ist wohl nicht nur der Illustriertenwerbung zuzuschreiben, aber sie hat die Ausprägung dieses sich im Laufe der 50er Jahre bis heute entwickelnden speziellen Frauentyps verstärkt.

Die Werbetexte hatten mehr Gewicht als die photographischen Abbildungen. Diese beschränkten sich vor allem auf die Darstellung von Gesichtern oder Büsten und wirkten eher steif und korrekt.

In der Werbung für z. B. Kleidungsstücke, die andere Körperteile bedekken und verschönern sollten, verzichtete man weitgehend auf Photographien und benutzte Zeichnungen o. ä. Hier ist vor allem die Strumpf- und Miederwarenwerbung gemeint.

Das zweite viel strapazierte Klischee in der Illustriertenwerbung der 50er Jahre betrifft die Darstellung der ihren Ehemann glücklich machenden Ehefrau oder die ihre Familie zufriedenstellende Mutter. Die Abbildungen zeigten meist tadellos gekleidete und freundlich lächelnde Frauen, die, sofern sie im Mittelpunkt haushälterischer Geräte dargestellt wurden, ihre Körperformen züchtig mit einer gestärkten Schürze nivellierten.

Das Verhalten, das die Werbung den Frauen zuschrieb, erschien zurückhaltend, aufmerksam, spröde, aber dennoch charmant und modern, wachsam für die Bedürfnisse anderer. Die makellose Schönheit wurde selbst in

der Darstellung der im Haushalt arbeitenden Frauen zum Standard erhoben.

Mit Waren wie z. B. Waschmaschinen wurden den Frauen Versprechen von Schönheit, Gepflegtheit, Zeit für die Familie und Anweisungen zur Bewältigung und zur Perfektionierung der Hausarbeit mit angeboten. Die Methoden der Werbung waren insgesamt etwas platter und weniger sensibel als heute. Die Arbeitserleichterung durch ein neues Spülmittel wurde z. B. mit dem Slogan angepriesen: »Mir braucht mein schon genügend geplagter Mann nicht zu helfen« (Stern, 1950, S. 59), während eine andere Firma für ein neues, ebenfalls arbeitserleichterndes Produkt mit der Abbildung eines Zeitung lesenden Mannes wirbt, die mit den Worten untertitelt ist: »Jetzt hat meine Frau mehr Zeit für mich!« Die massenhafte Darstellung der jeweils gleichen Frauentypen in Werbeanzeigen für die unterschiedlichsten Produkte hatte/hat sozialisierende Wirkung. Es wurden auch schon damals nicht vorrangig Produktinformationen geboten, sondern Wertvorstellungen. Es wurden Emotionen, Vorurteile und Ideale verkauft.

Zum Zwangscharakter der Haute Couture

»In der direkten Nachkriegszeit trugen Frauen kurze Röcke, praktische Jakken mit gepolsterten Schultern, den Uniformen der Männer nachempfunden. Die Mädchen hatten die Soldaten geschätzt oder auch nicht, in jedem Fall sahen sie ihnen schon ähnlich. Die Schultern breit, mit Watte notfalls, Kopftücher, Wanderschuhe, die Röcke kurz – dergleichen sportlich zu nennen war üblich und war doch nur einer dieser makaberen Tricks, die blanke Armut durch ein gefälliges Schlagwort zu kaschieren.«[3] Die Armut zwang, aus allen im Haushalt verfügbaren Stoffen wie Gardinen, Bettüchern etc. mit viel Phantasie und Mühe die notwendigen Kleidungsstücke herzustellen. Während in den direkten Nachkriegsjahren in der Beurteilung von Frauen weniger Gewicht auf »ein weibliches Wesen« oder gar »Frau-Sein« gelegt wurde als auf ihre Fähigkeiten zu organisieren und zu arbeiten, wurde sehr bald begonnen, die zur »geschlechtsneutralen Arbeiterin« verwandelte Frau mit restriktiven Geschlechtstypisierungen zu ihrem »femininen Wesen« zurückzuführen. Die schon bald nach dem Kriege expandierende Modeindustrie wurde dabei zum unverzichtbaren Helfer weiblicher Reproduktionsaufgaben.

»Frauen mußten schön sein, um in erster Linie zu Hause für den Ausgleich emotionaler Mangelerscheinungen ihrer zweckrational funktionierenden Männer da zu sein.«

Die 1947 von Dior entworfene Mode des »New Look« diktierte aller Armut zum Trotz größeren Stoffverbrauch für längere Röcke und Kleider. Die »neue Frau« sollte mit Wespentaille, Stöckelschuhen, romantischen Volants und hellem Teint zart, anlehnungsbedürftig, exklusiv, zerbrechlich wirken.

Christian Dior, seit 1943 Modezeichner in einem Modehaus der Pariser Haute Couture, fand den »Zazou-Stil« »abscheulich«. Die Zeit des Wiederbeginns verlangte seiner Meinung nach einen neuen Stil der »Elegance«. »Die zu umfangreichen Hüte, zu kurzen Röcke, ... die aus der Herausforderung gegen den Dünkel der Besatzung und den Puritanismus von Vichy entstanden waren!«[4] Nach der Zeit des Krieges, der Zeit der Uniformen, der dienstverpflichteten Frauen mit breiten Boxerschultern, zeichnete Dior »blumenhafte Frauen, sanft gewölbte Schultern, gerundete Brustlinien, lianenschlanke Taillen und wie Blumenkelche sich ausbreitende weite Röcke.«[5]

Nach Diors Ansicht war dies vor allem eine »Rückkehr zur Kunst dessen, was gefällt... eine Rückkehr zum Kleidsamen und zum Hübschen, dessen man die Frauen (durch andere Frauen!) seit Jahrzehnten beraubt hatte.«[6]

Diese Moderichtung kam dem Interesse der Frauen wohl durchaus entgegen. Nach Jahren des ständigen Ausbesserns und Umänderns der Restbestände alter Kleidung war ein Bedürfnis nach hellen Farben, beschwingten Formen und Mustern und neuen, leichten Stoffen allzu verständlich. So schreibt z. B. Dior über sein Lieblingsmodell »Chérie« in seiner Autobiographie: »Es verlieh der Trägerin die Brust einer Nymphe, die Taille einer Sylphide und entfaltete, einem riesenhaften Fächer gleich, seinen Rock, in den 80 Meter weißen Taftes eingearbeitet waren, in tausend Falten, deren wogende Weite fast bis an die Knöchel reichte.«[7] Dior wollte seine Kleider »konstruiert«, wollte sie auf die Rundungen des weiblichen Körpers, dessen Profilierung sie unterstreichen sollten, angepaßt wissen. Deshalb betonte er die Taille, den Umfang der Hüften und hob die Brust hervor.

Der »New Look« setzte sich, wie der Spiegel damals schrieb, durch, »sogar in jenen ausgedörrten Gegenden Europas, in denen die Frauen mit dem Enttrümmern von zerbombten Grundstücken beschäftigt waren und ihre Kleider aus den gewürfelten Einheitsstoffen ehemaliger Luftschutzkellerbetten zusammennähten. Diors Erfolg war triumphal. Mit diesem Sieg des ›New Look‹ – der eigentlichen Proklamation des Kriegsendes, die sichtbarer war als diplomatisches Vertragswerk – sicherte Dior der Stadt Paris ihren alten Vorkriegsrang als internationalen Befehlsstand der Mode, er sicherte sich eine Popularität, die in der Haute Couture kaum ihresgleichen hat.«[8]

Der Erfolg des Modehauses Dior war kein Zufall. Der Finanzier des Unternehmens, Marcel Boussac, war schon vor dem zweiten Weltkrieg Monopolist des französischen Textilmarktes gewesen, belieferte dann die deutsche Armee mit Heeresbekleidung und investierte als Patriot in die Resistance. Nach dem Krieg avancierte er zusätzlich zum größten Rennpferdehändler, investierte in Baumwollplantagen in Afrika und Südamerika, war Besitzer einiger Textilfabriken, diverser Modehäuser und Kleidergeschäfte und einiger Zeitungsunternehmen in Paris.

Der Krise der Haute Couture nach dem Kriege sollte durch eine Belebung des Modegeschäftes entgegengewirkt werden. Boussac beauftragte deshalb den völlig unbekannten Christian Dior mit der Einrichtung eines neuen Modehauses und der Creation einer neuen Kollektion.

Das Haus Christian Dior begann mit drei Ateliers im Dachstuhl der Nummer 30, avenue Montagne, mit einem winzigen Studio, einem Vorführsalon, einer Mannequinkabine, einem Direktionsbüro und sechs kleinen Probiersalons. Für ihn arbeiteten circa 60 Arbeiterinnen.

Zur Unterstützung holte Dior sich vier »Premiers« aus führenden Pariser Moderhäusern. Madame Raymonde Zehnacker hatte zu entscheiden, welcher Entwurf für eine Kollektion ausgeführt wurde. Sie mußte die Soffeffekte prüfen, entschied über das Material und stellte das Zeit- und Kostenprogramm der Modelle auf. Madame Margerite Carre war die Vorsteherin der Nähstube, die den Schnitt überwachte und mit einem raffinierten Arsenal technischer Hilfsmittel den Stoff auf den Körper der Mannequins modellierte. Für sie führte Dior die Stellung einer technischen Directrice ein, sie war nach Dior selbst »Mittelsfrau zwischen dem ›Büro der Träumereien‹ und den Ateliers«. Madame Mitza Bricard überwachte in allen Kollektionen den luxuriösen Chic. Dior hatte sie allein wegen ihres »kosmopolitischen Stils« eingestellt, als Gegenpol, wie er selbst sagte, zu seiner normannischen Einfachheit. Susanne Luhling stand dem Verkauf vor und vermittelte Einkäufern und Kundinnen das Gefühl des Besonderen. Christian Diors Genius beschränkte sich einzig und allein auf die Creation von Modellen.

Dior und Boussac waren im übrigen nicht bereit, die Geschäftsentwicklung ihrer Firma dem Erfolg oder Mißerfolg von Modeideen anzuvertrauen. Sie bauten systematisch auf dem Namen Dior eine Industrie auf. Das Dior-Unternehmen kannte eine Finanzabteilung mit einem Budgetkontrolldienst, eine Abteilung für Statistik und einen Dienst für Kostenkalkulation. Schon 1954 erreichte der Konzern einen Umsatz von 6 Milliarden alten Franc (60 Millionen DM).[9]

Aus dem kleinen Modehaus entwickelte sich so ein weitläufiges Modezentrum. In einem siebenstöckigen Neubau richtete man schließlich 28 Schneiderateliers ein und beschäftigte mehrere hundert Angestellte. 1958 beschäftigte Boussac in Diors Pariser Häusern rund 1500 Menschen.[10] Beim Tode Diors 1957 umfaßte der Konzern zehn Gesellschaften, achtzehn Firmen, sechs Tochterunternehmen und sechzehn Lizenzfirmen. In 87 Ländern wurden Modellkleider, Pelze, Hüte, Strümpfe, Handschuhe, Parfums, Lippenstifte, Bijouterien und Schuhe, die Christian Dior entworfen hatte und die seinen Namenszug trugen, vertrieben. Circa 80 Millionen DM hat Dior für Boussac von 1947 bis 1957 erwirtschaftet. In diesen zehn Jahren entwarf Dior, der erst mit 43 Jahren begann, Mode zu zeichnen und im Oktober 1957 52jährig starb, ungefähr 16000 Kleider und verarbeitete 1500 Kilometer Stoff für seine Modelle.[11]

Abgesehen von den weiten Verzweigungen des Hauses Dior in der gesamten Textilbranche beruhte sein Erfolg vor allem auf der Entdeckung des amerikanischen Marktes und auf der Lieferung eleganter Konfektion. Die Krise der Pariser Modehäuser lag vor allem an der zahlenmäßigen Verringerung zahlungskräftiger Kundinnen. Das Original-Modell eines Tageskleides kostete circa 3000 bis 4000 DM, ein horrender Preis im Vergleich zu den niedrigen Durchschnittseinkommen. Es gab sehr wenige vermögende Damen, die sich den Luxus Pariser Modellkleider noch leisten wollten und konnten. Nur noch wenige Bevorzugte erlaubten es sich, für ein Nachmittagskleid eine Summe auszugeben, die in keinem Verhältnis mehr selbst zu hohen Einkommen stand. Eine andere Ursache für die Krise lag darin, daß die Haute Couture Kunsthandwerk blieb, während die Industrie Kleider in Serien weitaus billiger und rentabler produzierte.

Das geschäftliche Geschick Christian Diors lag in der Entwicklung bestimmter Vorgaben und Linien, welche die Konfektion schnell übernehmen und variiert billig produzieren konnte.

Der hundertfache Verkauf ein und desselben Schnittes an Warenhäuser der westlichen Welt machte die Haupteinnahmen des Konzerns aus. Die wirtschaftlichen Interessen des Unternehmens profitierten zweifelsohne auch von dem Modediktat Christian Diors, demzufolge ein Kleid notwendigerweise auch spezieller Accessoires bedurfte, um seine Wirkung zu entfalten.

Dior richtete Boutiquen ein, in denen Frauen, die niemals Geld gehabt

Christian Dior

hätten, um ein Modellkleid mit der Vignette »Christian Dior« zu erstehen, oder Touristinnen, die Omnibusweise nach Paris strömten, zu erschwinglichen Preisen etwas Modisches erwerben konnten. Im Preis inbegriffen war das silbergraue Packpapier mit dem schwarzen Namenszug »Christian Dior«. Zu Dior-Strümpfen, von der Firma Uhli hergestellt und circa 5 DM teurer als es die übrigen Uhlistrumpfprodukte waren, paßten die Dior-Schuhe, die in London fabriziert wurden. Zum Konfektionskleid paßte der Dior-Modeschmuck, den die Pforzheimer Bijouteriefirmen Henkel und Grosse fertigten, ohne daß freilich auch hier eine Käuferin ahnte, welchen Teil des Kaufpreises sie der Magie des Namens Dior opferte.

1954 Die H-Linie brachte zum erstenmal den bleistift-engen Rock. Die Schultern sind wieder breiter geworden, die Büste ist flach, die Hüften dagegen sind betont

1955 Die A-Linie mit schmalen Schultern und kaum betonter Taille zog die Jacken tief über die Hüften. Die Röcke zeigten sich glockig weit oder in plissierter Form

1956 Die Bogen-Li forderte hera fallende Schultern für ih lose geschnittenen Kl der. Dior überließ es doch den Frauen, ob die Taille betonen wollt

Dior-Handschuhe, Dior-Hüte, Dior-Parfums und Dior-Pelze rundeten das Bild ab. »Die Mode ist vor allem eine Frage der gut gelösten Gesamtlinie: von den Schuhen bis zum Hut muß eine Einheit entstehen.«[12] Die Ausweitung der Produkte des Hauses Dior auf andere Bereiche der Modeindustrie war gleichzeitig ein Faktor für die enorme Verbreitung Diorscher Mode. Für Werbung war also gesorgt.

Der Verkauf an die Massenkonfektion verlangte einfache Schnitte. Dior sah seine Arbeit zwar als den Kampf gegen das Mittelmaß, den Verlust großer Prinzipien oder gegen die Tendenz zum Untergang,[13] hatte aber nichts gegen das Prinzip der Massenkonfektion. »Wirklich stolz bin ich auf meine einfachen, fast bescheidenen Woll-Kleider.«[14] Nach eigenem Zeugnis machte er sich bei jedem von ihm gezeichneten Modell die Routine-Frage zur Pflicht: »Ist dieses neue tragbar?«[15] Er kreierte Mode für jede Frau.

Nach seinem Tode im Jahr 1957 übernahm der junge Yves Saint Laurent mit 22 Jahren die Führung des Modehauses Dior. Er hatte schon einige Zeit mit Dior zusammengearbeitet und war von diesem als sein Nachfolger bestimmt worden. Die Frühjahrskollektion 1958 wurde zwar noch ein rauschender Erfolg, aber die Presse schrieb dies noch dem Mitwirken Diors zu. Demzufolge mußte die Winterkollektion dann durchfallen.

Yves Saint Laurents Mode erschien zu avantgardistisch und für die Massenkollektion unbrauchbar, weil eben nicht tragbar. Saint Laurent mußte gehen, Marc Bohan wurde eingestellt und rettete den Ruf des Hauses Dior.

Der große »Verdienst« Diors liegt nicht in der Creation einer neuen Moderichtung, sondern vielleicht eher in der Ausbreitung des Pariser Modediktates auf breite Schichten der weiblichen Bevölkerung. Indem er zwar nicht die Modellkleider, dafür aber die billigeren Nachahmungen und vor allem die Accessoirs für jede Frau erschwinglich werden ließ, erreichte er eine Modeabhängigkeit bei Frauen, die es so vorher noch nicht gab. Die Faszination, die z. B. von seinen sündhaft teuren, aber prächtigen, in ihrer Ausführung die Verkörperung weiblicher Träume und Sehnsüchte nach zarter »Elegance« und reiner Schönheit zu sein scheinenden Ballkleidern ausging, konnte jede Frau immer wieder, selbst wenn sie ihr schlichtes Nachmittagskleid aus dem Versandhaus mit der »Christian Dior«-Vignette anzog, nacherleben.

Die von jeher nur rein platonische Vorliebe Christian Diors für weibliche Hüften, Taillen und Busen verlor sich im Laufe seines Schaffens. Die sogenannten Linien entbehrten nach zehnjähriger Veränderung jeglicher Betonung weiblicher Rundlichkeit. Die »Näher« der Haute Couture der 50er Jahre haben nicht nur die Hauptanstrengung im Berufsbild des Mannequins vom Laufen und Vorführen aufs Hungern und Abmagern verlegt, sondern von ganzen Frauengenerationen eine neue Körperform für ihre Modelle verlangt.

Das stromlinienförmige Körperideal mit dem »verschluckten Bauch« wurde zum neuen Diktat. Was zuerst mittels Fischbein- oder Stahlgestell beinhaltender Korsettagen in die geforderte Form gezwungen wurde, wird bis heute mit Hilfe der pharmazeutischen Industrie oder von allen Frauenzeitschriften gepriesenen Diäten geschafft.

Taille
in Figur!
den das Strumpf-Preisaus-
?« Durch die Berge von
laktionsschluß noch nicht
0000 Einsendungen ergab,
tellerin des neuen Taille-
rtrauensbeweis für Arwa!
rden im nächsten Monat

Der zeitweilige Verlust alter Moralvorstellungen

Nach dem zweiten Weltkrieg wurde eine Lockerung der Sexualmoral sichtbar, die hinreichend mit den desolaten sozio-ökonomischen Verhältnissen erklärt werden kann. Die außerordentliche Notlage, die Versuche wirtschaftlich selbständiger Mädchen und Frauen, sich aufgrund fehlender männlicher Kontrollinstanzen aus der sexuellen Bevormundung von Männern zu lösen, sowie die daraus folgende teilweise Auflösung »geordneter« Verhältnisse in Gesellschaft und Familie brachten neben Formen extremer Gewalt wie z. B. Vergewaltigungen etc. auf der anderen Seite auch durchaus befreiende Entwicklungen in den Beziehungen der Geschlechter.[1]

Es herrschte ein eklatanter Männermangel. 1950 gab es 440000 Frauen des Jahrgangs 1920 und nur 320000 Männer des gleichen Jahrgangs. Zu dem üblichen Bild gehörten damals auch Frauen, die wegen des enormen Männermangels kaum Aussicht hatten, einen Mann zu bekommen, und viele Ehefrauen, die des jahrelangen Wartens auf ihre Männer überdrüssig waren. Sie führten ein ungebundenes Sexualleben und gingen vielfach sogenannte wilde Ehen ein.

Trotz eines Fraternisierungsverbotes der Alliierten kam es häufig auch zu »Besatzerbeziehungen«. Triebfeder solcher Beziehungen mit Besatzern war nicht nur der Wunsch nach Camel-Zigaretten und Nescafe, sondern ebenso das Bedürfnis nach menschlicher Nähe und Zärtlichkeit.[2]

Ebenso verloren überkommene Regelungen wie z. B. ein höheres Alter von Männern in Beziehungen zu Frauen ihre Gültigkeit. Neben der teilweisen Auflösung traditioneller Geschlechterbeziehungen wurde eine Verschiebung der bis dahin gültigen Schamgrenze offensichtlich. Hauptsächlich können dafür die beengten Wohnverhältnisse verantwortlich gemacht werden. So leben z. B. die in dem Film »Die Mörder sind unter uns« von Wolfgang Staudte (1946) handelnden Personen zusammen in einer Wohnung, obwohl verschiedenen Geschlechts und unverheiratet.

In der Nachkriegszeit stieg die Zahl der unehelichen Geburten trotz Erleichterung der Abtreibung durch eine weniger rigide Anwendung des Paragraphen 218 auf das Doppelte des Vorkriegsstandes an. Während 1938 8% aller geborenen Kinder nicht ehelich waren, waren es 1946 16%, in Bayern sogar 22%. Die heimkehrenden Männer waren entsetzt. »Die sexuellen Erlebnisse der Männer während der Kriegszeit zählten nicht. Ihren Frauen aber gestehen sie solche Erfahrungen nicht zu, sie sollen dem männlichen Bild der hehren, keuschen Frau entsprechen. In einer Welt brüchiger Moral- und Wertvorstellungen, in der geplündert, gestohlen und ›organisiert‹ wird, soll die Frau gefälligst für die Moral einer heilen Welt gerade stehen.«[3] Die doppelte Moral wurde aber von manchen Männern auch schon damals bloßgestellt. In einem Leserbrief an den *Stern* schrieb ein ehemaliger Soldat: »Liebe Kriegskameraden, habt Ihr so schnell vergessen, wie Ihr in Smolensk, Odessa und Simferopol in die russischen Häuser gingt?... Wißt Ihr noch, wie Ihr in den Bordellen von Pas und Le Havre, von Lille und Besancon, in Norwegen und in Italien, im Baltikum und in Griechenland Schlange standet...?«[4]

Die Zahl der Scheidungen in der Nachkriegszeit sind deutlicher Ausdruck der Verunsicherung im Verhältnis der Geschlechter zueinander. Die Mehrzahl der Ehen blieb vermutlich vor allem deshalb bestehen, weil die Frauen bereit waren, Kompromisse einzugehen.

Verführungsszene in dem Film »Liebe, wie die Frau sie wünscht«

Die Rückkehr zur »moralischen Sauberkeit«

Mit der Konsolidierung der Gesellschaft, die mit der fortschreitenden Existenzsicherung einherging und sich z. B. in einer neuerlichen Parzellierung in Kleinfamilien ausdrückte, konnten sich althergebrachte und eigentlich überkommene Moralvorstellungen wieder durchsetzen. Träger dieser »neuen Moral« wollten die Kirchen sein. Sie hatten im Nationalsozialismus und dem nachfolgenden Chaos eine Folge des Verlustes von Religiösität gesehen. Es mußten ihrer Ansicht nach neue Traditionen der Sexualmoral aufgestellt werden, da man sich nicht damit begnügen durfte, »ein Gebilde zu restaurieren, das als Ganzes seine Motivkraft eingebüßt hatte.«[5] Eckpfeiler dieser »neuen Traditionen« sollte die »Natürlichkeit« sein. Mit »Natürlichkeit« war aber keineswegs ein Verhalten nach den biologischen Gegebenheiten der Natur gemeint, sondern ein Verhalten, das der »anerkannten Sitte« entsprach.

Die Doppeldeutigkeit des normativen Begriffs des »Natürlichen« machte nach Schelsky das Hauptproblem der Sexualmoral der Gesellschaft der 50er Jahre aus.[6] Das galt für Schelsky ganz besonders in einer Zeit der Wissenschaftsgläubigkeit, in der der Einfluß der doch nur »deskriptiven Biologie« gewinnt.[7]

Die Kirche machte sich zur zentralen moralischen Instanz, die soziale Normierungen nach christlichem Muster festlegte. Der moralische Anspruch auf normengerechtes Sexualverhalten tritt in der Übersteigerung der »Sünde« auf und nimmt den Charakter des »Absoluten« an, um Motive zu einer Veränderung nicht entstehen zu lassen.[8]

Voreheliche Sexualität wurde als »egozentrische Triebbefriedigung« angesehen; das »nur Triebhafte« galt als »Fehlform der geschlechtlichen Begegnung«. In einer sexualpädagogischen Vortragsreihe, veranstaltet 1952 von der Stadt Bad Godesberg, wurde vor den »krassen sexuellen Auswüchsen« in der Öffentlichkeit gewarnt.[9] Die Bedrohung der Moral läge in Fortschritt und Konsum. Die von den »Reformern« wie Kinsey gemeinte Natur war nach kirchlicher Auffassung nur »Egoismus des Triebverlangens«, bis man in »Ekel vor solcher Natur« ersticke. Die menschliche Natur werde durch Selbstlosigkeit, Verantwortungsbewußtsein und Opferbereitschaft vervollkommnet.[10]

Während allgemein der »moralische Absolutismus« der Kirche als Übersteigerung sozialer Normierungsfähigkeit betrachtet wurde, wurde an der Norm der »anerkannten Sitte« weitgehend festgehalten. So hält Schelsky die »soziale Normierung« der Sexualität für eine grundlegende Kulturleistung, die durch soziale Sanktionierung und Tabuisierung geschützt wird.[11] Er kritisierte die sozial-kulturelle Normierung, die sich nicht, wie es seiner Meinung nach richtiger wäre, an somatischen Krankheitsbildern orientierte, und wehrte sich gleichzeitig gegen reformerische Bestrebungen, welche die »Vielfältigkeit und Plastizität der Sexualbetätigung« als in der menschlichen Natur vorkommend und damit als natürlich bezeichneten. Das Einbeziehen der »biologischen Natur« als Erklärungsmuster für das menschliche Sexualverhalten hielt er für »sekundäre Rationalisierung«.

Der Wertkomplex, der so verteidigt wird, ist die traditionelle bürgerliche Viereinheit von Sexualität, Liebe, Fortpflanzung und Ehe. Der belgische Historiker und Sexualwissenschaftler Jus van Ussel faßte es folgendermaßen zusammen: »Sex als Genuß sui generis wird verurteilt, er muß sich hinter etwas anderem verstecken. Sex plus Liebe ist, außer in Romanen und Filmen, ebensowenig erlaubt, nicht nur in homo- sondern auch in heterosexuellen Beziehungen. Sex plus Fortpflanzung führt zum außerehelichen Kind und zur unehelichen Mutter, die beide diskriminiert werden. Eine Ehe mit Sex und Liebe ohne Fortpflanzung wird sozial abgelehnt: ... (man) steht in dem Verdacht, unfruchtbar zu sein, und wer sich öffentlich dazu bekennt, keine Kinder haben zu wollen, wird als asoziales Wesen, als egoistisch angesehen.«[12]

Zwischen den Moralvorstellungen der Kirchen, konservativer Soziologen und ebenso denen der Sexualreformer und der gelebten Sexualität bestand in den 50er Jahren ein eklatanter Unterschied.

Ein in der öffentlichen Meinung und Moral nicht gebilligtes Delikt waren voreheliche sexuelle Beziehungen. Nach einer »Umfrage in der Intim-

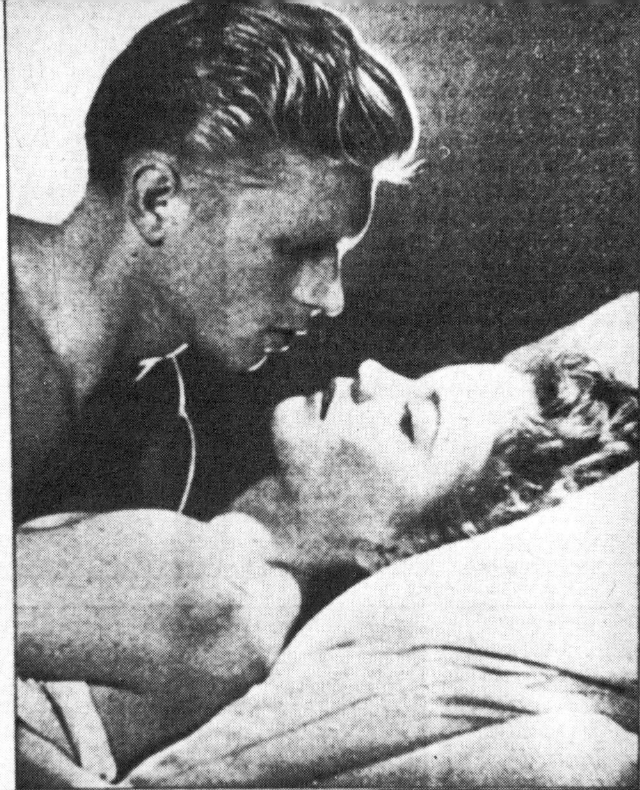

DIE FEUERWEHR KAM ZU HILFE

als die Göttinger Kriminalpolizei auf Beschluß des Göttinger Amtsgerichts von der Straßenfront des Göttinger Capitol-Filmtheaters ein Werbeplakat für den Film „Ich und Du" entfernen mußte. Das Plakat war nach einem Szenenbild mit Liselotte Pulver und Hardy Krüger gezeichnet worden, das zwar von der Freiwilligen Selbstkontrolle aus dem Film entfernt, vom Verleih jedoch trotzdem als Werbeanleitung zur Verfügung gestellt worden war (Bild). Ein Göttinger Einwohner nahm Anstoß an dem Plakat und erstattete Anzeige. Amtsgerichtsrat Dr. Schmahl verfügte: „In der Ermittlungssache gegen (den Kinobesitzer) Ernst Heidelberg sen. in Göttingen, wegen Vergehens nach Paragraph 184, Ziffer 1, 184a StGB (Verbreitung unzüchtiger Schriften und Verkauf schamloser Schriften an Jugendliche) wird das an der Vorderseite des Capitol-Lichtspielhauses angebrachte Plakat, die nackten Oberkörper einer weiblichen und einer männlichen Person darstellend, beschlagnahmt, weil es für die Untersuchung von Bedeutung ist. Gründe: An der Vorderseite des Capitol-Lichtspieltheaters in Göttingen hat der Obige ein Plakat anbringen lassen, das den nackten Oberkörper einer Frau darstellt, die mit dem Rücken in einem Bett liegt, worauf ein Kissen hindeutet. Über sie gebeugt ist der Oberkörper eines nackten Mannes." Der Amtsgerichtsrat hatte erkannt: „... mit der öffentlichen Aufstellung des Bildes wäre der Tatbestand des Paragraphen 184, Ziffer 1 StGB erfüllt, weswegen die Beschlagnahme nach Paragraph 94 StPO gerechtfertigt ist."

sphäre« von Ludwig von Friedeburg gaben 89 % der männlichen und 70 % der weiblichen Befragten an, vorehelichen Verkehr gehabt zu haben.[13]

Während von den 1949 befragten Männern 53 % öfter voreheliche intime Beziehungen mit verschiedenen Partnern hatten, waren es nur 16 % der Frauen.

1963 gaben nur noch knapp die Hälfte der befragten Männer und nur 9 % der befragten Frauen an, öfter voreheliche intime Beziehungen mit verschiedenen Partnern gehabt zu haben. Allerdings gab ein Drittel aller Frauen an, eine sexuelle Beziehung vor der Ehe mit ihrem späteren Ehemann gehabt zu haben, während gleiches nur 13 % der befragten Männer angaben. Während Männer vorgaben, sexuelle Beziehungen vor der Ehe mit wechselnden Partnerinnen gehabt zu haben, waren Frauen hierbei schon auf den späteren Ehemann fixiert. Inwiefern Männer ihren Ehefrauen dasselbe wie sich selbst zugestanden hätten, blieb unklar. Immerhin verlangten von den Befragten 10 % mehr voreheliche Keuschheit von Frauen als von Männern.

Über den Ruf von jungen Mädchen, die bereits sexuelle Beziehungen mit verschiedenen Partnern gehabt hatten, erfahren wir beispielsweise etwas in Theobaldys »Sonntagskino«. Der Roman handelt vom Denken und Handeln Jugendlicher in den späten 50er Jahren. Er bringt zum Ausdruck, daß sexuelle Erfahrungen von Mädchen und Jungen einer höchst unterschiedlichen Bewertung unterlagen. Während Mädchen unter dem Druck der Scham und einer möglichen Verachtung lebten, galten fehlende sexuelle Erfahrungen bei Jungen als Manko.

In einem »Benimmbuch« heißt es: »Es ist also ein höchst zweifelhafter und zweischneidiger Ruhm, mit Freundschaften und Erlebnissen aufwarten zu können..., daß nämlich meistens nichts Gutes dabei herauskommt, wenn ein Mädchen ›alles weiß und alles kennt‹.«[14] Außerdem gilt nach dem

Auf nebeneinanderliegende Zimmer muß man verzichten

Zärtlichkeiten in der Öffentlichkeit muß man vermeiden

Benimmbuch als sicher, daß der »anständige und ritterliche Mann vor dem zurückhaltenden mehr Achtung hat, als vor einem allzu leicht zu erobernden Mädchen, und daß es immer das Mädchen sein wird ... das so oder so dafür bezahlen muß, wenn einmal die letzte Schranke gefallen ist. Vielleicht nur mit einem Fleck auf seiner Ehre oder mit ein paar Sorgenfalten im Gesicht, vielleicht mit mehr. Denn heute noch gilt das harte Männerwort: ›Zum Amüsieren ist sie wunderbar, aber heiraten? Niemals.‹«[15]

Diese Verhaltensmuster sind auch in dem autobiographischen Roman von Christel Dorpat »Welche Frau wird so geliebt wie du?« zu finden: »Als wir die Wohnung verließen, fühlte ich mich jämmerlich, ich hatte mit jemandem geschlafen und hatte es eigentlich nicht gewollt ... Ich hatte Angst, daß er nicht wiederkommen würde, weil ich ja nun kein anständiges Mädchen mehr war ... Wie sollte ich jemandem erzählen, daß ich – unverheiratet – mit jemandem geschlafen hatte, und dann auch noch gestehen, daß ich es noch nicht einmal richtig konnte.«[16] Das Treffen mit dem jeweiligen Freund oder der Freundin unterlag festen Regeln: keine Männerbesuche im Elternhaus, keine »Zärtlichkeiten« in der Öffentlichkeit etc. Außerdem war es nahezu unmöglich, unverheiratet zusammenzuwohnen. Eltern, die Freunden ihrer Töchter Übernachtungsmöglichkeiten boten, machten sich nach dem sogenannten Kuppeleiparagraphen sogar strafbar. Bei der damals üblichen Wohnweise Alleinstehender – ein möbliertes Zimmer – war man darüber hinaus restriktiven Beschränkungen durch den Vermieter unterworfen.

Die Folge waren Heimlichkeiten, Sprachlosigkeit und Angst. Angst vor allem vor einer unehelichen Schwangerschaft. Das Wissen um Verhütungsmittel war außerordentlich begrenzt, zumal viele Frauen nach eigenen Angaben in den 40er und 50er Jahren – also der Zeit ihrer Jugend – weder etwas über Funktionen des weiblichen Körpers wie z. B. Menstruation, noch etwas über die Vorgänge der Zeugung wußten.

»Ich wußte gar nichts! Warum meine Regel weg blieb? Für mich war das ja prima. Ich dachte mir, jeden Monat diese Schweinerei! Auf einmal blieb sie weg! Meine Mutter hat damit wohl gerechnet. Ich wußte ja gar nicht, woran ich war. Meine Mutter wußte das. Von wegen, etwas gesagt, gar nicht, wann man die kriegt, weswegen man die bekommt oder so was, lag überhaupt nicht drin. ... Und wie das erste Kind unterwegs war, da hat mir kein Mensch gesagt, wie das funktioniert ... die Periode blieb weg, du kriegst halt ein Kind.« (Frau M.)

Das sexuelle Elend der frühen Jahre

In einem Lehrbuch zur Sexualerziehung steht: »Die Mehrzahl der jungen Mädchen in Katastrophen-Situationen begannen ihren Bericht etwa mit den Worten: ›Ich dachte, er würde sich schon vorsehen; außerdem hat er mir gesagt, ich brauchte keine Sorge zu haben‹.«[17]

Christel Dorpat schreibt: »Ich hatte ständig Angst, schwanger zu sein. Ich scheute mich, mit Freddy darüber zu sprechen, aber ich tat es dann doch. Er amüsierte sich über meine Angst, er richte sich nach der Knaus-Ogino-Methode, er sei da ganz sicher, ich sei ein Dummchen, ich solle ihm nur

Zu einer guten Ehe gehört auch ein wenig „eheliche Diplomatie". Deshalb kan[n] es nicht schaden, wenn Sie sich selbst einmal prüfen, wie es bei Ihnen damit steh[t].

Sind Sie eine vollkommene Ehefrau?

Eigentlich ist dieser Test ein wenig „ungerecht". Von den Fehlern des Mannes ist darin mit keinem Wort die Rede, sondern nur von Fehlern, die viele Ehefrauen — und vielleicht auch Sie — so häufig begehen. Aber das ist gut so. Um die Fehler des anderen zu sehen, braucht man meistens keinen Test. Viel schwerer ist es, die eigenen Fehler zu erkennen. Dabei ist das wichtig, wenn die Ehe auf die Dauer glücklich bleiben soll. Sehen Sie deshalb diese zwanzig Fragen nicht nur als ein Spiel an! Sie sollen Ihre Aufmerksamkeit darauf lenken, daß es vielleicht auch ein klein wenig an Ihnen liegt, wenn in Ihrer Ehe nicht me[hr] ganz so ist, wie es sein sollte und wie es im Anfang war. Denken Sie über jede dieser Fragen gründlich nach, und begnügen Sie sich nicht da[mit] fach mit einem „Ja" oder „Nein" zu antworten. Denn dieser Test ist Spiegel: es genügt nicht, sich darin anzusehen, wenn man schöner werd[en] Sie müssen ganz dicht herangehen, sich sorgsam studieren und das Mitte[l] jede kleine Falte entdecken. Nur so können Sie auch Ihre Ehe jung e

1 Sie sind doch sicherlich Gästen und Fremden gegenüber sehr höflich. Glauben Sie, daß die gleiche Höflichkeit Ihrem Mann gegenüber angebracht ist? .... ____

2 Sie haben wahrscheinlich ab und zu Besuch oder besuchen mit Ihrem Mann zusammen andere Leute. Achten Sie dann darauf, daß Sie nicht die ganze Aufmerksamkeit nur auf sich lenken und auf Kosten Ihres Mannes mit Ihrer Persönlichkeit glänzen? ____

3 Selbst in der besten Ehe gibt es gelegentlich Ärger. Gelingt es Ihnen, Ihren ersten Zornausbruch zurückzuhalten, wenn Ihr Mann irgendeinen Fehler oder eine Ungeschicklichkeit begeht? .... ____

4 Können Sie Ihren Mann so sehen, wie er wirklich ist, ohne daß sie sich bemühen müssen, ihn mit einem abstrakten Ideal zu vergleichen? .... ____

5 Und nun ganz aufrichtig: Können Sie ohne jeden Neid auf berufliche Erfolge Ihres Mannes sehen, besonders wenn Sie selbst auch beruflich tätig sind?........................ ____

6 Können Sie es mit Geduld und, ohne sich als vernachlässigte Ehefrau zu gebärden, ertragen, daß er gelegentlich längere Zeit nur auf seine Arbeit verwendet? .... ____

7 Verkneifen Sie sich das Lachen über seine Ängste und Schwächen, um nicht die gegenseitige Aufrichtigkeit zu entmutigen? ____

8 Widmen Sie Ihrer Kleidung und Ihrem Äußeren noch annähernd die gleiche Zeit wie in den Flitterwochen? .... ____

9 Viele Frauen ziehen es vor, ihre Probleme mit anderen Personen zu besprechen als mit ihrem Mann. Sie beweisen damit, daß es ihnen an dem richtigen Vertrauen fehlt. Sind Sie frei von diesem Fehler? .... ____

10 Lassen Sie Ihrem Mann angemessene Zeit für die Ausübung seiner Steckenpferde, die er ohne Sie betreibt, wie etwa Basteln, Angeln, Fußballspielen oder auch einen Skatabend? ____

11 Sind Sie frei von kleinlicher Eifersucht, und können Sie es ertragen — ohne gleich eine Szene zu machen —, daß Ihr Mann gelegentlich eine andere Frau bewundert? .... ____

12 Beschäftigen Sie sich auch mit Problemen, die über Ihren Haushalt und Ihre Familie hinausgehen, so daß Sie immer Stoff für interessante Unterhaltungen mit Ihrem Mann haben? .... ____

13 Können Sie, um die Empfindlichkeit Ihres Mannes nicht zu verletzen, eine spitze Bemerkung zurückhalten, die Ihnen schon auf der Zunge liegt? .... ____

14 Legen Sie Wert darauf, bei Tisch und bei allen Familienereignissen die Umgangsformen zu beachten, ohne daß es deshalb steif zugehen muß? .... ____

15 Können Sie darauf verzichten, bei der Unterhaltung mit Ihrem Mann immer wieder zur Sprache zu bringen, was er Ihnen vielleicht einmal an Unrecht angetan hat, was Sie aber längst vergeben hatten? .... ____

16 Bemühen Sie sich, pünktlich zu sein, auch wenn es „nur" Ihr Mann ist, der auf Sie warten müßte? .... ____

17 Bemühen Sie sich, die Wünsche Ihres Mannes zu erfüllen, wenn er auf bessere Ordnung im Hause oder bessere Einhaltung des Haushaltsplans dringt? .... ____

18 Wenn Ihr Mann Ihnen abends plötzlich vorschlägt, zusammen auszugehen — sind Sie dann imstande, schnell die Versorgung Ihrer Kinder und alles sonst Nötige zu organisieren? .... ____

19 Vermeiden Sie es sorgfältig, bei jeder Gelegenheit Ihren Mann vor den Kindern in schlechtem Licht erscheinen zu lassen oder ihn lächerlich zu machen? .... ____

20 Sagen Sie Ihrem Mann immer wieder, daß Sie genau das gleiche täten, wenn Sie Ihr Leben noch einmal von vorn beginnen müßten, und vor allem, daß Sie ihn bestimmt wieder heiraten würden? .... ____

Wie oft haben Sie „Ja" gesagt? **Haben Sie eine bis fünf Fragen mit „Ja" beantwortet und alle anderen mit „Nein", dann ist das ein deutliches Warnungssignal. In Ihrem Eheleben macht sich schon eine gewisse Müdigkeit bemerkbar, vieles ist schon viel zu sehr Gewohnheit geworden. Bemühen Sie sich, etwas mehr Interesse zu zeigen, um Ihre Liebe wieder zu neuem Leben zu erwecken!**

Auch bei sechs bis zehn „Ja" müssen Sie sich darüber im klaren sein, daß Ihrer Ehe Gefahr droht. Aber mit etwas gutem Willen und Beständigkeit werden Sie es schaffen, daß Ihre Ehe wieder ganz so wird, wie sie sein soll.

Wenn Sie elf bis fünfzehn Fragen bejahen konnten, brauchen Sie sich [k]allzu großen Sorgen zu machen. Ihr Ehehimmel ist vielleicht durch einige überziehende Wölkchen etwas getrübt, aber die Fundamente Ihrer Ehe bis jetzt sehr gut.

Ganz beruhigt können Sie sein, wenn Sie sechzehn bis zwanzig Fragen mit beantwortet haben. Sollten Sie trotzdem überzeugt sein, daß manches zwi[schen] Ihnen beiden nicht mehr so ist, wie es früher einmal war, dann zeigen Si[e die]sen Test Ihrem Mann. Denn dann ist er derjenige, der ihn braucht und Schlüsse aus ihm ziehen kann. Etwas mehr „Diplomatie" täte ihm sicher

vertrauen. Er habe mir doch schon alles erklärt, aber mir schiene es nur gut zu gehen, wenn ich ständig Angst hätte.«[18]

Nach der Umfrage zur »Intimsphäre« sprachen sich über 70% der befragten Männer und über 60% der Frauen für empfängnisverhütende Mittel aus.[19] Bis 1963 verringerte sich sowohl bei den Frauen als auch bei den Männern die Zahl der Befürworter. Öffentliche Werbung und Verkauf von Antikonzeptiva lehnte etwa ein Drittel der befragten Personen ab. Auch bei der Beantwortung dieser Frage verringerte sich die Zahl der Befürworter. Die Gründe für eine Ablehnung waren vorwiegend religiöser Art, während für empfängnisverhütende Mittel vorwiegend mit wirtschaftlichen und gesundheitlichen Gründen argumentiert wurde.

Verhütungsmittel sind in den 50er Jahren verstärkt erprobt und verbreitet worden. Seit 1952 wurden Vaginaltabletten angeboten, hormonelle Antikonzeptiva sind seit 1956 im Verkauf, daneben wurde 1951 die Knaus-Ogino-Methode bekannt. Diese »natürliche« empfängnisverhütende Methode wurde, wie auch »Enthaltsamkeit« und »Koitus-Interruptus«, von der katholischen Kirche gebilligt.

Daneben gab es »künstliche« Methoden, zu denen Präservative, Pessare und Diaphragmen gehörten.[20] Die Tatsache, daß Verhütungsmittel in der Bevölkerung nur wenig bekannt waren, wird auch daran sichtbar, daß z.B. die »Himmlersche Polizeiverordnung« (Paragraph 184 Abs. 1 Ziffer 3a) vom 21.1.1941, welche die Herstellung von empfängnisverhütenden Mitteln unter Strafe stellte, bis in die 60er Jahre in einigen Bundesländern weiter in Kraft blieb.[21] Einrichtungen wie der Arbeitskreis »Bewußte Elternschaft« – 1952 in Kassel als Vorläufer der heute unter dem Namen »Pro Familia« bekannten Organisation gegründet – und andere hatten es sich zur Aufgabe gemacht, für die Möglichkeit der Empfängnisverhütung zu werben, um die Zahl der hohen Abtreibungen einzudämmen.

Die geschätzte Zahl der Abtreibungen lag bei einer halben bis mehr als einer Million jährlich. Die Dunkelziffer errechnete sich aus der Potenzierung der bekannt gewordenen Fälle von Abtreibungen (1:100).[22] Die Zahl der Frauen im gebärfähigen Alter lag zwischen 1950 und 1957 bei 10 und 11 Millionen.[23] Das bedeutet, daß pro Jahr jede 10. bis 20. Frau einen Schwangerschaftsabbruch hatte.

Nach offiziellen Statistiken der Krankenkassen starben jährlich circa 10000 Frauen an den Folgen einer Abtreibung. Demgegenüber gab es 1959 circa 5400 Fälle, in denen Ärzte, Hebammen oder »Engelmacher/innen« zu mehrjährigen Haftstrafen verurteilt wurden. In der Bundesrepublik lag der durchschnittliche Preis für eine illegale Abtreibung bei 400 bis 700 DM. Auf einem Kriminologenkongress 1951 hieß es: »Jede Frau findet einen Arzt als Abtreiber, auch einen Professor, nur der Preis ist verschieden.«[24] In der Schweiz konnte man für 1000 DM und mehr sogar eine legale Abtreibung durchführen lassen. Da diese Preise im Vergleich zu dem durchschnittlichen Monatseinkommen ausgesprochen hoch lagen, bleibt zu vermuten, daß der Anteil der selbstdurchgeführten Abtreibungen ebenfalls sehr hoch war. Es ist bekannt, daß Hebammen, die Abtreibungen durchführen, die späteren Schwangerschaftsmonate bevorzugen, wenn die Fruchtblase bereits groß ist und »ohne große Gefahr« eingestochen werden kann. »Dieser Eingriff, der Blasenstich, kann mit jedem spitzen Instrument durchgeführt werden. Es gibt auch geschickte Frauen, die diese Operation mit einer Stricknadel sehr häufig selbst durchführen.«[25] Abtreibung war also auch in den 50er Jahren nicht so sehr ein moralisches Problem, sondern eher ein soziales.

Die Frauen, die kein oder kein weiteres Kind wollten, haben auch damals Wege gesucht und gefunden, ungewollte Schwangerschaften abzubrechen. Allerdings waren die ihnen zur Verfügung stehenden Möglichkeiten denkbar schlecht. Im schlimmsten Fall hatten die Frauen mit schweren Krankheiten oder sogar dem Tod zu rechnen.

Dies hatte natürlich zur Folge, daß es dennoch viele Frauen gab, die ungewollt Kinder gebären mußten. Die Zahl der nicht ehelich geborenen Kinder nahm im Laufe der 50er Jahre zwar gegenüber den zahlreichen unehelichen Geburten der Nachkriegsjahre ab, allerdings wurden noch 1957 (60636) gegenüber 1938 (49641) circa 10000 mehr Kinder nicht ehelich geboren.

Wesentlich höher liegt die Zahl der vorehelich gezeugten Kinder. Die Diskriminierung lediger Mütter führte dazu, daß auch die Frauen selbst bei einer Schwangerschaft zu einer Heirat drängten. Ende der 50er Jahre wurde errechnet, daß knapp ein Drittel aller eheschließenden Frauen bei der Hochzeit bereits schwanger war.[26]

Nach der bereits genannten Studie zur »Intimsphäre« gaben 1963 die befragten Männer noch zu 8% und die Frauen zu 11% eine Schwangerschaft als Heiratsgrund an, während es nach Keil 1949 nur 5% der Befragten waren.[27]

Danach erscheint es schlüssig, daß der Rückgang der nichtehelichen Geburten mit dem Anstieg der Eheschließungen korrespondierte. Für die Tatsache, daß eine Ehe, die hauptsächlich wegen einer Schwangerschaft geschlossen wurde, nicht die günstigsten Voraussetzungen bietet, bedarf es keiner Beweise. Es muß nur festgehalten werden, daß in vielen Fällen die Frauen gezwungen wurden, eine Ehe einzugehen.

Eine nichteheliche Schwangerschaft wurde durch die Heirat mit dem Erzeuger der öffentlichen Mißachtung entzogen. Frau Stadler in Angelika Mechtels »Wir sind arm, wir sind reich« sagt: »Jede muß durch!... Hauptsache, man hat einen Vater fürs Kind.«[28]

In »Und sagte kein einziges Wort« von Heinrich Böll sagt die Frau, die von ihrem Ehemann getrennt lebt, aber dennoch weiterhin eine sexuelle Beziehung unterhält: »Ich möchte die Flüche nicht zählen, die mich treffen, wenn sie im Haus erfahren, daß ich schwanger bin. Du glaubst nicht, wie schrecklich es ist, schwanger zu sein.«[29]

Eine nichteheliche Schwangerschaft widersprach nicht schlechthin immer der »anerkannten Sitte«. Nur wenn eine Frau sich weigerte oder ihr die Möglichkeit verwehrt blieb, diesen Zustand durch eine Eheschließung zu legalisieren, unterlag sie gesellschaftlichen Sanktionierungen.

Eine Verheiratung und der damit verbundene Anspruch auf eine eigene Wohnung bot andererseits auch die Möglichkeit ungehinderter sexueller Beziehungen. Daher wurde auch vor dem Eingehen einer Ehe aus rein sexuellen Motiven gewarnt. Für Schelsky war die Ehe z. B. »keine primär sexuelle Institution.«[30] Stattdessen wurde Liebe als übersinnlicher Inhalt der ehelichen Beziehung idealisiert. Den Frauen als den Gefühlsträgerinnen der Beziehungen wurde dabei die Funktion der inneren Harmonisierung und Repräsentation des »kleinen Glücks« nach außen zugewiesen. Ehefrauen wurden nicht als eigenständige Personen dargestellt, sondern als auf das Wohl ihres Ehemannes und das Gelingen der ehelichen Beziehung gerichtet. Auch unter Einbeziehung einer weiteren Funktion – des »Mutterberufes« – durfte eine Ehefrau die oben genannten Funktionen nicht außer acht lassen. So entstand der Mythos von der »vollkommenen Ehefrau«.

In Streitfragen mit dem Ehemann, z. B. Anschaffungen oder das Urlaubsziel betreffend, seine Meinung als die zutreffende anzuerkennen, sich in Gegenwart von Gästen nicht in den Vordergrund zu drängen, die Bewunderung anderer Frauen für den Ehemann nicht mit Eifersucht oder anderen »Zänkerein« zu beeinträchtigen, geduldig hinzunehmen, daß der Ehemann Überstunden macht, sich Mühe zu geben, an seinen freien Abenden, die er nicht seinen Hobbys und Freunden widmet, für interessanten Gesprächsstoff zu sorgen, der über das Niveau von Haushalt hinausgeht, sind laut *Constanze*, der Zeitung für die Frau, nur wenige Grundregeln für die Schaffung eines harmonischen Ehelebens.

Als Integrationsfigur für technisierte Außenwelt einerseits und innerfamiliale Harmonie andererseits muß eine Ehefrau ihre eigenen Wünsche seinen beruflichen Interessen unterordnen, darf den Ehemann nicht zusätzlich belasten, ihn gar kränken oder verletzen, sondern ständig ihre Liebe beteuern und Bewunderung für seinen beruflichen Werdegang zeigen.[31]

Sexualität und Öffentlichkeit

Für nichtverheiratete Frauen hatten sich seit den gelockerten Umfangsformen der Nachkriegszeit wieder feste Verhaltensregeln durchgesetzt. Bei der »Begegnung der Geschlechter« durften Frauen nur unsichtbare Aktivität entwickeln.

Sie hatten mit Anmut und dezenter Schönheit auf sich aufmerksam zu machen, ohne allerdings auffordernd zu wirken. Die Aktivität von Frauen sollte sich auf »Abweisen und Abwarten« beschränken.

Die rigide Geschlechtertrennung verlangte andererseits die Schaffung von Freiräumen. Diese Funktionen übernahmen z. B. die »Tanztees«, die Milchbars und Kinos, in ländlichen Gegenden war es das »Vergnügen« am Wochenende, aber es galten auch hier strenge Regeln der gegenseitigen Annäherung.

Der »Gesellschaftstanz« der 50er Jahre war »zivilisiert« und verdeckte körperliche Nähe. Als witzige Variante existierte die Damenwahl, die allerdings von der Tanzleitung als solche gekennzeichnet werden mußte. Die »Damen« durften nur »Herren« auffordern, die bereits Tanzpartner gewesen waren. Verpönt war es für Frauen, miteinander zu tanzen, eine Sitte, die sich in der direkten Nachkriegszeit durchgesetzt hatte.

Durch die Amerikanisierung im Freizeitverhalten gewannen unter bestimmten Gruppen von Jugendlichen Tänze wie Rock'n'Roll, Bebop etc. an Bedeutung. Die mit enormem körperlichen Einsatz getanzten Tänze wurden ebenso hysterisch bekämpft wie bejaht. Die »Überschläge«, die fliegenden Röcke, die ekstatischen Bewegungen erschienen als Sexualisierung, als Auflösung jeglicher Moralvorstellung und damit als »Untergang der Kultur«, als Verwilderung.[32]

Die Norm sah ganz anders aus. Die Körperhaltung von Frauen hatte »züchtig« zu sein. Die vorgeschriebene Sitz- und Stehhaltung war gekennzeichnet durch Steifheit, zusammengepreßte und schräggestellte Beine. Frauen machten sich schmal und nahmen wenig Raum ein.

Generell sollten primäre und sekundäre Geschlechtsmerkmale unsichtbar gehalten werden. Ersatzweise galten auch der unbekleidete Rücken oder die Schultern von Frauen als erotisch. Freizügige Dekolletés von sonst sexuell eher zurückhaltend wirkenden Schauspielerinnen wie z. B. Ruth Leuwerik und Johanna Matz wurden durch Spitzen und Volants »entschärft«.[33]

Die Körper der Frauen mußten für die damals herrschenden Kleidermoden, die stets »figurbetont« waren, mit Hilfe der Produkte einer expandierenden Miederwarenindustrie in die richtige »Paßform« gebracht werden. Mit Draht, Fischbein oder Gummizügen wurden Körperteile weggedrückt, gestützt und gehalten. Während der »New Look« und die Mode der 50er Jahre unbeschwerte Beschwingtheit demonstrierte, zwängten sich Frauen den Bauch weg oder schnürten sich die Taille ein.

Das Demoskopen-Ehepaar Noelle-Neumann

Das damals gültige Körperideal unterlag anderen Maßstäben als heute. Ein großer Busen mußte mit meist spitz geformten und gepolsterten Büstenhaltern noch betont werden, die Einschnürung der Taille und rundformende Hüfthalter sollten den Körper noch »weiblicher« erscheinen lassen. »Gardemaß« bei Mißwahlen der 50er Jahre waren Werte wie 98-58-98. Von amerikanischen Filmschauspielerinnen kannte man eher die Maße als die Namen. Bei Karin Reschke heißt es: »Jede Frau kann heute mit ihrem Busen Kapital rausschlagen, man braucht bloß in die Zeitung zu blicken, ein Busen nach dem anderen, egal ob er rund, spitz, groß, mittel, quadratisch ist. Die reinste Busenschau. Bei Frauen zählt die Überweite, bei Mädchen die Unschuld. Männer starren erst auf die Beine, dann auf den Busen.«[34]

So wurden auch Seiden- und Perlonstrümpfe zum Inbegriff der Erotik der 50er Jahre. »Die männliche Phantasie konzentrierte sich dabei auf den unbekleideten Teil des Beines zwischen Strumpfansatz und Schlüpfer, der später von seidenen Unterröcken und raschelnden Petticoats verhüllt wurde.«[35]

Bis zur Mitte der 50er Jahre war der Seidenstrumpf mit Naht ebenso geliebtes wie gehaßtes Bekleidungsstück für Frauenbeine. Die Strümpfe waren unvergleichlich teuer und mußten in den Feierabendstunden oder am Wochenende mit viel Geduld und Fingerspitzengefühl repariert werden. Nicht nur das Tragen dieser Strümpfe beanspruchte demnach höchste Achtsamkeit, sondern auch die Überwachung des geraden Sitzes der Naht beschäftigte die Frauen ununterbrochen.

Die Form der Beine wurde durch die Naht noch besonders betont. 1953 erfand man in Abwandlung des normalen Nahtstrumpfes die »Kelchnaht«, die neben der regulären Naht schräg nach oben verlief und die Waden geschwungener und die Fesseln schlanker wirken lassen sollte.[36]

Problematisch gestaltete sich allerdings die Werbung für Korseletts, Hüfthalter, Voll- und Halbmieder, Schlüpfer, Strümpfe oder auch Nachtwäsche für Frauen. Geworben wurde in Anzeigen durch schwarz-weiße Illustrationen, selten durch photographische Darstellungen. Die öffentliche Darstellung von Miederwaren, Nacht- und Unterwäsche in Schaufenstern und Kaufhäusern galt als unpassend.

Alles, was sich im weitesten Sinne mit »Sexualität« assoziieren ließ, sollte aus der Öffentlichkeit verbannt werden. Schon das Aufstellen von Betten als Werbemittel der Möbelindustrie symbolisierte das »gefährliche Sexuelle«.

Übersteigert läßt sich diese Einstellung selbst in der Wohnungseinrichtung wiederfinden. Die damals modernen »Klappbetten« für die Appartements Alleinstehender waren nicht nur platzsparend, sondern auch tagsüber als Betten nicht erkennbar.

Die behagliche Gestaltung des häuslichen Bereichs war eine der Hauptaufgaben der Ehefrau. Als Bemessungsgrundlage diente der Faktor »Sauberkeit«. »Schmutzige« und »unordentliche« Wohnungen waren Indikatoren für schlechten Charakter, mangelnde Anpassungsfähigkeit und fehlende Ausprägung des »Brutpflegeinstinkts«, also für die physisch-psychische Anormalität der Ehefrau. »Peinlichste Sauberkeit« war die Norm. Dies galt in erweiterter Form auch für die Erziehung der Kinder. Deren äußere Sauberkeit, d.h. Unauffälligkeit, galt als sichtbarer Beweis funktionierender Mutterarbeit.

Die »Krankheiten«, unter denen Ehefrauen nach einigen Ehejahren litten, waren, zumindest den Publikationen der Eheberatungsstellen und der Frauenzeitschriften zufolge, Vernachlässigung durch den Ehemann und Frigidität. Mit beidem hatten sich Frauen abzufinden, d.h. sie mußten durch Überidentifikation mit anderen Bereichen kompensiert werden. Im äußersten Falle suchte eine Frau in außerehelichen Liebesbeziehungen, »was ihr fehlt«, wobei sich jedoch »bei diesem Tête-à-tête ihr Innerstes sträubt«.

Der Ehebruch der Ehefrau unterlag wesentlich stärkerer gesellschaftlicher Sanktionierung als der des Ehemannes.

Als »schuldig Geschiedene« wurde ihr jede weitere Unterstützung durch den Ehemann und in den meisten Fällen auch das Sorgerecht für die Kinder entzogen. Ein »Seitensprung« des Ehemannes dagegen galt nur dann als verwerflich, wenn er ernsthaft die Ehe gefährdete.

In den Filmen der fünfziger Jahre sind die unterschiedlichen Bewertungsmaßstäbe sehr deutlich aufgezeigt. Während die »Außenbeziehungen« des Ehemannes durchaus toleriert wurden, kam es bei der Ehefrau kaum jemals zum »Äußersten«. Wurde eine Frau demnach durch einen anderen Mann »entehrt«, wurde sie für den eigenen unakzeptabel.

Das Gebot der inneren und äußeren Anständigkeit wurde bis zur Perversion übertrieben. »Anständigkeit« mußte in allen Bereichen familiären und gesellschaftlichen Lebens gewahrt bleiben. Jede nur vermutete Unregelmäßigkeit erhielt somit den Stempel der »Unanständigkeit« und entging so jeglicher Reflektion. Problematisch erscheinende Sachverhalte wurden durch die familiären und gesellschaftlichen Tabus jeder Diskussion entzogen.

Die Verschwiegenheit der Wissenden, die Sprachlosigkeit der Betroffenen und die hohlen Worte der »Verantwortlichen« sind die deutlichsten Merkmale der Sexualmoral der fünfziger Jahre.

5 FAMILIENPOLITIK IN DEN 50er JAHREN

Die Familienpropaganda der 50er Jahre ist nur komplementärer Teil einer Familienpolitik, die sich ausdrücklich durch die Aufgabe der Stabilisierung von Familie im gesamtgesellschaftlichen Gefüge definiert.

Die Tabuisierung alternativer Lebensformen festigte vor allem die ökonomische und psychische Abhängigkeit der Frauen in der Ehe und stellte damit die Beibehaltung männlicher Machtstrukturen in Staat und Gesellschaft sicher.

Das Subsidiaritätsprinzip

In Artikel 6 Absatz 1 des Grundgesetzes – Ehe und Familie stehen unter dem besonderen Schutze der staatlichen Ordnung – sahen konservative Familienpolitiker auch die Legitimation für staatliches Eingreifen bei »familiengefährdenden Einflüssen« und »zersetzenden Faktoren«.[1] Familie wurde um ihrer Re-privatisierung willen weiter in Bereiche der staatlichen Einflußnahme gezogen und somit tatsächlich in ihrer Entprivatisierung vorangetrieben.

Grundlage konservativer Familienpolitik ist das »Subsidiaritätsprinzip«, das ursprünglich von der katholischen Soziallehre formuliert wurde.

Familienpolitik darf nach Wuermeling nur äußerlich lenkenden Charakter haben und nicht bestimmend in die private Lebensgestaltung eingreifen. Familienhilfe soll nur unterstützenden Charakter haben, um die »Eigenverantwortlichkeit« der Familien zu stärken.[2] Außerdem handelt es sich bei den wirtschaftlichen familienpolitischen Maßnahmen nicht um Individualhilfe, sondern um eine an die Familie gekoppelte Zuwendung.

Subsidiarität bedeutet »Hilfe zur Selbsthilfe« und stellt im Fall der eigenen Bereitschaft staatliche Hilfe in Aussicht. Staatliche Eingriffe sollten auf Notfälle beschränkt bleiben. Damit behält sich der Staat das Recht von Lenkungsmaßnahmen vor, kommt aber seinen sozialen Verpflichtungen, die sich aus dem Sozialstaatsgebot ableiten, nur begrenzt nach.

Jeglichen »Fürsorgecharakter« weist die konservative Familienpolitik von sich. Solche Aufgaben werden den sogenannten freien (meist kirchlichen) Trägern überlassen.

Das Familienministerium

1953, zu Beginn der 2. Wahlperiode, überraschte Konrad Adenauer das Parlament und die Öffentlichkeit mit der Einrichtung eines Familienministeriums. Die Schaffung dieses speziellen Ministeriums für Familienfragen könnte man als Belohnung für die intensive Wahlunterstützung des katholisch-konservativen Flügels der CDU/CSU betrachten. Ermutigt vom deutschen Episkopat hatte dieser Teil der Regierungspartei kulturpolitische Forderungen aufgestellt, so z. B. die nach Aufhebung der »obligatorischen Zivilehe«, die sich in den Koalitionsverhandlungen mit der FDP aber nicht durchsetzen konnten.[3] Die Leitung des neugegründeten Ministeriums erhielt der Katholik F. J. Wuermeling. Die Tatsache, daß er ein engagierter »Kämpfer für die Familie« war, schien Adenauer die Auswahl erleichtert zu haben. Seine Ernennung wurde allerdings von einigen Bundestagsabgeordneten als »Verstoß gegen den kulturpolitischen Koalitionsfrieden« bewertet.[4]

Das Familienministerium war von Anfang an ohne größeren Verwaltungsapparat konzipiert. Dem Minister unterstanden lediglich 14 Beamte, 13 Angestellte und 6 Arbeiter, die von dem Gesamtetat von über 600000 DM allein 438000 DM an Gehalts- und Lohnkosten vereinnahmten.

1954 stellte Wuermeling einen wissenschaftlichen Beirat für Familienfragen zusammen, in den er namhafte Persönlichkeiten des öffentlichen Lebens berief, die bislang »die Sache der Familie« nach außen vertreten hatten. Durch diese Zusammensetzung war gewährleistet, daß »das Ministerium in engem Kontakt mit Wissenschaft und Forschung sowie mit den geistigen Strömungen der Öffentlichkeit stand, die an der Klärung familienpolitischer Probleme mitwirkten.«[5]

Mitglieder des Beirates waren u. a. alle Vorsitzenden der Familienverbände, so daß die Durchsetzung der »Familienpropaganda« garantiert war.[6] Diese Gruppe sollte Wuermeling zur Unterstützung und Behauptung gegenüber den wesentlich mächtigeren Finanz-, Wirtschafts- oder Arbeitsministerien dienen.

1957 wurde den im Familienministerium bestehenden fünf Referaten für Grundsatzfragen, Sozialpolitik, Wirtschaftsfragen, Familien- und Eherecht und Wohnungsfragen das Referat für Jugendfragen angegliedert. Der Mitarbeiterstab war auf 85 Personen angewachsen.

Die Hauptaufgabe dieses Ministeriums war nach Adenauer die Überwachung, respektive Erarbeitung familienpolitischer Grundsätze in allen Bereichen der Politik und somit die Wahrung der »Belange der Familie« in Verwaltungs- und Gesetzgebungsfragen.[7] F. J. Wuermeling sollte den »Familiengedanken in die Öffentlichkeit tragen« und nach dem Auftrag des Grundgesetzes dafür sorgen, daß den Familien »Schutz und Förderung« gewährt und der »Wille zum Kind« gestärkt wurde.[8]

Adenauer befürchtete aufgrund der sinkenden Geburtenrate in der Bundesrepublik die wachsende Überalterung der Bevölkerung und sah damit die Rentenzahlung für kommende Generationen gefährdet. Diese in der Regierungserklärung angeführte Begründung ist eindeutig bevölkerungspolitischer Art, wovon er sich jedoch ständig distanzierte. Zu Beginn der 50er Jahre, als die Geburtenziffer ihren niedrigsten Stand seit 50 Jahren hatte, warnte Adenauer: »Dann sterben wir ja aus!« Die geburtensteigernde Intention wird auch bei weiteren familienpolitischen Maßnahmen deutlich.

Wuermeling selbst sah seine Aufgabe darin, »die im Grunde familienfremde individualistische Struktur moderner Wirtschafts-und Sozialordnung zu korrigieren«, wenn auch nicht grundlegend zu verändern.[9] Er war der Überzeugung, daß nur materielle Gründe gegen Mehrkindrigkeit anzuführen seien, und versuchte deshalb vorrangig, wirtschaftliche Vergünstigungen für kinderreiche Familien durchzusetzen.

1953 stellte Wuermeling in seinem Kölner 8-Punkte-Programm seine familienpolitische Zielsetzung dar:[10]

1. Familiengerechter Wohnungsbau
2. Bevorzugter Familieneigenheimbau
3. 20 DM monatliches Kindergeld ab drittem Kind
4. Hohe Kinderzuschläge für alle Rentenempfänger
5. Hohe Steuerfreibeträge für Familien mit Kindern
6. Familienermäßigung bei der Bundesbahn
7. Schutz der überanspruchten Mutter
8. Mehr Schutz schuldlos verlassener Frauen und Kinder

Da das Familienministerium bei der Gesetzgebung nicht federführend war, so z. B. die Ausarbeitung des Kindergeldgesetzes und der Höhe der Freibeträge den Ausschüssen des Finanzministeriums überlassen blieb, bestand der überwiegende Teil seiner Arbeit in der Aufbereitung jener Maßnahmen für die Öffentlichkeit.

Wuermeling und seine engsten Mitarbeiter waren bis auf einen alle katholischer Konfession.[11] Gleichzeitig waren sie auch Mitglieder in den verschiedenen Familienverbänden und sorgten so für die Verbreitung der familienpolitischen Ideen Wuermelings.

Die Familienverbände werteten die Einrichtung eines speziellen Ministeriums für Familienfragen als Ausdruck einer Höhergewichtung der Familie in Politik und Wissenschaft. Trotz ihres nicht unbedeutenden Einflusses waren sie an der Schaffung dieses Ministeriums nicht unmittelbar beteiligt, wenngleich sie diesem ihre Unterstützung zusagten. Sie wiesen den Vorwurf, »Truppen« des Familienministers zu sein, energisch von sich, veröffentlichten aber in ihren Verbandszeitungen sowohl eigene Forderungen nach Beibehaltung und Ausdehnung dieses Ministeriums als auch Huldigungen an den Minister selbst. Auch hier kommt der Rechtfertigungszwang, unter dem die Befürworter des Familienministeriums seit seinem Bestehen standen, zum Ausdruck.

Unterstützung lieferten die Verbände vorwiegend durch die Verbreitung der Maßnahmen in der Öffentlichkeit und vor allem durch Forderungen nach neuen familienfördernden Gesetzen. Dies erleichterte es dem Familienminister, eigene Vorstellungen auch gegenüber den jeweils zuständigen Ministerien und der eigenen Fraktion im Parlament durchzusetzen. So forderten die Familienverbände von 1951 an Kindergeld ab dem zweiten Kind, Familienlohn, höhere Kinderfreibeträge, Schutz der Familie durch ein verschärftes Scheidungsrecht und die Neuregelung des Wohnungsbaugesetzes mit verstärkter Eigenheimförderung.

Die Allianz zwischen dem Familienminister und den Vertretern der Familienverbände erwies sich also im Interesse beider als sehr nutzbringend.

Gleichzeitig sollte die Schaffung des Familienministeriums mit dem besonderen Auftrag, »die Belange der Familie« in allen Bereichen der Gesetzgebung zu vertreten, eine Angleichung des – sich auf patriarchalischen Leitbildern gründenden – Familienrechts an den Gleichberechtigungsgrundsatz verhindern.

Als die Gleichberechtigung der Frauen 1953 auf allen Ebenen des Gesetzes festgelegt werden sollte, machte sich das Familienministerium zum Fürsprecher der Familie, der durch den Verlust der männlichen Vormachtstellung die Auflösung drohe. Die Einrichtung eines speziellen Ministeriums für Familienfragen war also das äußere Merkmal der Institutionalisierung einer Familienpolitik, die sich erklärtermaßen gegen die Frauen wandte.

Familienlastenausgleich

Das Kindergeldgesetz

Die publikumswirksamste Maßnahme aus dem Familienlastenausgleichspaket, das Kindergeldgesetz, war seit Regierungsbeginn der Unionsparteien Gegenstand parlamentarischer Auseinandersetzungen.

Von den Alliierten wurde das Kindergeld zusammen mit familienbegünstigenden Steuertarifen als Relikt nationalsozialistischer Bevölkerungspolitik abgeschafft. Am 4. 11. 1949 wurde von Abgeordneten der CDU/CSU-Fraktion (Gockeln, Even, Winkelheide, Heix, u. a.) ein Antrag auf Errichtung von Familienausgleichskassen eingebracht, dem im März 1950 Anträge des Zentrums auf »Finanzbeihilfe kinderreicher Familien« und der SPD über die »Gewährung von Kinderbeihilfen« folgten.[12]

Unterschiedliche Meinungen herrschten vor allem über die Aufbringung der Mittel und die »Ordnungszahl« der zuschußberechtigten Kinder.

Während die SPD Kindergeld ab dem zweiten Kind und eine staatliche Finanzierung forderte, sollte den Vorstellungen der CDU/CSU entsprechend ein Kindergeld erst ab dem dritten Kind gezahlt werden und die finanzielle Regelung in »Selbstverwaltung« über die bestehenden Berufsgenossenschaften erfolgen, denen »Familienausgleichskassen« angegliedert werden sollten. Nach Ansicht Wuermelings sollte jede kinderlose oder »kinderarme« Familie einen Teil ihres Einkommens aufbringen, um kinderreiche Familien zu unterstützen.[13]

Wegen des sonst zu hohen Verwaltungsaufwandes favorisierte die CDU/CSU-Fraktion die Verteilung der Gelder durch eigens dafür geschaffene Familienausgleichskassen. Die Wirtschaft sollte einen prozentualen Anteil der Lohnsumme (1,1 %) in die Familienausgleichskassen zahlen, in denen dann der Ausgleich unter den Berufsgruppen und Wirtschaftszweigen geregelt werden sollte. Die Arbeitgeber standen dieser Gesetzesinitiative anfangs ablehnend gegenüber, stimmten letztendlich aber doch zu.[14] Eine staatliche Finanzierung, wie sie von Sozialdemokraten und Gewerkschaften gefordert wurde, kam für die CDU/CSU aufgrund ihrer Orientierung am Subsidiaritätsprinzip nicht in Betracht. Ein staatlicher Zugriff auf die Familie sollte unterbleiben.

Aufgrund dieser Auseinandersetzungen konnte das Kindergeldgesetz erst 1954 mit knapper Mehrheit verabschiedet und dem Bundesrat zur Zustimmung vorgelegt werden. Trotz größter Bedenken, die sich auf die verfahrensmäßige Regelung und die sozialpolitische Seite des Gesetzes bezogen, wurde es letztendlich doch verabschiedet.

Am 1.1.1955 trat das »Gesetz über die Gewährung von Kindergeld und die Errichtung von Familienausgleichskassen (Kindergeldgesetz)« in Kraft.

Kindergeld wurde in Höhe von monatlich 25 DM an erwerbstätige Arbeitnehmer, Selbständige und mithelfende Familienangehörige ab dem dritten Kind und bis zur Vollendung des 18. Lebensjahres bzw., wenn die Ausbildung länger dauerte, bis zur Vollendung des 25. Lebensjahres gewährt. 1957 erfolgte eine Erhöhung des monatlichen Betrages auf 30 DM, 1959 auf 40 DM.[15]

Nach Inkrafttreten des Gesetzes waren die Streitigkeiten noch keineswegs beendet. In diesem Gesetz waren lediglich die erwerbstätigen Personen, die nach der Reichsversicherungsordnung bei einer Berufsgenossenschaft versichert waren bzw. sein konnten, erfaßt worden. Für die übrigen, z.B. Empfänger von Leistungen aus der Kriegsopferversorgung (Witwen), der Sozialversicherung, dem Lastenausgleich und der Fürsorge und einigen im öffentlichen Dienst oder bei Besatzungsmächten angestellten Personen sowie bei Hausangestellten mußte eine neue Regelung geschaffen werden. Die bereits seit 1920 gezahlten Kinderzuschläge an Beamte und Angestellte des öffentlichen Dienstes lagen höher als das allgemeine Kindergeld. Sie unterlagen jedoch ebenso wie die Dienstbezüge oder das Arbeitsentgeld der Besteuerung.[16]

Den Verlauf der Kindergeldgesetzgebung kann man mit Recht einen bevölkerungspolitischen Feldzug der Regierungsparteien nennen.

Der relativ geringe Betrag sollte nicht wirtschaftliche Not einkommensschwacher Familien beseitigen, sondern lediglich die Diskussion um Familie, vor allem um »Mehrkindrigkeit« positiv beleben.

Das Kindergeld sollte vornehmlich die Belastungen von kinderreichen gegenüber kinderlosen bzw. kinderarmen Familien innerhalb einer bestimmten sozialen Schicht abschwächen. Kindergeld nur an untere Einkommensschichten auszuzahlen, bedeutete für konservative Familienpolitiker, diesen einen Anreiz zu einer unkontrollierten und übermäßigen Kinderproduktion zu geben, während die leistungsorientierten Mittelschichten auf Kinder verzichten würden, um an dem steigenden Lebensstandard teilzunehmen.[17] Es sollten jedoch gerade diese Schichten zur »Mehrkindrigkeit« bewegt werden.

Kinderfreibeträge

Die Gewährung von Kinderfreibeträgen (das sind von der Steuer abzusetzende Beträge) kann als zusätzliche Kindergeldzahlung angesehen werden, auch wenn es sich nicht um einen direkten finanziellen Transfer handelt.

Bei einem Durchschnittseinkommen von 500 DM monatlich stellten sie aber nur für wenige Besserverdienende eine beträchtliche Steuervergünstigung dar und reihten sich damit in die mittelständische Familien begünstigende Maßnahmen ein.[18]

Die Kinderfreibeträge, die von 1948 an schon ab dem ersten Kind gewährt wurden, wurden 1953 für das dritte und jedes weitere Kind auf 840 DM erhöht.

Die gestaffelten Kinderfreibeträge müssen im Zusammenhang mit den generell gewährten Steuerfreibeträgen, die ebenfalls nach der Anzahl der Kinder gestaffelt waren, gesehen werden. Noch 1960 war das Nettoeinkommen des Haushaltsvorstandes in Arbeitnehmerfamilien mit zwei Kindern in fast drei Viertel der Familien niedriger als 600 DM monatlich. In über der Hälfte dieser Familien wurde das Familieneinkommen von beiden Ehepartnern aufgebracht.

Von den unteren Einkommensbeziehern konnten die Kinderfreibeträge nur zu einem sehr geringen Teil ausgenutzt werden. Erst bei den Beziehern höherer Einkommen oder bei »Doppelverdienern« wurde durch die Freibeträge die Steuerprogression abgemildert.

Die schichtenspezifische Wirkung dieser Besteuerung war durchaus beabsichtigt.

Man ging davon aus, daß höheren Einkommenschichten größere Aufwendungen für Kinder – Ausbildung und Versorgung gemäß dem höheren sozialen Standard – zugebilligt werden müßten.

Während die Müttererwerbsarbeit in den unteren Einkommensschichten durch diese Regelung begünstigt wurde, traf für Mütter aus höheren Einkommensschichten das genaue Gegenteil zu. Auch hier liegt ein Indiz dafür vor, daß vor allem Mütter aus Mittelschichtsfamilien die Zielgruppe der Bemühungen Wuermelings gegen außerhäusliche Erwerbsarbeit waren.

Die stärkere materielle Unterstützung von Mittelschichtsfamilien erschwerte es den Frauen, ihren Anspruch auf Erwerbsarbeit gegenüber ihren Ehemännern durchzusetzen, da sie ihn nicht mehr mit ökonomischem Zwang begründen konnten.

Die Einkommensteuergesetzgebung

Die Steuerreform

Bis zum Bundesverfassungsgerichtsurteil vom 17. 1. 1957 wurden die einzelnen Haushalte gemeinsam veranlagt, d. h. die Einkommen des Ehemannes, der Ehefrau und der minderjährigen Kinder wurden addiert und erst dann besteuert. In Paragraph 43 der Einkommensteuerdurchführungsverordnung (EStDV) wurde zusätzlich festgelegt, daß abhängig beschäftigte Frauen getrennt veranlagt werden sollten, selbständig oder als mithelfende Familienangehörige arbeitende Frauen mußten jedoch ihre Einkünfte mit denen des Ehemannes gemeinsam versteuern.

1951 stellte die CDU den Antrag auf ersatzlose Streichung des Paragraphen 43 EStDV. Diesen Paragraphen hatten die Nationalsozialisten 1934 schon einmal abgeschafft, jedoch 1941, als Frauen ein steuerlicher Anreiz zur außerhäuslichen Erwerbsarbeit geboten werden sollte, wieder eingeführt.[19]

Mit der Abschaffung des Paragraphen 43 EStDV wollte die CDU die außerhäusliche Erwerbsarbeit von Frauen eindämmen, wovon sie sich eine Entspannung der Arbeitsmarktlage erhoffte.[20]

Die SPD sah in der geplanten Abschaffung des Paragraphen 43 EStDV einen Angriff auf die vorzunehmende Angleichung des Einkommensteuergesetzes an den Gleichheitsgrundsatz und beantragte die Hinzufügung des

Paragraphen 43 EStDV an den Paragraphen 26 EStG in einem dritten Absatz.

Das Einkommensteueränderungsgesetz von 195 behielt noch beide Paragraphen in unveränderter Form bei. In der Steuerreform von 1953 wurden dann – noch rechtzeitig vor der Wahl im September Ehefrauen – die Herabsetzung des Steuertarifs und die Erhöhung der Steuerfreibeträge für Ehefrauen und Kinder beschlossen.[21]

Die »große Steuerreform« von 1954 brachte eine Erweiterung der getrennten Haushalts-Veranlagung auf Einkommen der Ehefrau auch aus selbständiger Erwerbsarbeit und aus der Erwerbsarbeit in Gewerbebetrieben.

Seit diesem Zeitpunkt wurde die gemeinsame Veranlagung zur Ausnahme. Außerdem erfolgte eine weitere Erhöhung der Freibeträge und eine weitere Herabsetzung des höchsten Steuersatzes auf 55%.

Ein im Oktober 1956 vom Bundestag angenommener Änderungsantrag verfügte allerdings eine Einschränkung in der Wahl der Steuerklassen bei »Doppelverdienerehen«.

Seit 1955 waren Ehefrauen in Steuerklasse 1 und die Ehemänner nach dem Familienstand in den niedrigeren Steuerklassen 2 oder 3 veranlagt worden.

Diese Schlechterstellung der Frauen war mit Artikel 3 Abs. 2 GG nicht vereinbar.

Das Bundesverfassungsgericht erklärte schließlich durch ein Urteil vom 17. 11. 1957 die Haushaltsbesteuerung von Ehegatten nach Paragraph 26 EStG für nichtig.

Durch diesen Entscheid entstand eine Gesetzeslücke, für die folgende Übergangslösungen geschaffen wurden:

1. vollständige Getrenntveranlagung
2. vollständige Zusammenveranlagung
3. teilweise Zusammenveranlagung.

Die Ehepartner konnten jedoch zwischen diesen Möglichkeiten bei der Besteuerung wählen. Seit 1954 plädierte die SPD im Zuge der an den Gleichberechtigungsgrundsatz anzugleichenden Steuergesetzgebung für das aus den Vereinigten Staaten bekannte Splittingverfahren.

Das Ehegattensplitting

Bei der Splittingbesteuerung werden die Einkünfte »nicht dauernd getrennt« lebender Verheirateter steuerlich so behandelt, als habe jeder Ehepartner die Hälfte des Gesamteinkommens verdient. Zur Berechnung des Steuersatzes wird dieses Einkommen halbiert, von diesem Betrag die Höhe der Einkommensteuer ermittelt und der errechnete Betrag dann wieder verdoppelt. Dabei bleiben die »Doppelverdienerehen« mit gleich hohem Einkommen vollkommen unbegünstigt. Andererseits erreicht die Steuerermäßigung ihren maximalen Punkt bei den »Alleinverdienerehen«, respektive den »Hausfrauenehen«. Zusätzlich profitieren diese Haushalte auch noch von der Verdoppelung der Frei- und Pauschbeträge.

Ein weiteres Ergebnis des Splittings ist das verzögerte Einsetzen der steuerlichen Progression und eine damit verringerte Steuerlast für den Einkommensbezieher.

Während nach der früher obligatorischen Zusammenveranlagung des gesamten Haushalts zusammenlebende Verheiratete gegenüber Unverheirateten und Alleinlebenden steuerlich benachteiligt waren, hatte sich diese Benachteiligung nun auf erwerbstätige Ehefrauen und Ledige umverteilt.[22]

Bei höherem Einkommen wirkte sich die Erwerbstätigkeit der Ehefrau nachteilig aus, da bei gemeinsamer Veranlagung mit dem erhöhten Einkommen schneller eine höhere Progressionsstufe erreicht wurde.

Zum einen bot dieses Besteuerungssystem nunmehr den Ehemännern Argumente, ihren Ehefrauen außerhäusliche Erwerbsarbeit zu untersagen. Zum anderen war das Einkommen der Ehefrau in Relation zu den vermehrten Steuerbegünstigungen bei Nichterwerbstätigkeit tatsächlich von geringem finanziellen und materiellen Nutzen. Dies traf vor allem für sogenannte Mittelschichtsfrauen zu, deren Ehemänner das Familieneinkommen allein aufbringen konnten und deren Arbeitskraft ausschließlich für die Familie gesichert werden sollte.

Die Höherbewertung der nicht erwerbstätigen gegenüber der erwerbstätigen Frau fand somit ihren Ausdruck in der indirekten staatlichen Bezahlung notwendiger familialer Arbeit aus Steuermitteln.

Je höher das Einkommen des Ehemannes war, desto größer war auch die indirekte Bezahlung für die familiale Arbeit seiner Ehefrau. Indem dieser Zugewinn jedoch an das Gehalt des Ehemannes gekoppelt war, wuchs auch die Abhängigkeit der Ehefrau. Eindeutig begünstigte diese Regelung auch die »Mütterarbeit« höherer sozialer Schichten.

Während die Leistungen aus dem dualen Kindergeldsystem vorrangig als eine Honorierung der Produktion und Aufzucht von Kindern angesehen werden müssen, stellten die finanziellen Vergünstigungen des Ehegattensplittings einen Anreiz zur Eheschließung und, nach konservativem Eheverständnis, damit auch zur Familiengründung dar. Es wirkte gegen nicht »legitimierte« Paarbeziehungen und damit gleichzeitig gegen z. B. die Beibehaltung getrennter Wohnungen.

Die Einführung dieses Verfahrens der Besteuerung basierte auf dem Grundsatz des staatlichen Schutzes und der Förderung von Ehe und Familie. Die nicht geringen finanziellen Vorteile, die dieses Besteuerungssystem den Verheirateten gegenüber Ledigen bot, führten zu einer erneuten Festigung der Ehe und hemmten bzw. verhinderten die Entwicklung oder Ausweitung anderer Lebensformen, die in der Nachkriegszeit notgedrungen entstanden waren. Für Ledige und vor allem Alleinerziehende ergab sich aus dieser Besteuerungsform eine deutliche weitere Benachteiligung.

»Wohlverhalten«, nämlich bereitwillig Ehe und Familie als Lebensform zu akzeptieren, wurde von staatlicher Seite honoriert, Eheunwilligkeit dagegen durch höhere Abgaben oder höhere finanzielle Belastung sanktioniert.

In dem bisher beschriebenen Komplex familienfördernder – Kinder honorierender – Maßnahmen reiht sich das Splitting nur bedingt ein. Die Steuererleichterung sollte darüber hinaus dazu beitragen, das durchschnittliche Heiratsalter gerade bei Mittelschichtsangehörigen zu senken, die durch längere Ausbildungen und dadurch später einsetzenden Verdienst erst nach einigen Berufsjahren die Bereitschaft zur Eheschließung zeigten.

Dennoch kann auch hier festgehalten werden, daß mit einer durch den besonderen Anreiz zur Eheschließung beabsichtigten Senkung des Heiratsalters auch die Kinderproduktion gefördert wurde.

Diese Steuerreformmaßnahme war also Bestandteil der Bemühungen um eine Konsolidierung mittelschichtstypischer Lebensgestaltung. In der Begünstigung derjenigen, die sich für die staatlich geforderte und geförderte Lebensform der Ehe entschieden, zeigte sich der deutliche Eingriff des Staates in die Privatsphäre der Individuen.

Der Gleichberechtigungsgrundsatz

1948 brachte Frau Dr. Elisabeth Selbert, Abgeordnete der SPD, die Forderung, »Männer und Frauen sind gleichberechtigt«, im Parlamentarischen Rat ein. Frau Selbert war Rechtsanwältin und langjährige Politikerin, sowie Mitglied im deutschen Juristinnenbund, verheiratet und Mutter von zwei Kindern. Sie promovierte 1930 über das Thema »Ehezerrüttung als Scheidungsgrund«. Ihrem Engagement verdanken wir den am 18. Januar 1949 vom Hauptausschuß des Parlamentarischen Rats angenommenen Gleichberechtigungsgrundsatz. Nach einer ersten Ablehnung hatte Frau Selbert, die sich für diese eindeutige Formulierung einsetzte, Protestaktionen verschiedener Frauenverbände initiiert und damit einen Sinneswandel der Politiker der CDU im Hinblick auf die bevorstehenden Wahlen erreicht.[23]

Nach heftigen Diskussionen trat der Artikel 3 Abs. 2 GG in Kraft und sollte die rechtliche Gleichstellung der Frau garantieren. Daraus sollte dann als Verfassungsauftrag die konsequente Anpassung des bürgerlichen Gesetzbuches an den gewollten Inhalt dieser neuen Verfassungsnorm bis zum 31. März 1953 folgen.

Die notwendige Anpassung des Ehe- und Familienrechts erfolgte jedoch nicht bis zum festgelegten Stichdatum, sondern wurde bis zum Ende der 2. Wahlperiode hinausgezögert. Nach scharfen Kontroversen im Bundestagsplenum forderte die CDU/CSU, daß die dem Artikel 3 Abs. 2 GG entgegenstehenden Vorschriften des bürgerlichen Rechts noch bis März 1955 weiter in Kraft bleiben sollten.

Dieses Hinausschieben der Gleichberechtigung hätte eine Verfassungsänderung bedeutet und deshalb eine Zweidrittelmehrheit im Bundestag erfordert.

Die SPD wandte sich scharf gegen eine Fristenverlängerung, denn sie sah darin eine Aushöhlung des Gleichberechtigungsgrundsatzes.

Bis zum 31. März 1953 wurde keine Einigung zwischen den Parteien erzielt, und damit war der befürchtete rechtsfreie Raum in allen die Ehe und die Familie betreffenden Streitfragen geschaffen.

Ähnliche Widerstände wie bei der Durchsetzung des Gleichberechtigungsgrundsatzes ließen sich auch in der Neuregelung des Ehe- und Familienrechts finden. »Mit kausaistischen Seitensprüngen und evidenter Unlogik« versuchten konservative Politiker, »um die zwingenden Vorschriften der Verfassung« herumzugehen. In dieser ersten Etappe der Gleichberechtigungsgesetzgebung wurde versucht, nur die gröbsten Verletzungen des Artikels 3 Abs. 2 GG zu beseitigen, und die Änderungen so gering wie möglich zu halten.

Die sich aus Artikel 3 Abs. 2 GG und Artikel 117 GG ergebende Familienrechtsreform war Kernstück Wuermelingscher Familienpolitik.

Das Letztentscheidungsrecht des Ehemannes und Vaters sowie die Festlegung der Frau auf den häuslichen Bereich durch die Paragraphen 1356 und 1360 BGB stellten die umstrittensten Punkte in den parlamentarischen Auseinandersetzungen dar.

Reform des Eherechts

Das Letztentscheidungsrecht des Ehemannes in sämtlichen die Ehe betreffenden Angelegenheiten konnte noch am ehesten mit Zustimmung auch einiger konservativer Politiker zu Fall gebracht werden. Es wurde 1953 für verfassungswidrig erklärt und außer Kraft gesetzt.

Dies Ergebnis kam nach heftigen und strittigen Diskussionen und Auseinandersetzungen zustande. So befürwortete der Unterausschuß 1956 die ersatzlose Streichung nur mit knapper Mehrheit (8:7 Stimmen). Die Entscheidung im Bundestag wurde mit einer ebenso knappen Mehrheit getroffen (186:172 Stimmen).[25]

Die ersatzlose Streichung des Letztentscheidungsrechts erfolgte allerdings nicht aufgrund der Anerkennung des Gleichberechtigungsgrundsatzes, sondern wegen der Auffassung der meisten Parlamentarier, daß die »natürliche Ordnung« in Ehe und Familie per se gegeben sei und somit nicht durch staatliches Recht gewährleistet werden müsse.

Für FDP und SPD war der Paragraph 1354 BGB a. F. mit dem Gleichberechtigungsgrundsatz nicht vereinbar. Außerdem hatte für sie die Unterlassung staatlichen Reglements bei ehelichen Streitfragen erzieherischen Charakter.

In engem Zusammenhang mit dem Paragraphen 1354 BGB steht der Paragraph 1356 BGB, der die Haushaltsführung und Mitarbeit der Ehegatten, sowie Paragraph 1360 BGB, der die eheliche Unterhaltspflicht regelt. In Abänderung der alten Fassung des Paragraphen 1356 BGB hieß es nun: »Die Frau führt den Haushalt in eigener Verantwortung.«

Es wurde nicht mehr primär von einer Pflicht zur Haushaltsführung gesprochen. Die Formulierung »in eigener Verantwortung« sollte als »besondere Hochachtung« der Arbeit der Hausfrau verstanden werden.

Dieses Gesetz erweiterte die zahlreichen Versuche, das Ansehen der »Nur-Hausfrau« aufzuwerten und ihren »rechtlosen Status« aufgrund ökonomischer Abhängigkeit attraktiver erscheinen zu lassen. Die Betonung der »eigenen Verantwortung« für den Haushalt belegt das weitere Festhalten an geschlechtsspezifischer Arbeitsteilung innerhalb der Ehe. Daß mit »Verantwortung« nur die Pflicht zur Haushaltsführung gemeint war, drückte Paragraph 1356 BGB aus: Außerhäusliche Erwerbsarbeit wurde der Ehefrau nur erlaubt, »soweit dies mit ihren Pflichten in Haushalt und Ehe vereinbar ist«. Diese Einschränkung berechtigte den Ehemann, auch weiterhin Einspruch gegen die Entscheidung seiner Ehefrau, einen Beruf auszuüben, zu erheben. Die Bewertung der Pflichterfüllung gegenüber Ehemann und Kindern lag im Ermessen des Mannes bzw. der Richter.

Gegenüber dem alten Paragraphen 1358 BGB, der den Mann befugte, sogar das Arbeitsverhältnis seiner Frau zu kündigen, bedeutete diese Neuformulierung in der Tat eine Liberalisierung.

Die »Eigenverantwortlichkeit« in der Haushaltsführung gab der Ehefrau allerdings nur eingeschränkt das Recht (z. B. bei Schwangerschaft), den Mann zur Mithilfe zu verpflichten. Selbst bei der Übertragung der Hausarbeit an andere Personen benötigte die Frau die Zustimmung des Ehemannes. Nach einer detaillierten richterlichen Ausführung über die Pflichten der Ehefrau war »die Bedeutung der Entscheidungen, die in den Kreis der Haushaltsführung fallen, nach allem nicht so groß.«[26]

Der Ehemann hatte umgekehrt das Recht, seine Frau gegebenenfalls zur Mitarbeit in Beruf und Geschäft zu verpflichten. Ein Rechtsanspruch seitens der Frau auf Mitarbeit bestand allerdings nicht.

Gemäß Paragraph 1360 BGB mußte die Frau in der Regel »nur« durch die Führung des Haushalts zum Unterhalt der Familie beitragen. In »Notzeiten« konnte sie jedoch zur Erwerbsarbeit verpflichtet werden.

Aus dieser rechtlichen Regelung wird ersichtlich, daß die Ehefrau zum einen, solange der Ehemann die ökonomische Basis der Familie allein sichern konnte, auf den häuslichen Bereich beschränkt wurde, zum anderen jedoch, je nach Konjunkturlage, für Erwerbsarbeit disponibel gehalten werden sollte.

Die Paragraphen 1356 und 1360 BGB beinhalteten die Zuständigkeit der

Frauen für die Versorgung ihrer Kinder. Diese Verpflichtung beschränkte wiederum ihre Entscheidungsmöglichkeit in Hinblick auf außerhäusliche Erwerbsarbeit. Die Zuständigkeit der Frauen für ihre Kinder gab ihnen allerdings nicht das Recht auf deren Vertretung nach außen, denn das blieb weiterhin in der Zuständigkeit des Ehemannes. Eine Angleichung der Regelung über die elterliche Gewalt an den Gleichberechtigungsgrundsatz erfolgte nicht. Auch in der Neufassung der Paragraphen 1628 und 1629 BGB blieb die letzte Entscheidung über die Kinder im Streitfall dem Mann überlassen. Die den Frauen dabei geöffnete Hintertür, sich an das Vormundschaftsgericht wenden zu können, war für die Praxis wohl kaum von Bedeutung.

Die Argumentation für die Beibehaltung des Letztentscheidungsrechts trotz Verfassungswidrigkeit war sehr widersprüchlich.

Mit Verweis auf das Subsidiaritätsprinzip sollte durch die Ermächtigung des Vaters, Erziehungsfragen betreffende Streitigkeiten zu regeln, staatliches Eingreifen vermieden werden. Da aber auch bei dem Stichentscheid des Vaters eine letzte Möglichkeit der Frau nach staatlicher Regelung offen blieb, hätte man auf das Letztentscheidungsrecht des Vaters prinzipiell verzichten können und die elterliche Gewalt beiden Ehepartnern gleichermaßen zusprechen können. Die Beibehaltung des Letztentscheidungsrechts des Vaters diente somit ausschließlich der Beibehaltung patriarchalischer Strukturen in der Familie.

In der Diskussion um diese wie auch die anderen Paragraphen wurde weiterhin von einer biologisch funktionalen Verschiedenheit der Geschlechter ausgegangen. Der Nachweis ihrer funktionalen Gleichheit, der von Frauen in der Nachkriegszeit erbracht worden war und den gesellschaftlichen Zusammenbruch zu überwinden geholfen hatte, hatte in bezug auf die Ausweitung ihrer rechtlichen Stellung keine Auswirkungen. Daraus folgern wir, daß die sichtbar gewordene Fähigkeit von Frauen, in außerfamiliale Bereiche vorzudringen, in den 50er Jahren als Bedrohung nachwirkte und dringend Beschränkungen verlangte.

Das Letztentscheidungsrecht zog ein Normenkontrollverfahren nach Artikel 100 GG nach sich. Der Klage, die von erwerbstätigen Ehefrauen und Müttern erhoben worden war, wurde vom Bundesverfassungsgericht stattgegeben. Paragraph 1628 trat mit Wirkung vom 29. 7. 1959 außer Kraft.[27]

Das eheliche Güterrecht

Das eheliche Güterrecht umfaßt die vermögensrechtlichen Beziehungen der Eheleute untereinander und legt mit der Eheschließung einen gesetzlichen Güterstand fest.

Der bis zum 1. 4. 1953 gültige gesetzliche Güterstand der Gütergemeinschaft besagte, daß der Mann mit der Eheschließung auch das Recht auf Verwaltung und Nutznießung des Vermögens seiner Frau erhielt.

Ab 1953 konnten die Ehegatten zwischen der Gütertrennung, der Errungenschafts- oder Fahrnisgemeinschaft oder der modifizierten Gütergemeinschaft wählen.

Frau verloren — halbes Vermögen verloren, *heißt es für den Prokuristen Peters. Er heiratete als kleiner Angestellter eine junge, anspruchsvolle Frau und rackerte sich seiner Frau zuliebe so sehr ab, daß er es in wenigen Jahren zu einem schuldenfreien Haus brachte. Aber seine Frau betrog ihn, die Ehe zerbrach. Nach bisherigem Recht hätte die Frau dann keinerlei Anspruch auf das Vermögen des Mannes. In Zukunft hat sie grundsätzlich Anspruch auf die Hälfte des „Zugewinns", also den Wert des halben Hauses. Der Ehebruch wird nach dem neuen Gesetz nicht bestraft, sondern sogar noch belohnt. Im Falle des Prokuristen Peters verliert der Mann nicht nur seine Frau, sondern überdies auch noch die Hälfte seines Vermögens*

Gütertrennung bedeutete getrennte Vermögensverwaltung in der Ehe und auch getrennte Haftung der Eheleute für Eigenschulden und entsprach somit formal dem Grundsatz der Gleichberechtigung, aber nicht dem Gedanken der Lebensgemeinschaft, wie konservative Kreise meinten.

Unter der *Errungenschaftsgemeinschaft oder Fahrnisgemeinschaft* ist eine vermögensrechtliche Regelung zu verstehen, nach der das voreheliche Vermögen dem jeweiligen Ehepartner überlassen bleibt. Das während der Ehe erworbene Vermögen (Gesamtgut) gehört beiden Ehegatten. Für das Gesamtgut gelten dieselben Rechtsgrundsätze wie bei der allgemeinen Gütergemeinschaft. Für die Schulden des Mannes haftet das eingebrachte Gut des Mannes und das Gesamtgut, nicht aber das Vermögen der Frau.

In der Fahrnisgemeinschaft oblag die Verwaltung beiden Ehegatten gemeinschaftlich.

Nach der *allgemeinen Gütergemeinschaft* fiel sowohl das voreheliche Vermögen der Ehefrau als auch das Gesamtgut unter die Verwaltung und Nutznießung des Ehemannes. Ab 1953 mußte für diesen Güterstand jeweils festgelegt werden, welcher der Ehegatten die Verwaltung und Nutznießung übernahm.

In einer Übergangsregelung wurde die Gütertrennung zum hilfsweisen gesetzlichen Güterstand erklärt.[28]

Ab 1958 wurde die sogenannte Gütertrennung mit Zugewinnausgleich, die *»Zugewinngemeinschaft«*, zum gesetzlichen Güterstand erhoben.[29]

Auch bei diesem Güterstand kann von einer Gemeinschaft im vermögensrechtlichen Sinn eigentlich nicht gesprochen werden, denn die jeweiligen Vermögen werden nicht vergemeinschaftet. Auch das, was die Eheleute in der Ehe zusammen erwirtschaftet haben, wird nicht gemeinsames Vermögen.

Ebenso wenig ist eine gemeinsame Verwaltung und Nutzung des Einkommens der Ehegatten festgelegt. Die nichterwerbstätige Ehefrau hat keinen Rechtsanspruch auf die Hälfte des Familieneinkommens. Sie bleibt ökonomisch von ihrem Ehemann abhängig, hat allenfalls einen Anspruch auf Versorgung und ein Taschengeld.

Trotz ihrer Verpflichtung zu Haus- und Erziehungsarbeit bleibt sie »Almosenempfängerin« des Ehemannes.

Die Zugewinngemeinschaft kommt erst bei einer Eheauflösung zum Tragen, erst dann entsteht »ein schuldrechtlicher Anspruch auf Ausgleich des Zugewinns«.[30] Der Zugewinn wird aus der Gegenüberstellung von Anfangs- und Endvermögen jedes Ehegatten errechnet. »Derjenige Ehegatte, dessen Zugewinn der geringere ist, hat sodann eine Ausgleichsforderung in Höhe der Hälfte des Wertunterschiedes ...«[31]

Obwohl der Zugewinnausgleich die Belange der nicht erwerbstätigen Ehefrau mehr als die ehemalige Regelung berücksichtigt, wird ihr auch nach diesem Gesetz kein vollständiger Ausgleich für die erbrachten Leistungen gegeben.

Wohnungsbaupolitik

Die Wohnungsbauproduktion stagnierte nicht nur während des Krieges, sondern auch noch nach der Währungsreform, denn investiert wurde vor allem in die gewerbliche Bauwirtschaft. Außerdem war die vorhandene Baukapazität mit Aufräumungsarbeiten, Ruinensicherung, Instandsetzungen, Bau von Flüchtlingslagern, Notunterkünften und Wohnungen für Familienangehörige der Alliierten vorerst ausgelastet.

So blieb der akute Wohnungsmangel während der gesamten 50er Jahre bestimmendes Moment wohnungspolitischer Überlegungen. 1950 gab es 16,4 Millionen Haushaltungen und nur 10 Millionen Wohnungen. In den folgenden sechs Jahren sollten ungefähr 2 Millionen Wohnungen für 6 Millionen Menschen gebaut werden, was etwa einem Drittel des gesamten Defizites entsprach. Für den einzelnen bedeutete das, sich in Eigeninitiative »ein Dach über dem Kopf« zu suchen. Die Beschaffung von Baumaterial und finanzieller Unterstützung war ein zentrales Problem. In der Ausgestaltung der Wohnungen und Häuser waren Wohnkomfort und -kultur verständlicherweise erst einmal nicht von Belang.

Das wichtigste Instrument zur Förderung des Wohnungsbaus war das 1. Wohnungsbaugesetz vom 24.4.1950. Mit diesem Gesetz kann vom eigentlichen Beginn des Sozialen Wohnungsbaus gesprochen werden, der in Paragraph 1 definiert wurde als der »Bau von Wohnungen, die nach Größe, Ausstattung und Miete (Belastung) für die breiten Schichten des Volkes bestimmt und geeignet sind.«[22] Daneben war bereits das Ziel einer Liberalisierung des Wohnungsmarktes und die Verankerung des Gedankens der Förderung des Familieneigenheims zu erkennen.

Zwischen 1951 und 1956 wurden rund drei Millionen Wohneinheiten tatsächlich erstellt, von denen 58% Sozialbauten waren. Diese Wohnungen waren etwa 50 Quadratmeter groß und hatten überwiegend nur ein bis zwei Zimmer.

In dem 2. Wohnungsbaugesetz von 1956 versuchte man, die Einbeziehung sozial- und vor allem familienpolitischer Ziele zu erreichen. Hiermit sollte verstärkt der Bau von Familieneigenheimen gefördert werden. »Während noch Anfang der 50er Jahre die Stadt vielfach dort aufhören mußte, wo die Straßenbahn zuende war, konnte nun in großem Stil mit einer gut oder weniger gut geplanten Erschließung und Besiedelung der Umgebung begonnen werden.«[33]

Zentraler Gedanke des 2. Wohnungsbaugesetzes war, weite Kreise des Volkes durch Bildung von Einzeleigentum, besonders in Form von Familienheimen, mit Grund und Boden zu verbinden.

»Da meinem Ehemann durch den Krieg Güter verloren gegangen waren, bot sich ihm die Möglichkeit, ein Siedlungshaus über eine Siedlungsgesellschaft preisgünstig zu erwerben. Das Haus hat 38500 DM gekostet. 10000 DM Lastenausgleich haben wir bekommen.« (Frau A.)

Sparwille und Tatkraft aller Schichten des Volkes sollten hierzu angeregt werden. »In ausreichendem Maße sind solche Wohnungen zu fördern, die die Entfaltung eines gesunden Familienlebens, namentlich für kinderreiche Familien, gewährleisten.«[34]

Nach Ansicht des Familienministers Wuermeling war es Augabe der Familienpolitik, den »Familien den Lebensraum zu sichern, den sie brauchen, um in sittlicher Ordnung gesund zu leben und sich natürlich entfalten zu können. Das erfordert... vor allem auch angemessene Wohnungen.«[35] Unter familiengerechten Wohnungen waren Eigenheime zu verstehen, die über »Licht und Luft«, die notwendige Größe, d.h. Wohnzimmer, Elternschlafzimmer, zwei Kinderschlafzimmer und Küche verfügen sollten.

Mit dem Besitz eines Eigenheims sah Wuermeling Werte wie Konsumverzicht durch Spartätigkeit und Stärkung des Gemeinsinns durch »Verwaltung, Pflege und Verschönerung des eigenen Hauses« gefestigt. Weiterhin stärke es »den Willen zur Selbsthilfe und das persönliche Verantwortungsbewußtsein«.[36]

Finanzielle Unterstützung beim Hausbau wurde ausschließlich Verheirateten oder Heiratswilligen gewährt. So gab es z.B. das sogenannte »Heiratssparen«, Sparprämienverträge für Verheiratete, und die Möglichkeit einer Sondergewährung aus Bundeshaushaltsmitteln.

Die Familienpolitik der 50er Jahre muß als Versuch gesehen werden, die traditionelle Familie als Institution zu stabilisieren.

Sich abzeichnende Wandlungsprozesse – wie die Zunahme der Frauen- und Müttererwerbstätigkeit – sollten aufgehalten werden. Die Rechtsprechung hielt an dem Leitbild der »Hausfrauenehe« und geschlechtsspezifischen Arbeitsteilung fest.

Die Revision männlicher Autorität ging nur so weit, daß Frauen neben der Bewältigung der Hausarbeit eine außerhäusliche Erwerbstätigkeit erlaubt wurde. Die »Anerkennung der Hausfrau« durch Betonung ihres »unverzichtbaren Wertes« für die Familie und durch materielle Begünstigung der

Hausfrauenehe sollte die emotionale Rückbindung von Frauen an ihre familiale Arbeit erreichen.

Die Familienpolitik der 50er Jahre verfolgte damit eine den Interessen der Wirtschaft entgegenstehende Strategie. Der Bedarf an weiblichen Arbeitskräften in den späten 50er Jahren hat die Bestrebungen konservativer Familienpolitiker, Frauen auf den Reproduktionsbereich zu beschränken, relativiert. Da Frauen der Zugang zum Arbeitsmarkt nicht wie heute aufgrund schlechter konjunktureller Lage verwehrt blieb, bot sich ihnen zumindest eine Chance, sich nicht primär auf den Bereich Familie festlegen zu lassen.

Dennoch erhielt diese Widersprüchlichkeit zwischen Familien- und Wirtschaftspolitik die Funktion, Frauen das Recht auf Erwerbstätigkeit zu verwehren und sie als »Reservearmee« disponibel zu halten.

Der Wandel – die Krise – die Wende?

Der Wandel gesellschaftlicher Normen in bezug auf Ehe und Familie ist noch immer höchst unterschiedlichen Bewertungen ausgesetzt. Die von uns als positive Entwicklung ehemals verkrusteter Verhaltensnormen für Frauen empfundene Lockerung der allgemeinen Moralvorstellungen erscheint konservativen Kräften wiederum als »Krise der Familie«.[37]

Seit Ende der 70er Jahre entstanden vereinzelt in den Bundesländern familienpolitische Maßnahmen und Modelle zur Förderung der Familie. 1980 fühlten sich die Sozialausschüsse der CDU berufen, ein familienpolitisches Konzept auszuarbeiten, das mittlerweile Grundlage christdemokratischer Regierungspolitik geworden ist.

Ein Vergleich dieser neuen Konzepte mit den familienpolitischen Ansätzen der 50er Jahre provoziert die Frage, ob mit dem Rückgriff auf die Vergangenheit der bundesrepublikanischen Aufbauzeit nicht Lösungen vorgestellt werden, die auf die gelebte Realität der letzten Jahre und die heutigen Lebensvorstellungen von Frauen keine Anwendung mehr finden dürften.

Das auch in den 50er Jahren als Merkmal von Krise geltende Sinken der Geburtenrate und das Ansteigen der Scheidungszahlen wird heute noch als Indikator für eine angeblich krisenhafte Entwicklung der Gesellschaft gesehen. Die absoluten Geburtenzahlen sind seit 1964 zunächst gesunken, steigen seit 1979 aber wieder an. Mittlerweile sind die Frauen aus den geburtenstarken Jahrgängen der späten 50er und 60er Jahre im gebärfähigen Alter, das bedeutet, daß bis 1990 mit einem weiteren Geburtenzuwachs gerechnet werden kann. Dennoch ist seit 1971 die Sterberate in Deutschland höher als die Geburtenrate. So ist der Bevölkerungszuwachs der Bundesrepublik Deutschland – vornehmlich nach Ansicht konservativer und extrem rechter Gruppierungen in besorgniserregender Weise – auf den Zuwachs der ausländischen Wohnbevölkerung zurückzuführen; denn aufgrund der Altersstruktur der ausländischen Arbeitnehmerschaft ist deren Mortalitätsrate im Gegensatz zur Geburtenrate sehr niedrig.

Daraus wird ersichtlich, daß es hier nicht um ein Sinken der Geburtenzahlen im allgemeinen geht (denn diese steigen), sondern um das Sinken der

Geburtenzahlen der *deutschen* Bevölkerung.

Die Zahl der jährlichen Ehelösungen liegt über derjenigen der jährlichen Eheschließungen. Die Scheidungsrate steigt seit circa 1960 kontinuierlich an.[38] Die Wahrscheinlichkeit, daß Ehepartner für den Rest ihres Lebens zusammenbleiben, liegt nur noch bei 25 bis 30%. Wie in allen westlichen Industrieländern sinkt auch in der Bundesrepublik die Wiederverheiratungsquote, und an dieser Entwicklung änderte auch das neue Scheidungsrecht nichts.[39] Nach einem kurzen Absinken der Scheidungszahlen seit 1977 – in der Zeit noch ungeklärter Rechtsverhältnisse – stiegen diese schon 1981 wieder auf 109520 an. Die deutlich hervorgetretene Verhaltens- und Einstellungsänderung, wie von einer Allensbacher Langzeitstudie aufgezeigt wurde, stellt Ehe als einzig geltende Verbindung zweier Menschen, an der die CDU noch immer festhält, in Frage.[40]

Aufgrund der wachsenden Anzahl von Personen im heiratsfähigen Alter hat zwar seit 1979 auch die Zahl der Eheschließungen wieder zugenommen, dennoch wurden 1980 mehr als 150000 Ehen weniger geschlossen als 1960.

Demgegenüber nimmt die Zahl der nicht staatlich legitimierten Lebensgemeinschaften deutlich zu. Es gibt zwar noch keine verläßlichen Zahlen, doch es gilt als erwiesen, daß »nicht legalisiertes« Zusammenleben von immer breiteren Schichten der Bevölkerung akzeptiert und gelebt wird.

Frauen definieren sich zwar immer noch in hohem Maße über die Familie, aber dieses Faktum gilt nicht mehr als unzerrüttbar. Die Erwerbsquote verheirateter Frauen stieg von 26% (1950) auf 46% (1980) an. Mehr als ein Drittel der erwerbstätigen Frauen, circa 2,6 Millionen, hat Kinder im Alter unter 15 Jahren. Fehlende öffentliche Unterstützung, die Doppelbelastung und die nicht nur steuerliche Diskriminierung des »Doppelverdienertums« haben diese Entwicklung nicht verhindern können.

Frauen sind keineswegs, wie von christlich-konservativen Kreisen postuliert, nur notgedrungen außerhäuslich erwerbstätig. Die bereits erwähnte Langzeitstudie von Allensbach belegt ein wachsendes berufliches Engagement in den letzten 25 Jahren, während gleiches bei Männern sinkt. »Frauen bringen Interesse, Zielbewußtsein, Aktivität eher als früher, während umgekehrt bei Männern all dieses abnimmt.«[41] Diese Einstellung wird untermauert von spektakulären Arbeitskämpfen, in denen sich Frauen für ihr »Recht auf Arbeit« oder »gleichen Lohn für gleiche Arbeit« einsetzten. Nach den Ergebnissen der Studie arbeiten gleich viel verheiratete Männer und Frauen (24%) »nur«, um Geld zu verdienen. Die berufstätigen Mütter sagen nur zu einem knappen Fünftel (19%), sie wären lieber nicht erwerbstätig; nur ein Drittel der nicht erwerbstätigen Mütter findet es wünschenswert, »Vollhausfrau« zu sein.

In den letzten Jahren ist eine Entwicklung zur Ein-Eltern-Familie festzustellen, die es nicht mehr erlaubt, von einer »unvollständigen« Familie zu sprechen, da sie keine Ausnahmeerscheinung mehr darstellt. Die Zahl dieser Familien ist von 1970 bis 1980 um 35% gestiegen. 1980 gab es 1,56 Millionen Alleinerziehende, davon waren 1,3 Millionen Mütter und 250000 Väter. Das sind 15% aller bundesdeutschen Familien. Eine andere Gestaltung von Familie ist nicht als »Zerfall« der Institution selbst einzuschätzen, sondern nur als eine Einübung von neuen Formen des Zusammenlebens, die heute schon nicht mehr den Charakter der Ausnahme oder des Vorläufigen haben.

Es entwickeln sich freiere Familien- und Sozialisationsformen, die sich allerdings andere Maßstäbe und Ziele setzen.

Diese Ansätze veränderter Lebensweise werden von den konservativen Kräften allerdings als Krise der Familie eingeschätzt.« Die Familie verliert an Ansehen und Selbstwertgefühl.« Eine mit einem Gleichheitsideal verbundene »Ich-Sucht« mancher »Emanzipationsbewegungen« sei auf die Einebnung aller Unterschiede gerichtet. So würden Mann und Frau für austauschbar erklärt, die Eltern zu »Bezugspersonen« und »Rollenträgern« abgewertet. »Die Mütterfeindlichkeit und Lieblosigkeit mancher moderner Emanzipationsbewegungen ist nur eine Folge der Mutterfeindlichkeit der technokratischen Gesellschaft. Die Aggressivität des technischen und wirtschaftlichen Fortschritts setzt sich in den sozialen Beziehungen fort.«

Nach Ansicht der Sozialausschüsse werden Frauen durch Emanzipation vermännlicht, Mütterlichkeit und der natürliche »Brutpflegeinstinkt« würden verkümmern. Bei vielen Kindern ließe sich eine Fehlentwicklung erkennen. Die Familie werde zum »Nachtasyl« und zur Versorgungsgemeinschaft reduziert. In der ökologischen und wirtschaftlichen Krise fehle das Gespür für die biologische »Vernetzung«.[42]

Die Vertreter der Sozialausschüsse meinen, diese vielbeklagte Krise nicht durch die Veränderung und Umgestaltung der ökonomischen und ökologischen Verhältnisse, sondern durch Rückbesinnung und Neuformierung von Familie bekämpfen zu können.

In der Familie wird, wie auch schon von Wuermeling in den 50er Jahren, ein Gegenpol zu der industriellbürokratischen Leistungswelt gesehen. Von einem moralisch appellativen Standpunkt aus glaubt man, das weibliche Element »Mütterlichkeit« gegen die Auswirkungen der entmenschlichten technologischen Entwicklung einfordern zu können. »Mütterlichkeit« symbolisiert Werte wie Liebe, Natürlichkeit, Treue, Hüten, Verzicht und Entsagung für die kommende Generation, ohne die eine menschliche Gesellschaft nicht denkbar sei. Die selben Worte waren auch schon Inhalt der Reden Franz Joseph Wuermelings.

Und immer noch müssen diese Werte in die »Außenwelt« hineingetragen werden, um dort zu einem bestimmenden Faktor zu werden. Dies geschieht auch heute noch nicht durch die Forderung nach einem verstärkten Einsatz von Frauen im gesamten öffentlichen Bereich, sondern reduziert sich auf eine Beachtung dieser Werte von Männern in der Planung. Um »Expertentum« abzubauen und den Staat in der Sozialarbeit zu entlasten, sollen Frauen wieder verstärkt unbezahlte Arbeit in der Familie leisten. Außerdem entziehe »die Tendenz, jedes Problem zentralen Einrichtungen anzuvertrauen, (...) der Familie Aufgaben, um derentwillen sie existiert.«[43] Dieser Grundgedanke konservativer Familienpolitik ist seit den 50er Jahren unverändert.

Die »Wahlfreiheit« zwischen Familienarbeit und Erwerbsarbeit soll den Frauen allerdings erhalten bleiben, denn auch die Verfechter des CDA-Papiers wissen, daß selbst bei Arbeitsplatzverknappung die Industrie auf die »billigere« Arbeitskraft der Frau nicht verzichten kann und will.

Mit der Erstellung des CDA-Papiers »Die sanfte Macht der Familie« ist die Familie verbal in den Vordergrund gerückt worden, während sich die ersten familienpolitischen Maßnahmen und ihre finanziellen Auswirkungen sehr bescheiden ausnehmen. Dieser Umstand verdeutlicht auch das schon in den 50er Jahren existierende Konzept konservativer Familienpolitik.

Unter dem Vorwand der »Subsidiarität«, die einen staatlichen Eingriff in die Konzeption von Familien angeblich ausschließt, entziehen sich konservative Familienpolitiker finanziellen Verpflichtungen, um gleichzeitig ohne größeren Kostenaufwand die große Bedeutung der Familie verbal zu propagieren.

Bei gleichzeitiger Verdrängung der Frauen vom Arbeitsmarkt und ständigem Abbau sozialer Leistungen zielt die Propagierung familialer Werte, wie mehrfach gezeigt, auf eine erneute Zuweisung von Frauen auf den häuslichen Bereich und die familiale Arbeit ab.

Beim Vergleich der familienpolitischen Stellungnahmen der 50er Jahre mit den heutigen Äußerungen findet sich eine nahezu völlige Übereinstimmung. Damals wie auch heute wird über einen biologistisch-funktionalen Erklärungsansatz versucht, die alleinige Zuständigkeit von Frauen für die familiale Arbeit nachzuweisen.

Die Anerkennung von Hausarbeit reduziert sich nach 30 Jahren noch immer auf verbale Äußerungen; »Lohn für Hausarbeit« oder zumindest eine »Hausfrauenrente« entbehren trotz jahrelanger Diskussion einer gesetzlichen Regelung.

Die geplanten Maßnahmen können zwar die Frauen im Konflikt zwischen Familie und Beruf stärker entlasten, bedeuten aber nicht eine Vereinbarkeit von Familien- und Erwerbsarbeit, sondern institutionalisieren weiterhin eine Doppelarbeit für Frauen.

Alle »Lösungen« bleiben aber Frauen-Lösungen, solange ihre Zuständigkeit für die Reproduktionsarbeit nicht in Frage gestellt wird und sich an der gesellschaftlichen Wertehierarchie zwischen produktiven und reproduktiven Aufgaben nichts ändert. Die Forderung nach partnerschaftlicher Lebensgemeinschaft, mehr »Väterlichkeit« und Arbeitsteilung in der Familie findet sich in der Ausgestaltung der Maßnahmen nicht wieder. Die Beschränkung der Familienpolitik auf die überwiegend verbale Idealisierung von Familie und die immanente Funktionszuweisung soll, wie auch in den 50er Jahren, einer Tendenz der Verlagerung weiblicher Interessen auf den außerfamilialen Bereich Einhalt gebieten. Dennoch erweisen sie sich, wie an den noch immer steigenden Erwerbsquoten von verheirateten Frauen und Müttern abzulesen ist, als im Grunde nutz- und wirkungslos. Die neuerliche Verschärfung der Diskussion um die »Gefährdung der Familie« sollte die Frauen nicht dazu veranlassen, sich dieser »Schuldzuweisung« zu fügen und die bereits teilweise verlassenen und neu bedachten Standpunkte des eigenen Verständnisses, der eigenen Definition als »Familien- und Beziehungsarbeiterin« wieder einzunehmen.

Die Darlegung jener Diskussion der 50er Jahre und die historische Bestandsaufnahme haben gezeigt, daß sich in den letzten 30 Jahren die Kriterien einer »Krise der Familie« auf die Entfaltung der individuellen Freiheit von Frauen positiv ausgewirkt haben. Die auch heute wieder als Anzeichen der Krise bezeichneten erhöhten Scheidungsziffern, die das »Bevölkerungsdefizit« nicht ausgleichenden Geburtenzahlen und die steigende außerhäusliche Erwerbsarbeit von Frauen sind noch immer Grundlage weiterführender Emanzipationsbestrebungen.

Gesellschaft — Wir brauchen mehr Mütterlichkeit

Schritte zu einer familiaren Gesellschaft

Familie — Die Mutter ist unersetzlich

Frau und Mann — Wir, die Ungleichen

Wir sind für die Mutter

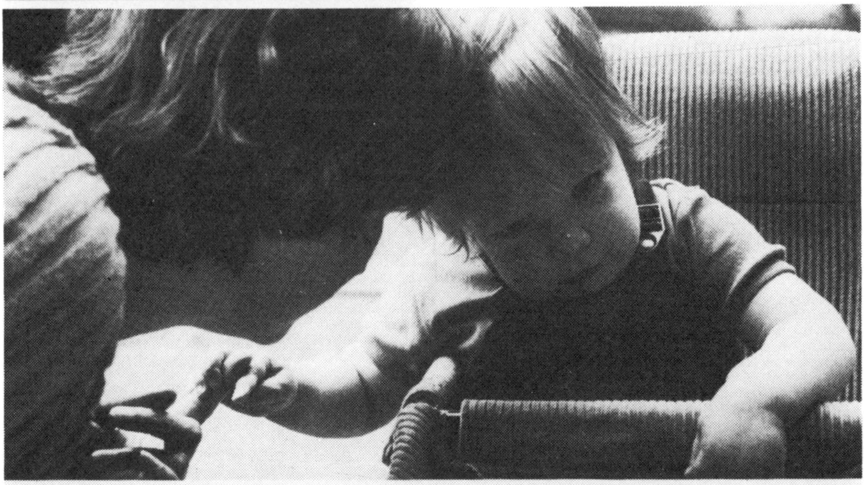

„Die Mutter, die einen Beruf ausübt, ist schon lange etwas anderes als die Mutter, deren Lebensaufgabe im wesentlichen die Erziehung der Kinder war. Der Beruf verdinglicht ihre Gedanken, wie es beim Mann der Fall ist. Dazu kommt noch etwas anderes. Sie ist gleichberechtigt. Sie strahlt nicht mehr die Liebe aus wie vorher. Die Mutter war bisher diejenige, die ihre Natur im positiven Sinne bewahrte, durch ihre Sprache und ihre Gebärden. Ihre bewußten und unbewußten Reaktionen spielten eine wichtige Rolle in der Erziehung. Sie prägten das Kind vielleicht entscheidender als die Weisungen."

Max Horkheimer

Gewalt kommt von innen

Präambel

Die 19. Bundestagung der Sozialausschüsse der Christlich-Demokratischen Arbeitnehmerschaft (CDA) führt die Dis-

doch nicht die Kraft eines sozialen Gegengewichtes gegen die Kälte der Effizienz, mit der Technik, Naturwissenschaft und Wirtschaft die Gesellschaft überziehen. Auch die Mutterfeindlichkeit und Lieblosigkeit mancher moderner Emanzipationsbewegungen ist nur die Folge der Mutterfeindlichkeit der technokratischen Gesellschaft.

■ Die Aggressivität des technischen und wirtschaftlichen Fortschritts setzt sich in den sozialen Beziehungen fort. Angst vor der Zukunft verschärft das Konkurrenzdenken, verhärtet die Verteilungskämpfe und verdrängt das natürliche Behagen am Miteinander. Der Ursprung der Solidarität, die Brüderlichkeit, geht verloren. Zusammenschluß wird zu einer Einrichtung der Starken, die ihre Vorrechte verteidigen. Die Politik macht sich zum Gefangenen vermeintlicher Sachzwänge. Das menschliche Leben gerät in die Hand derer, die glauben, alles machen zu müssen, was sie machen können.

■ Dem demokratischen Staat wird das Gewaltmonopol lautlos entzogen. Damit

■ Selbstverwirklichung des einzelnen wird losgelöst von Verantwortung. Teile der Emanzipationsbewegungen verbinden Ichsucht mit einem Gleichheitsideal, das auf die Einebnung aller Unterschiede gerichtet ist. Mann und Frau werden für austauschbar erklärt. Nichteheliche Lebensformen werden mit der Ehe gleichgestellt. Die Eltern werden zu Bezugspersonen und Rollenträgern abgewertet. Solche Einstellungen verkörpern eine Befreiungsidee, die auf sich selbst gerichtet ist und die nur auf Kosten anderer durchgesetzt werden kann.

Das Baby aus der Retorte wird zur Perspektive einer Gesellschaft, die die Entbindung der Freiheit von ihrer sozialen Verantwortung zum Gegenstand der Befreiung macht. Die komplexe und differenzierte Industriewelt verlangt den spezialisierten Menschen und engt seinen Freiheitsraum ein.

■ Die Familie verliert an Ansehen und Selbstwertgefühl. Die Tendenz, jedes P- blem zentralen Einrichtungen trauen, entzieht der F-

Obwohl familienpolitische Maßnahmen darauf ausgerichtet sind, Frauen sowohl für familiale Arbeit als auch für Erwerbsarbeit disponibel zu halten, kann man keine generelle Aufhebung familienpolitischer Leistungen fordern. Auch eine Sozialpolitik, die auf einem nicht biologistisch-funktionalen Begriff von Familie basiert, würde noch keine ausreichende Lösung darstellen. Es käme darauf an, eine Politik zu entwickeln, die eine nicht zu Lasten der Frau gehende Vereinbarkeit von Familie und Erwerbsarbeit ermöglicht. Ziel dabei muß sein, eine tatsächliche Entscheidungsfreiheit für Frauen zu schaffen. So würde die Ausrichtung der familienpolitischen Maßnahmen auf beide Elternteile, das heißt auf Frauen und Männer, allein noch keine Aufhebung der geschlechtsspezifischen Arbeitsteilung zur Folge haben. Erst müssen die Frauen Zugang zu ökonomischer Unabhängigkeit, Einflußnahme und Öffentlichkeit bekommen, wenn die unterschiedliche Bewertung von Erwerbsarbeit und Familienarbeit aufgehoben werden soll.

Solange Frauen »Arbeit aus Liebe« für andere machen und weiterhin an die »Legende vom Glück ohne Ende« in Ehe und Familie glauben, wird sich an der geschlechtsspezifischen Arbeitsteilung wenig ändern.

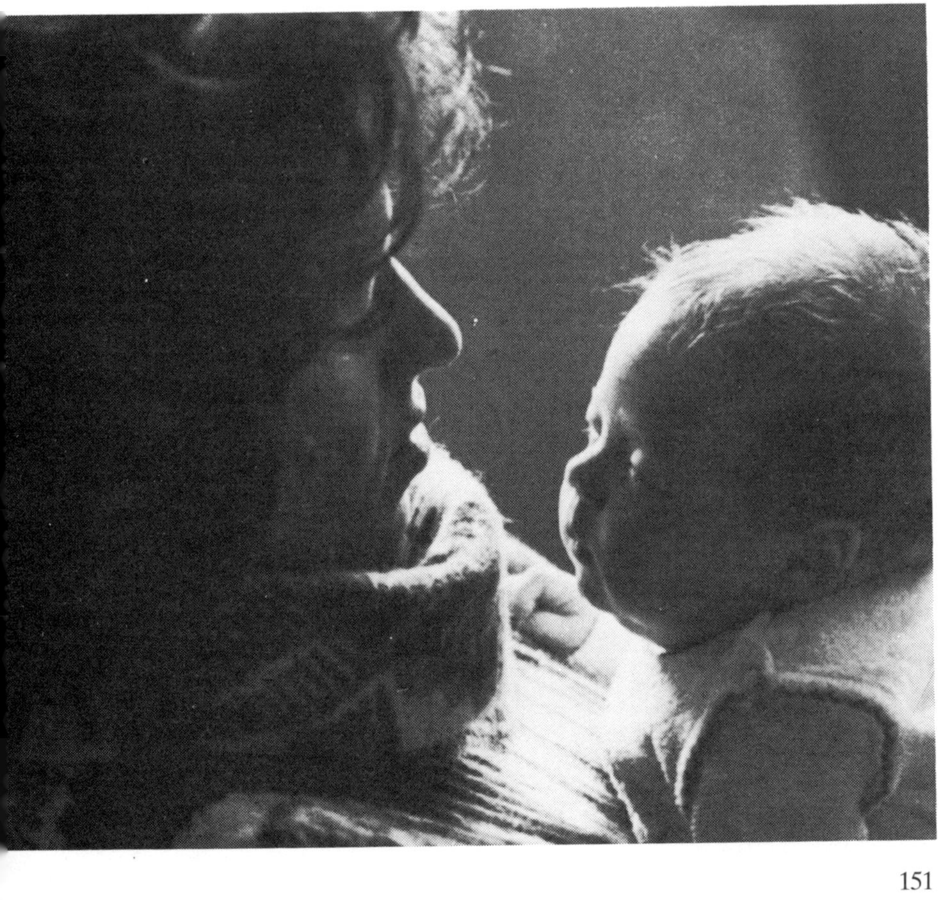

Anmerkungen

Über Ehe und Familie

1 vgl. König, R. (Hrsg.): *Handuch zur empirischen Sozialforschung*. Bd. 7. Stuttgart 1976.
2 vgl. Goode, W.: *Die Struktur der Familie*. Köln u. Opladen 1960. S. 32–37.
3 vgl. dazu Max Horkheimer.

Die Lebensbedingungen von Frauen in den 50er Jahren

1 Schwarz, H. P.: *Geschichte der Bundesrepublik. Die Ära Adenauer. 1949–1957*. Stuttgart 1981. S. 384.
2 vgl. *Statistische Jahrbücher für die Bundesrepublik Deutschland*. Hrsg. v. Statistischen Bundesamt. Stuttgart 1950–1962.
3 Unberücksichtigt blieben hier die Einkünfte und Ausgaben der in sogenannten »Restfamilien« oder »unvollständigen« Familien lebenden Frauen. Nach den vorliegenden Preisangaben für Lebensmittel und den durchschnittlichen Lebensmittelverbrauch pro Kopf konnte eine Witwe oder geschiedene Frau ohne zusätzliche Erwerbstätigkeit oder die Unterstützung von Verwandten oder Freunden für sich und ihre Kinder nicht aufkommen.
4 Tabelle: Aufteilung der Bruttolöhne auf individuelle Einkommensbezieher in Prozent.

Bruttolohn pro Jahr	1950	1955	1957
unter 2400 DM	44,6		
2400 DM bis unter 3600 DM	30,3	18,5	15,7
3600 DM bis unter 4800 DM	15,8	21,1	18,0
4800 DM bis unter 12000 DM	8,8	31,1	40,6
12000 DM und mehr	0,5	1,8	2,4

5 Der Anteil der weiblichen mithelfenden Familienangehörigen betrug 1950 immer noch das vierfache des Anteils der Männer.
6 Die Zunahme der erwerbstätigen verheirateten Frauen bei den Angestellten und Beamtinnen ist erstmals höher als bei den Arbeiterinnen. Der Frauenanteil unter den Angestellten stieg von 42,9 % im Jahr 1950 auf fast 50 % 1960. Dies bedeutet eine Umschichtung innerhalb der Sozialstruktur der Frauenerwerbstätigkeit.
Der für Frauen bedeutsamste Wirtschaftszweig hinsichtlich der Arbeitsplätze war in dieser Zeit die Konsumgüterindustrie; dort lag 1950 der Frauenanteil bei 50 %. In der Nahrungs- und Genußmittelindustrie machten die Frauen etwas mehr als ein Drittel aller dort Beschäftigten aus. Weitere Industriezweige, in denen Frauen einen traditionell hohen Anteil der Beschäftigten ausmachten, waren die Bekleidungs- und Textilindustrie.
7 1950 waren fast eineinhalb Millionen Frauen im Alter von 30 bis 35 Jahren, mehr als eine Million davon waren verheiratet. Über eine Million Frauen dieses Alters waren erwerbstätig und wiederum die Hälfte davon verheiratet. Die Anzahl der erwerbstätigen Frauen stieg von 1950 bis zum Ende der 50er Jahre um mehr als 1,3 Millionen auf über 4 Millionen an.
8 Der Anteil der verheirateten Mütter bei den außerhalb der Land- und Forstwirtschaft abhängig erwerbstätigen Frauen betrug 1950 rund 8 % (336000 Frauen). Bis 1957 vergrößerte sich ihr Anteil auf fast 800000, eine Steigerung um 226 %.
Die Anzahl der ledigen Frauen mit Kindern unter 14 Jahren sank zwischen 1950 und 1962 um 10 % auf etwas über eine halbe Million. Nach einer Erhebung des Mikrozensus von 1957 waren circa 1,2 Millionen Frauen mit Kindern unter 18 Jahren abhängig erwerbstätig. Ungefähr 70 % dieser Frauen hatten ein Kind und 25 % zwei Kinder. 375000 Frauen hatten ein Kind im Alter unter 6 Jahren, 57000 zwei Kinder und 70000 sogar drei Kinder in diesem Alter.
vgl. Bundesminister für Arbeit und Sozialordnung (HRSG): *Bericht der Bundesregierung über die Situation der Frauen in Beruf, Familie und Gesellschaft*. Bonn 1968. S. 67.
9 Otto Speck beschreibt eindringlich das Los der Schlüsselkinder in seinem Buch *»Kinder erwerbstätiger Mütter«*. Stuttgart 1956.
10 vgl. dazu:
Dennebaum, E. M.: *Berufstätigkeit und Lebensphasen verheirateter Frauen*. Köln 1970.
Dunkelmann, H.: *Die erwerbstätige Ehefrau im Spannungsfeld von Beruf und Konsum*. Tübingen 1961.
Hermann, H.: *Die außerhäusliche Erwerbsarbeit verheirateter Frauen*. Stuttgart 1957.
Pfeil, E.: *Berufstätigkeit von Müttern*. Tübingen 1961.
Tritz, M.: *Die Frauenerwerbsarbeit in der Bundesrepublik Deutschland*. Stuttgart 1961.
11 vgl. Myrdal, A.; Klein, V.: *Die Doppelrolle der Frau in Familie und Beruf*. Köln u. Berlin 1971.
12 vgl. Pfeil, E.: *Berufstätigkeit von Müttern*. Tübingen 1961. S. 406.
13 vgl. Beck-Gernsheim, E.: *Das halbierte Leben. Männerwelt Beruf – Frauenwelt Familie*. Frankfurt a. M. 1980.
14 vgl. Sonderbeilage der Frankfurter Rundschau, 4. Dez. 1953, Nr. 282.
15 Carina, H. G.: *Von Beruf: Hausfrau. Die Sonderschau rationeller Hauswirtschaft Berlin*. Bauwelt, Berlin u. Gütersloh, 44. Jg. (1953), Nr. 7.

16 Bahrdt, H. P.: *Humaner Städtebau*. 7. Aufl. München 1977. S. 52.

17 Carina, H. G.: a.a.O. S. 129.

18 1950 sind in dieser Altersstufe 84,5 % der Männer verheiratet, die Zahl der verheirateten Frauen zwischen 35 und 40 Jahren beträgt 74,1 %.
Der geringere Prozentsatz von verheirateten Frauen in der Nachkriegszeit ließe sich durch den Mangel an Männern im heiratsfähigen Alter erklären. 1950 trafen 440000 Frauen des Jahrgangs 1920 auf nur 320000 Männer des gleichen Jahrgangs.

19 Während der Anteil der 25- bis 30jährigen Frauen an der Gesamtzahl der Eheschließungen eine rückläufige Tendenz aufwies, ist auffällig, daß im Gegensatz dazu der Anteil der unter 25 Jahre alten Frauen fast um zwei Drittel anstieg.

20 Um dies zu erklären, zeigen wir zunächst die Veränderung in der Bevölkerungsstruktur zwischen 1950 und 1957 auf, und zwar die Frauen im gebärfähigen Alter betreffend: Die geburtenstarken Jahrgänge 1935 bis 1942 stellten ab 1955 das Potential der Gebärfähigen im Alter von 15 bis 35 Jahren – auf die 90 % aller Geburten entfallen – dar.
1957 war die Zahl der 15- bis 35jährigen um 7772000 auf 772600 angestiegen. Wie bereits erwähnt, stieg im Laufe der 50er Jahre gerade die Zahl der jüngeren Ehefrauen.
Während 1950 von den verheirateten Frauen im gebärfähigen Alter 31 % unter 30 Jahren und 48 % unter 35 Jahren waren, gab es 1957 33 % Frauen unter 30 Jahren und 58 % unter 35 Jahren.
Eine Zunahme der Geburtenhäufigkeit läßt sich bei den 25jährigen Frauen feststellen, wird jedoch durch einen Rückgang bei den 30jährigen kompensiert.
Von den über 800000 ehelichen Lebendgeburten 1957 entfiel ein Drittel auf 868000 Frauen im Alter zwischen 15 und 25 Jahren. Mehr als 250000 dieser ehelichen Lebendgeburten entfielen dabei auf die 1353000 verheirateten Frauen zwischen 25 und 30 Jahren. Insgesamt kamen über 680000 Geburten auf fast 380000 verheiratete Frauen zwischen 15 und 35 Jahren. Die absolute Zahl von Müttern zwischen 25 und 30 hat sich von 1950 zu 1959 erhöht, ist aber aufgrund der höheren Zahl von Frauen im reproduktionsfähigen Alter prozentual etwa gleich geblieben.

21 Im Jahr der Eheschließung und im zweiten bis fünften Ehejahr war die Geburtenhäufigkeit angestiegen. Die Zunahme der Geburten im Jahr der Eheschließung dürfte damit zusammenhängen, daß die Zahl der Frauen, die bei der Eheschließung bereits ein Kind erwarteten, zum Ende der 50er Jahre größer geworden war. Sie lag 1958 bei circa 30 %, das bedeutet, daß rund 40 % aller Erstgeborenen vorehelich gezeugt wurden.

22 vgl. Freedman, R.; Baumert, G.; Bolte, M.: *Expected Family Size Values in West Germany*. In: *Population Studies* (1959) H. 2, S. 136ff. Nach: Bundesminister für Familie und Jugend (Hrsg.): *1. Familienbericht Bad Godesberg 1968*. S. 37.

23 Beim Vergleich der Geburtenzahlen der Jahre 1950 bis 1953 ergibt sich – parallel zur Abnahme der Eheschließungen und einer verringerten Anzahl von Frauen im gebärfähigen Alter – eine sinkende Tendenz.
Ab 1954 stieg die Geburtenziffer bis auf 17,6 % (1959) an, wobei sie jedoch nicht an die von 1938 mit 19,8 heranreichte.
Im Gegensatz zu der Geburtenziffer, die das Verhältnis der Lebendgeborenen auf 1000 Einwohner ausdrückt, benennt die allgemeine Fruchtbarkeitsziffer das Verhältnis aller Lebendgeborenen zu den Frauen im gebärfähigen Alter (15 bis 45 Jahre). Diese allgemeine Fruchtbarkeitsziffer ist infolge der erhöhten Anzahl von Frauen im gebärfähigen Alter (zwischen 1950 und 1957) und dem daraus resultierenden Anstieg der Geburten ebenfalls gestiegen.
Diese Ziffer drückt nur das Verhältnis von gebärfähigen Frauen zu den tatsächlich geborenen Kindern aus.
Die eheliche Fruchtbarkeit aller verheirateten ist seit 1950 leicht zurückgegangen.
Für 1957 wurden 847000 Geburten erwartet. Tatsächlich wurden jedoch nur 808000 Kinder geboren. 1959 wurden also nach Ansicht der Bevölkerungsstatistiker 39000 weniger eheliche Kinder, als unter den errechneten Fortpflanzungsverhältnissen von 1950 zu erwarten gewesen wären, geboren.
Tatsächlich wurden allerdings 855241 Kinder geboren, wovon 60636 nicht ehelich waren. Daraus ist abzulesen, daß die verheirateten Frauen nicht soviele Kinder bekamen, wie von den Bevölkerungswissenschaftlern erwartet worden war.
Wir halten diese Berechnungen zum Erhalt der Erwartungszahlen der Geborenen für nicht aussagekräftig. So wird z. B. 1950 die Anzahl aller von 25 Jahren alten und drei Jahre lang verheirateten Frauen geborenen Kinder mit den 1957 drei Jahre lang verheirateten 25 Jahre alten Frauen multipliziert. Das Ergebnis ergibt die zu erwartende Kinderzahl für diesen Zeitraum.
Dieses Ergebnis kann dann mit der tatsächlichen Geburtenzahl dieser Frauen nach drei Ehejahren verglichen werden und zeigt einen Anstieg oder ein Absinken der Kinderzahl an.
Eine Geburtenzahl für ein späteres Jahr unter den Fortpflanzungsverhältnissen eines vorangegangenen zu berechnen, halten wir in diesem Zusammenhang für irreführend.
Fortpflanzungsverhältnisse werden durch zahlreiche Faktoren und Gegebenheiten wie z. B. die historische Situation, Machtverhältnisse, soziale Stellung, etc. mitbestimmt.
Des weiteren halten wir die Methode, eine Aussage über eine Tendenz zur Mehrkinderfamilie anhand der bestehenden Drei-Kind-Familien zu treffen, für unzulässig. Denn es kann keineswegs davon ausgegangen werden, daß es sich bei einer Anzahl von drei oder mehr Kindern um gewollte bzw. geplante Kinder handelt.

24 1946 wurden in Berlin 25000 Ehen geschieden, bis Dezember 1947 1700 bis 2000 Ehen monatlich. In Köln wurden 1946 monatlich etwa 1100 Ehen geschieden. Während es im Jahr 1939 nur insgesamt 30266 Ehescheidungen gab, stieg die Zahl bis 1947 auf 77100 und erreichte 1948 einen Höhepunkt mit 88374 Scheidungen. Noch 1950 waren die Scheidungszahlen außerordentlich hoch.

25 1959 wurde von fast 30000 Frauen und knapp 15000 Männern eine Scheidungsklage erhoben. In etwa 44000

geschiedenen Ehen wurden etwa 6200 Frauen und circa 25000 Männer für allein schuldig erklärt. In 10200 Fällen wurden beide Ehepartner schwerer Eheverfehlungen für schuldig befunden.

26 Auf 10000 bestehende Ehen kamen 1957 nur 32,7 Ehescheidungen (Vorkriegsstand), 1958 nur 33,7. In den Großstädten waren die Scheidungszahlen ungleich höher. In Hamburg entfielen z. B. 1959 auf 10000 bestehende Ehen 73,6 Ehescheidungen, in Berlin sogar 93,1 Scheidungen, das sind absolut etwa 5000. Bei einer Gegenüberstellung von Ehescheidungen und neugeschlossenen Ehen ist festzuhalten, daß die geschiedenen Ehen nur einen sehr geringen Prozentsatz ausmachen.

Jahr	Eheschließungen	Ehescheidungen	Ehescheidungen gegenüber Eheschließungen
1950	506101	74683	14,74%
1955	461818	44438	9,62%
1957	482590	41087	8,51%

Krise oder Idylle?

1 Familiensoziologen:
Baumert, G.: *Jugend in der Nachkriegszeit*. Darmstadt 1952.
Claessens, D.: *Familie und Wertesystem*. Berlin 1962.
König, R.: *Materialien zur Soziologie der Familie*. Bern 1946.
Mayntz, R.: *Die moderne Familie*. Stuttgart 1958.
Schelsky, H.: *Wandlungen der deutschen Familie in der Gegenwart*. 4. Aufl. Stuttgart 1960.
Thurnwald, H.: *Gegenwartsprobleme Berliner Familien*. Berlin 1948.
Wurzbacher, G.: *Leitbilder gegenwärtigen deutschen Familienlebens*. 6. Aufl. Stuttgart 1969.
2 vgl. Schelsky, H.: *Die Wandlungen der deutschen Familie in der Gegenwart*. Stuttgart 1960. S. 74ff.
3 Baumert, G.: *Deutsche Familien nach dem Kriege*. Darmstadt 1954. S. 184.
4 vgl. Habermas, J.: *Strukturwandel der bürgerlichen Öffentlichkeit*. Darmstadt 1980. S. 187.
5 vgl. König, R.: *Materialien zur Soziologie der Familie*. Bern 1946. S. 92.
6 vgl. Durkheim zum Kontraktionsgesetz.
7 vgl. König, R.: a.a.O., S. 83 u. 84.
8 vgl. König, R.: a.a.O., S. 88.
9 Schelsky, H.: *Die Wandlungen der deutschen Familie der Gegenwart*. Stuttgart 1960. S. 153.
10 vgl. Schelsky, H.: a.a.O., S. 255–288.
11 vgl. Horkheimer, M.: der allgemeine Teil. In: *Autorität und Familie*. Paris 1936. S. 56.
12 vgl. Schelsky, H.: a.a.O., S. 291.
13 Schelsky, H.: a.a.O., S. 211.
14 Schelsky, H.: a.a.O., S. 345 und 346.
15 Schelsky, H.: a.a.O., S. 309.
16 ebd.
17 Wuermeling, F. J.: *Das muß geschehen!* Kirchenzeitung. Köln 1953. S. 781.
18 Wuermeling, F. J.: a.a.O., S. 780.
19 Wuermeling, F. J.: *8 Jahre Familienpolitik*. 1961. In: *Familie – Gabe und Aufgabe*. Köln 1963. S. 156.
20 Wuermeling, F. J.: *Familie in Gefahr*. 1960. In: *Familie – Gabe und Aufgabe*, a.a.O., S. 98.
21 Wuermeling, F. J.: *Die wirtschaftliche Sicherung der Familie in der modernen Gesellschaft*. In: *Familie – Gabe und Aufgabe*, a.a.O., S. 131.
22 Wuermeling, F. J.: a.a.O., S. 132.
23 Wuermeling, F. J.: *Die Aufgabe der Familie*. In: *Familie – Gabe und Aufgabe*, a.a.O., S. 14.
24 Wuermeling, F. J.: *Muttersein in dieser Zeit*. In: *Familie – Gabe und Aufgabe*, a.a.O., S. 30.
25 Wuermeling, F. J.: *Die Aufgabe der Familie*. In: *Familie – Gabe und Aufgabe*, a.a.O., S. 13.
26 Wuermeling, F. J.: *Die Aufgabe der Familie*. In: *Familie – Gabe und Aufgabe*, a.a.O., S. 11ff.
27 Verhandlungen des deutschen Bundestages. 2. Wahlperiode. 15. Sitzung 1954. S. 488.
28 Wuermeling, F. J.: *Zur inneren Ordnung der Familie*. In: *Familie – Gabe und Aufgabe*, a.a.O., S. 17.
29 ebd.
30 ebd.
31 a.a.O., S. 20.
32 Papst Pius XI. Eheenzyklika. Zit. n.: Wuermeling. In: *Verhandlungen des Deutschen Bundestages*. 2. Wahlperiode 1953. 15. Sitzung. Bonn 1954. S. 491.
33 Wuermeling, F. J.: *Zur inneren Ordnung der Familie*. In: *Familie – Gabe und Aufgabe*, a.a.O., S. 22.
34 Wuermeling, F. J.: *Muttersein in dieser Zeit*. In: *Familie – Gabe und Aufgabe*, a.a.O., S. 25.
35 a.a.O., S. 30.
36 ebd.
37 a.a.O., S. 31.
38 ebd.
39 Wuermeling, F. J.: *Aufgabe der Familie*. In: *Familie – Gabe und Aufgabe*, a.a.O., S. 13.
40 Wuermeling, F. J.: *Die wirtschaftliche Situation der Familie in der modernen Gesellschaft*. In: *Familie – Gabe und Aufgabe*, a.a.O., S. 129.

41 Langer-El Sayed, I.: *Familienpolitik: Tendenzen, Chancen, Notwendigkeiten*. Frankfurt a. M., 1980. S. 94.
42 ebd.
43 a.a.O., S. 126.
44 vgl. dazu folgende Lexika:
Lexikon für Theologie und Kirche. Freiburg 1964.
Weltkirchenlexikon. Handbuch der Ökumene. Stuttgart 1960.
Wörterbuch zur Politik. Ehe und Familie. Freiburg 1956. Bd. 7.
Wörterbuch zur Politik. Ehe und Familie. 1959. Bd. 8.
Evangelisches Soziallexikon. 7. Aufl. Stuttgart, Berlin 1980.
45 Höffner, J.: *Ehe und Familie*. Münster 1965. S. 90.
46 vgl. Staatslexikon. Bd. 2. Freiburg 1958. Spalte 995.
47 Höffner, J.: *Ehe und Familie*. Münster 1965. S. 7.
48 ebd.
49 Follier, J., zit. n.: Höffner, J.: *Ehe und Familie*. Münster 1965. S. 40.
50 Zit. n. Beckmann, J.; Gesenius, H. u. a.: *Kirche und Geburtenregelung*. Gütersloh 1962. S. 55.
51 78. Deutscher Katholikentag: *Unsere Sorge der Mensch – unser Heil der Herr*. Berlin 1958. S. 106.
52 a.a.O., S. 108.
53 Thielecke, H.: *Theologische Ethik 3*. Tübingen 1964. S. 593.
54 Staatslexikon. Bd. 2. Freiburg 1958. Spalte 379.
55 Scherer, R.: *Ehe und Familie vom personal – menschlichen her betrachtet*. In: *Wörterbuch der Politik*. Bd. 7. Freiburg 1956. Spalte 20.
56 Barth, K., zit. n.: *Evangelisches Staatslexikon*. 2. erw. Aufl. Stuttgart 1980. Spalte 234.
57 Orelli, A.: *Vom Wesen der Frau*. In: *Weg und Aufgabe der Frau heute*. Zürich 1959. S. 92.
58 Welter, E.: *Gebt der Familie Zukunft*. In: *Die Mitarbeit*. 7. Jg. (1958) H. 6, S. 318.
59 Groebmair, K.: *Der Familienbund der deutschen Katholiken. Die Mitarbeit*. 7. Jg. (1958) H. 6. S. 300.
60 a.a.O., S. 302.
61 Welter, E.: *Gebt der Familie Zukunft*. In: *Die Mitarbeit*. 7. Jg. (1958) H. 6. S. 319.
62 Heinen, W.: *Lebensstand und christliches Ethos*. In: *Der unbewältigte Wohlstand*. Freiburg und Hamm 1957. S. 28 ff.
63 Groebmair, K.: *Der Familienbund der deutschen Katholiken. Die Mitarbeit*. 7. Jg. (1958) H. 6. S. 302.
64 Stark, M.: *Unser Familienbund in Gegenwart und Zukunft. Die Stimme der Familie*. 6. Jg. (1959) H. 8. S. 60.
65 Aubel, C. v.; Silberkuhl-Schulte, M.: *Die Frau in der Familie: Wege zur Erleichterung ihrer Lage*. Pro Familia. Festschrift des Deutschen Familienverbandes. 6. Jg. (1957) H. 1. S. 19.
66 ebd.
67 ebd.
68 Craushaar, H. v.: *Der deutsche Familienverband e. V. Die Mitarbeit*. 7. Jg. (1958) H. 6. S. 321.
69 Wurmeling, F. J.: *Das Bundesministerium für Familienfragen und Jugendfragen*. In: *Familie – Gabe und Aufgabe*. Köln 1963. S. 175.
70 vgl. Große Schönepauk, H.: *Eheberatung*. In: *Regierungsbulletin*. Bonn 1957. Nr. 30. S. 263.
vgl. Wuermeling, F. J.: *Familienpolitik in Deutschland 1954*. In: *Pro Familia* 1. Jg. (1954) H. 1. S. 20 ff.
71 vgl. Thoß, E.: *Historische Entwicklung der Familienplanungsarbeit in der BRD am Beispiel der Pro Familia*. In: *Symposium. Familienplanung unerwünscht?* Frankfurt a. M. 1979.
72 vgl. Coerper, C.: *Zur Methodik sachgemäßer Eheberatung*. In: *Innere Mission* 44. Jg. (1954). H. 7. S. 203.
73 vgl. *Tätigkeitsbericht der evangelischen Hauptstelle für Ehe- und Familienberatung*. Groeger, G. (Hrsg.). Düsseldorf 1955. S. 12.
74 Fischer-Erling, J.: *Katholische Eheberatung*. Caritas 52. Jg. (1951) H. 3/4, S. 65 f.
75 ebd.
76 vgl. ebd.
77 ebd.
78 ebd.
79 ebd.
80 Fischer-Erling, J.: a.a.O., S. 62.
81 Fischer-Erling, J.: a.a.O., S. 66.
82 Harnik, B.: *Kirchliche Eheberatung im Blick auf Evangelisation*. Innere Mission 48. Jg. (1958) H. 3. S. 81 ff.
83 Fischer-Erling, J.: *Methode der Beratung*. In: *1. diözesaner Kursus für Eheberatung*. Köln November 1958.
84 Coerper, C.: *Zur Methodik sachgemäßer Eheberatung*. In: *Innere Mission* 44. Jg. (1954) H. 7. S. 202.
85 vgl. *Tätigkeitsbericht der ev. Hauptstelle für Ehe- und Familienberatung für das Jahr 1955*. Hrsg.: Groeger, G. N. Düsseldorf 1956. S. 22.
86 vgl. Groeger, G. N.: *Die Sprechstunde*. Wuppertal 1962. S. 82.
87 Harnik, B.: *Was führt die Frau zum Eheberater*. In: *Die evangelische Schweizerfrau*. Organ des ev. Frauenbundes. Zürich 1954. S. 12.
88 ebd.
89 Groeger, G. N.: *Die Sprechstunde*. Wuppertal 1962. S. 45.
90 Coerper, C.: *Zur Methodik sachgemäßer Eheberatung*. In: *Innere Mission* 44. Jg. (1954) H. 7. S. 202.
91 Hirtzel, R.: *Gemischte Ehen*. In: *Schriftenreihe der protestantischen Eheberatung*. St. Gallen 1949.
92 vgl. Groeger, G. N.: *Die Sprechstunde*. Wuppertal 1962. S. 70 ff.
93 Beckmann, H.: *Kirchliche Stellungnahmen zur Frage der Empfängnisverhütung*. In: *Kirche und Geburtenregelung*. Gütersloh 1962. S. 46.

94 Coerper, C.: *Zur Methodik sachgemäßer Eheberatung*. In: *Innere Mission*. 44. Jg. (1954) H. 7. S. 202.
95 vgl. Tagungsberichte des DAJEB vom 12.2.–15.2.1951 u. 22.5.–25.5.1951.
96 vgl. Coerper, C.: *Zur Methodik sachgemäßer Eheberatung*. In: *Innere Mission*. 44. Jg. (1954) H. 7. S. 203.
97 Coerper, C.: a.a.O., S. 201.
98 Denkschrift des DAJEB über die Voraussetzung sachgemäßer Jugend- und Eheberatung. Detmold 1953. S. 4.
99 ebd.

Familienbilder

1 vgl. dazu *Betrifft: Untersuchungsprojekt EWG*. Bd. 2. Strukturanalyse der westdeutschen Filmwirtschaft 1945–1971. Frankfurt a. M. S. 425. Siepmann, E. (Hrsg.): *Bikini*. Berlin 1981. S. 238.
2 Constanze. Hamburg. 3. Jg. (1950) H. 26. S. 18.
3 Spiegel. Nr. 44. 1957. S. 52.
4 Schuster, Verena: *Freiheit, Gleichheit und unsere verfluchte Lust glücklich zu sein. Courage*. 7. Jg. (1982) H. 9. S. 46.
5 Ackermann, S.: *Christian Dior*. Frankfurt a. M. 1956. S. 17.
6 Ackermann, a.a.O., S. 38.
7 Ackermann, a.a.O., S. 44.
8 ebd. S. 45.
9 Spiegel. Nr. 39. 1958. S. 51.
10 Spiegel, a.a.O., S. 52.
11 Spiegel, a.a.O., S. 52.
12 Stern. Nr. 47. 1957. S. 8.
13 Ackermann, S.: *Christian Dior*. Frankfurt a. M. 1956. S. 109.
14 Spiegel. Nr. 44. 1957. S. 52.
15 Constanze. H. 2. 1949. S. 12.
16 Spiegel. Nr. 39. 1958.

Sexualmoral

1 vgl. Boyer, C.; Woller, G.: *Hat die deutsche Frau versagt?* In: *Journal für Geschichte*. (1983) H. 2. S. 34.
2 vgl. a.a.O., S. 34.
3 Schmidt-Harzbach, I.: *Die Lüge von der Stunde Null*, Courage. 7. Jg. (1982) H. 6. S. 39.
4 Boyer, C.; Woller, H.: *Hat die deutsche Frau versagt?* Journal für Geschichte (1983) H. 2. S. 36.
5 Schmitz, P.: *Der christliche Beitrag zu einer Sexualmoral*. Mainz 1972. S. 9.
6 vgl. Schelsky, H.: *Soziologie der Sexualität*. Hamburg 1955. S. 46.
7 ebd.
8 Schelsky, a.a.O., S. 48.
9 vgl. Wollasch, H.: *Der menschliche Sinn des Geschlechtslebens*. In: *Familie in Not*. Eine Vortragsreihe, veranstaltet von der Stadt Bad Godesberg. Bad Godesberg 1954. S. 5ff.
10 vgl. Wollasch, a.a.O., S. 12.
11 Schelsky, H.: *Soziologie der Sexualität*. Hamburg 1955. S. 48ff.
12 Ussel, J. v.: *Sexualunterdrückung*. 2. Aufl. Hamburg 1977. S. 215.
13 vgl. Noelle, E.; Neumann, E. P., Institut für Demoskopie Allensbach (Hrsg.): *Jahrbuch der öffentlichen Meinung 1958–1964*. Allensbach 1966. S. 587ff.
14 Oheim, G. (Hrsg.): *Einmaleins des guten Tons*. 35. Aufl. Gütersloh 1962. S. 124f.
15 ebd.
16 Dorpat, C.: *Welche Frau wird so geliebt wie du?* Berlin 1982. S. 20.
17 Thomas, K.: *Sexualerziehung*. Stuttgart 1969. S. 15.
18 Dorpat, C.: *Welche Frau wird so geliebt wie du?* Berlin 1982. S. 20.
19 vgl. Noelle, E.; Neumann, E. P. (Hrsg.): *Jahrbuch der öffentlichen Meinung 1958–1964*. Allensbach und Bonn 1965. S. 590.
20 vgl. Bruck, T.: *Geburtenregelung*. 3. Aufl. Flensburg 1964. S. 55ff.
21 vgl. Bruck, a.a.O., S. 19.
22 vgl. Koch, H. J.: *Beschränkte Aufhebung des §218 StGB?* Neue Juristische Wochenschrift. 12. Jg. (1959) H. 51. S. 2295.
23 vgl. Statistische Jahrbücher 1955, S. 40 und 1957, S. 40.
24 Bruck, T.: *Geburtenregelung*. 3. Aufl. Flensburg 1964. S. 130.
25 Bruck, a.a.O., S. 132.
26 *Wirtschaft und Statistik 1959*. H. 5. S. 296.
27 Keil, S.: *Sexualität*. Stuttgart 1966. S. 12.
28 Mechtel, A.: *Wir sind arm, wir sind reich*. Reinbek 1979. S. 147.
29 Böll, H.: *Und sagte kein einziges Wort*. Frankfurt a. M. 1973. S. 115.
30 Schelsky, H.: *Soziologie der Sexualität*. Hamburg 1955. S. 46.
31 vgl. *»Sind Sie eine gute Hausfrau?«* Constanze. 12. Jg. (1959) H. 2. S. 14.
32 Baumeister, W.; Lochner, H. M. (Hrsg.): *Der unbewältigte Wohlstand*. Freiburg und Hamm 1956.

33 Jungwirth, N.; Kromschröder, G.: *Die Pubertät der Republik*. Reinbek 1983. S. 300.
34 Reschke, K.: *Memoiren eines Kindes*. Berlin 1981. S. 103.
35 Jungwirth, N.; Kromschröder, G.: *Die Pubertät der Republik*. Reinbek 1983. S. 45.
36 So ist auch zu verstehen, daß die gesamte deutsche Strumpfindustrie den Anschluß an die »nahtlosen Perlons« verpaßte und zahlreiche bekannte Firmen wie Arva, Opal u. a. plötzlich vor dem Ruin standen. Niemand hatte mit dem Umschwung der weiblichen Modelaune gerechnet und deshalb wurden noch zusätzlich die in Amerika dort bereits verschrotteten »Cottonmaschinen« aufgekauft, die im Gegensatz zu den modernen Rundstrickautomaten keine fertigen Strümpfe herstellten, sondern nur die Strumpfflächen lieferten, die in weiteren Arbeitsgängen kunstgerecht zusammengenäht werden mußten.
Bis 1956 kam die westdeutsche Frau im Durchschnitt mit sechs Paar Strümpfen im Jahr aus. Vergebens versuchten Fabrikanten und Händler, Frauen zu höherem Strumpfverbrauch anzuregen. Erst mit dem Auftauchen der Nahtlosen stieg der Durchschnittsverbrauch im Jahr 1957 auf acht Paar pro Jahr. Schon 1956 hat der Newcomer unter den Strumpffabrikanten, der Exilpole Alexander Kiedrzycki, als einziger den Umschwung in der Strumpfindustrie prognostiziert. In einem Spiegelinterview von 1958 wurde er folgendermaßen zitiert: »Weiß ich natürlich, daß Frauen sind bequem, haben immer Angst, daß Naht nicht sitzt. Deshalb wollen haben Nahtlose.« Und weiter prophezeite er: »In Amerika trägt man nahtlos, in Deutschland man wird kommen immer zwei Jahre hinterher.« Aus: Spiegel. 1958.

Familienpolitik

1 vgl. Wuermeling, F. J.: *Familienpolitik in Deutschland 1954*. Pro Familia Festschrift. 1. Jg. (1954) H. 1. S. 20.
2 vgl. Stein, B.: *Der Familienlohn*. In: *Sozialpolitische Schriften*. Berlin 1956. H. 5. S. 25.
3 vgl. Schwarz, H. P.: *Die Geschichte der Bundesrepublik Deutschland*. Stuttgart 1981. S. 200.
4 ebd.
5 Grohmann, G.: *Die Familie soll nicht verwaltet werden*. Die Mitarbeit. 6. Jg. (1957) H. 1. S. 16.
6 Dem Beirat des Bundesministeriums für Familienfragen gehörten folgende Mitglieder an:
1. Vertreter der Wissenschaft:
Prof. Dr. Harmsen, Universität Hamburg,
Prof. Dr. Höffner, Universität Münster,
Prof. Dr. Neundörfer, Universität Frankfurt.
2. Vertreter der Praxis:
Frau Dr. Cilly van Aubel, Schriftstellerin,
Klaus von Bismark, Leiter des Sozialreferats der evangelischen Kirche Westfalen,
Frau Dr. jur. Josepha Fischer-Erling, katholische Beratungsstelle für Ehe- und Familienfragen, Köln,
Dr. Maue, Oberverwaltungsgerichtsrat, Münster,
Frau Dr. Antonie Nopitsch, Berufsverband evangelischer Fürsorgerinnen in Bayern u. Geschäftsführerin des Müttergenesungswerkes, Stein bei Nürnberg.
3. Vertreter der Familienverbände:
Direktor Joseph Hall, Präsident des Familienbundes der deutschen Katholiken, Augsburg,
Pfarrer Münchmeyer, Vorsitzender der evangelischen Aktionsgemeinschaft für Familienfragen, Bethel,
Ing. Umstätter, Präsident des deutschen Familienverbandes, München,
Eva Gräfin Finkenstein, 1. Vorsitzende des Bundes der Kinderreichen, Bonn.
7 vgl. Adenauer, K.: *Regierungserklärung*. Bonn 1953.
8 vgl. Wuermeling, F. J.: *Warum ein Minsterium für die Familie*. Bulletin Nr. 216. Bonn 1953. S. 1795f.; und Adenauer, a.a.O.
9 Wuermeling, F. J.: *Das Bundesministerium für Familienfragen u. Jugendfragen*. In: *Familie – Gabe und Aufgabe*. Köln 1963. S. 176.
10 Wuermeling, a.a.O., S. 156ff.
11 vgl. *Des Papstes Garde*. Der Spiegel. (1954) H. 38. S. 11.
12 Goldschmidt, H.; Andres, U. (Hrsg.): *Die Kindergeldgesetze in der ab 1. 2. 1956 geltenden Fassung*. Berlin/Frankfurt a. M. 1956. S. 1.
13 vgl. Wuermeling, F. J.: *Der Sinn der Familienpolitik*. Bulletin vom 28. 9. 1954. Nr. 211. Bonn (1954). S. 1912.
14 vgl. Stellungnahmen der Arbeitgeberverbände. In: Stein, B.: *Der Familienlohn*. Berlin 1956. S. 205.
15 vgl. Goldschmidt, H.; Andres, U. (Hrsg.): *Die Kindergeldgesetze*. Berlin/Frankfurt a. M. 1956. S. 3ff.
16 In einem Anpassungsgesetz von 1955 wurden die Zuschläge für Rentner monatlich um 10 DM erhöht und die Zahlungen eines Kindergeldes von monatlich 25 DM (ab dem 3. Kind) auf Arbeitslosenunterstützung bzw. Arbeitslosenfürsorge beziehende Personen ausgeweitet. Alle noch fehlenden Personen (außer den Angehörigen des öffentlichen Dienstes und den Sozialversicherungsrentern), die drei oder mehr Kinder hatten, wurden durch das Ergänzungsgesetz von 1956 in die Kindergeldregelung miteinbezogen.
Aufwendungen für diese Personen, die nicht von den Familienausgleichskassen erbracht wurden, trugen Bund, Länder, Gemeinden und die übrigen Körperschaften des öffentlichen Rechts. Zumindest in diesem Punkt wird dem Subsidiaritätsprinzip nicht genüge getan.
17 Langer-El Sayed, I.: *Familienpolitik*. Frankfurt a. M. 1980. S. 240.

18 Freibeträge in DM

	für das 1. Kind	für das 2. Kind	für das 3. Kind
bis 1953	600	600	600
ab 1953	600	600	840
ab 1957	720	1440	1680
ab 1958	900	1680	1800
ab 1962	1200	1680	1800

19 Hoffmann, A.: *Zur Ehegattenbesteuerung*. Informationen für die Frau. 5. Jg. (1956) H. 3. S. 3.

20 vgl. Verhandlungen des deutschen Bundestages. 1. Wahlperiode 1949. 142. Sitzung 1951. S. 5636.

21 Außerdem erfolgte eine Erhöhung der steuerlichen Freibeträge:

1. für den Steuerpflichtigen	800,– DM
2. für die nicht erwerbstätige Ehefrau	800,– DM
3. für das 1. und 2. Kind je	600,– DM
4. für das 3. und jedes weitere Kind	840,– DM

22 Da durch die Kinderfreibeträge 1961 70% der Familien mit 2 Kindern, 80% der Familien mit 3 Kindern und 90% der Familien mit 4 Kindern ein steuerfreies Einkommen erhielten, kam das Ehegattensplitting bei unteren Einkommensbeziehern nicht zum Tragen. Bei dieser Bevölkerungsgruppe konnte selbst bei steuerlicher Mehrbelastung auf den Verdienst der Ehefrau nicht verzichtet werden.
vgl. Akrami Göhren, Jutta: *Die Familienpolitik im Rahmen der Sozialpolitik mit besonderer Berücksichtigung der Vorstellungen und praktischen Tätigkeiten der CDU*. Bonn, Diss. 1974. S. 307.

23 vgl. Schuster, V.: *Freiheit, Gleichheit und unsere verfluchte Lust glücklich zu sein*. Courage. 7. Jg. (1982) H. 9. S. 43.

24 Lüders, E. vor dem deutschen Bundestag. In: *Verhandlungen des deutschen Bundestages*. 2. Wahlperiode 1953. 15. Sitzung. S. 504.

25 vgl. Endres, A.: *Zur Ehe- und Familienrechtsreform*. Informationsdienst für Frauenfragen e. V. Bonn (Hrsg.) Informationen für die Frau. 5. Jg. (1956) H. 11. S. 3.
Große Schönepauck, H.: *Familienrechtsreform*. In: *Wörterbuch der Politik*. Bd. 8. Freiburg 1959. Sp. 446.

26 Krüger, H.: *Familienrecht*. In: Krüger, H.; Breetzke, E.; Nowak, K.: *Gleichberechtigungsgesetz*. Kommentar. München und Berlin 1958. S. 248.

27 vgl. Informationsdienst für Frauenfragen e. V. (Hrsg.): *Informationen für die Frau*. 8. Jg. (1959) H. 7/8. S. 6.

28 In Ehen, die vor dem 21. 6. 1957 geschlossen wurden, war den Ehegatten die Befugnis erteilt worden, bis zum 30. 6. 1958 (einen Tag vor Inkrafttreten des Gleichberechtigungsgesetzes) durch »einseitige notariell beurkundete Erklärung vor dem Amtsgericht des Wohnsitzes des Mannes, auch ohne Wissen und gegen den Willen des anderen Ehegatten, das neue Güterrecht auszuschließen, und statt dessen Gütertrennung zu wählen. Von dieser Konzession, die ein seltsames Mißtrauen des Gesetzgebers gegen seine eigene Schöpfung bekundet, haben viele zehntausende, besonders männliche Ehegatten, Gebrauch gemacht.« Aus: Böhmer, G.: *Die Teilreform des Familienrechts durch das Gleichberechtigungsgesetz vom 18. 6. 1957 und das Familienänderungsgesetz vom 11. 8. 1961*. In: *Recht und Staat*. Tübingen 1962. H. 245/246. S. 16.

29 »Die Ehegatten können, wenn sie die Zugewinngemeinschaft ablehnen, die Gütertrennung nach § 1411 BGB, die Gütergemeinschaft nach § 1415 BGB, aber auch jeden beliebigen Güterstand wählen. Sie können sogar ein Güterrecht vereinbaren, das dem Verfassungsgrundsatz widerspricht.« Aus: Breetzke, E.: *Das Gleichberechtigungsgesetz*. München und Berlin. 1958. S. 300.

30 Breetzke, E.: a.a.O., S. 304.

31 Arnold, E.: *Die Ehegattenbesteuerung. Angewandte Gleichberechtigung im Familienrecht*. Ein Kommentar zur Rechtssituation seit dem 1. 4. 1959. Berlin u. Frankfurt a. M. 1954. S. 42.

32 Dörhöfer, K.: *Erscheinungen und Determinanten staatlich gelenkter Wohnungsversorgung in der Bundesrepublik Deutschland*. Berlin 1978. In: *Arbeitshefte des Instituts für Stadt- und Regionalplanung der TU Berlin*. H. 10. S. 19.

33 Schwarz, H. P.: *Geschichte der Bundesrepublik Deutschland*. Bd. 2. *Die Ära Adenauer 1949–1957*. Stuttgart 1981. S. 388ff.

34 § 1, Abs. 2, II. WoBauG. zit. n. Dörhöfer, K. in: *Arbeitshefte des Instituts für Stadt- und Regionalplanung der TU Berlin*. H. 10. S. 38.

35 Wuermeling, F. J.: *Wohnungsbau als angewandte Familienpolitik*. In: *Familie – Gabe und Aufgabe*. Köln 1963. S. 142.

36 Wuermeling, a.a.O., S. 152.

37 Sozialausschüsse der christlich demokratischen Arbeitnehmerschaft (Hrsg.): *Die sanfte Macht der Familie*. Königswinter 1981. S. 18. u. 19.

38 Von 1960 bis 1976 stieg die Zahl der Scheidungen um mehr als 100%, d. h. von 48878 auf 108258.

39 vgl. Langer-El Sayed, I.: *Konservative familienpolitische Konzepte: Die Chance der Krise nutzen?* In: *Sexualpädagogik und Familienplanung*. 11. Jg. (1983) H. 2. S. 21.

40 vgl. Wulffen, B. v.: *Ehe – wir gehören zusammen*. In: *Die sanfte Macht der Familie*. Königswinter 1981. S. 49.
Institut für Demoskopie in Allensbach (Hrsg.); Eine Generation später. Bundesrepublik 1953 bis 1983. Allensbach 1981.

41 Institut für Demoskopie Allensbach, a.a.O., S. 51.

42 vgl. Vester, F.: *Gesellschaft – wir brauchen mehr Mütterlichkeit*. In: *Die sanfte Macht der Familie*. Königswinter 1981. S. 13.

43 Sozialausschüsse der CDA (Hrsg.): a.a.O., S. 13.

Literatur

Zur Geschichte der 50er Jahre

Baring, Arnulf: *Im Anfang war Adenauer.* Die Entstehung der Kanzlerdemokratie. 2. Auflage. München 1982.
Claessens, Dieter; Klönne, Arno; u. a.: *Sozialkunde der Bundesrepublik Deutschland.* Düsseldorf und Köln 1964.
Courage, aktuelle Frauenzeitung, Heft 6–9, 1982.
Engelmann, Bernt: *Wie wir wurden was wir sind.* München 1980.
Grosser, Alfred: *Deutschlandbilanz.* Geschichte Deutschlands seit 1945. 4. Aufl. München 1972.
Kuhn, Annette; Schubert, Doris: *Frauenalltag und Frauenbewegung im 20. Jhdt.* Materialsammlung. Frauen in der Nachkriegszeit und im Wirtschaftswunder. Frankfurt/M. 1980.
Lilge, Herbert (Hrsg.): *Deutschland, 1945 bis '63.* 6. Aufl. Hannover 1967.
Schwarz, Hans-Peter (Hrsg.): *Geschichte der Bundesrepublik Deutschland.* Bd. 2. *Die Ära Adenauer. 1949 bis 1957.* Stuttgart 1981.
Schulze, Eva; Meyer, Sibylle: *Wie wir das alles geschafft haben.* Alleinstehende Frauen berichten über ihr Leben nach 1945. München 1984.
Siepmann, Eckhard (Hrsg.): *Bikini. Die 50er Jahre. Kalter Krieg und Caprisonne.* Berlin 1981.
Stammen, Theo; u. a. (Hrsg.): *Vorgeschichte der Bundesrepublik Deutschland.* München 1979.
Weber, Jürgen (Hrsg.): *Geschichte der Bundesrepublik Deutschland.* Bd. 1–3.

Bildbände

Claasen, Hermann: *Das Ende.* Kriegszerstörungen im Rheinland. Köln 1983.
Grube, Frank; Richter, Gerhard: *Das Wirtschaftswunder.* Unser Weg in den Wohlstand. Hamburg.
Grube, Frank; Richter, Gerhard: *Flucht und Vertreibung.* Deutschland zwischen 1944 und 1947. Frankfurt am M. 1982
Grube, Frank; Richter, Gerhard: *Die Schwarzmarktzeit.* Deutschland zwischen 1945 und 1948. Hamburg 1979.
Grube, Frank; Richter, Gerhard: *Die Gründerjahre der Bundesrepublik Deutschland zwischen 1945 und 1955.* Hamburg 1981.
Jungwirth, Nikolaus; Kromschröder, Gerhard: *Die Pubertät der Republik.* Die 50er Jahre der Deutschen. Frankfurt a. M. 1978.
Schulz, Bernhard (Hrsg.): *Grauzonen – Farbwelten.* Kunst und Zeitbilder 1945–1955. Berlin 1983.

Frauenerwerbstätigkeit

Däubler-Gmelin, Herta: *Frauenarbeitslosigkeit oder Reserve zurück an den Herd.* Reinbek 1977.
Dennebaum, Eva-Maria: *Berufstätigkeit und Lebensphasen verheirateter Frauen.* Köln, Universität zu Köln, Wirtschafts- und Sozialwissenschaftliche Fakultät, Diss. 1970.
Dunckelmann, Henning: *Die erwerbstätige Ehefrau im Spannungsfeld von Beruf und Konsum.* Tübingen 1961.
Herrmann, Hedwig: *Die außerhäusliche Erwerbstätigkeit verheirateter Frauen.* Stuttgart 1957.
Informationen für die Frau, hrsg. v. Informationsdienst für Frauenfragen e. V. Bonn, 5.–9. Jahrgang, 1956–1960.
Jurczyk, Karin: *Frauenarbeit und Frauenrolle.* 3. Aufl. Frankfurt/M. 1978.
Pfeil, Elisabeth: *Berufstätigkeit von Müttern.* Tübingen 1961.
Schmucker, Helga: *Die ökonomische Lage der Familie in der Bundesrepublik Deutschland.* Tatbestände und Zusammenhänge. Stuttgart 1961.
Speck, Otto: *Kinder erwerbstätiger Mütter.* Ein soziologisch-pädagogisches Gegenwartsproblem. Stuttgart 1956.
Tritz, Maria: *Die Frauenerwerbsarbeit in der Bundesrepublik Deutschland.* Stuttgart 1961.

Hausarbeit

Beck-Gernsheim, Elisabeth: *Das halbierte Leben.* Frankfurt a. M. 1980.
Carina, H. G.: *Von Beruf Hausfrau.* Die Sonderschau rationeller Hauswirtschaft Berlin. In: Baelt, Berlin und Gütersloh, 44. Jg. (1953). Nr. 7.
Bahrdt, Hans Paul: *Humaner Städtebau.* 7. Aufl. München 1977.
Dörhöfer, Kerstin: *Erscheinungen und Determinanten staatlich gelenkter Wohnungsversorgung in der Bundesrepublik Deutschland.* Berlin 1976.
Scholl, Inge: *Eine neue Gründerzeit und ihre Gebrauchskunst.* In: *Bestandsaufnahme.* Eine deutsche Bilanz. Hrsg. v. Richter, Hans Werner. München 1962.

Bevölkerungsstatistik

Noelle-Neumann, Institut für Demoskopie Allensbach (Hrsg.): *Jahrbuch der öffentlichen Meinung 1958–1964.* Allensbach, Bonn 1964.
Wirtschaft und Statistik 1950–1962 hrsg. v. Statistischen Bundesamt Wiesbaden.
Statistische Jahrbücher 1950–1960.

Familiensoziologie

Baumert, Gerhard: *Jugend in der Nachkriegszeit.* Darmstadt 1952.
Claessens, Dieter; Millhofer, Petra (Hrsg.): *Familiensoziologie.* Ein Reader als Einführung. 4. Aufl. Frankfurt/M. 1977.
König, René (Hrsg.): *Handbuch der empirischen Sozialforschung.* Stuttgart 1976. Bd. 7.
König, René: *Materialien zur Soziologie der Familie.* Bern 1946.
Mayntz, Renate: *Die moderne Familie.* Stuttgart 1958.
Mitterauer, Michael: *Der Mythos von der vorindustriellen Großfamilie.* In: *Seminar, Familie und Gesellschaftsstruktur.* Hrsg.: Rosenbaum, Heidi. Frankfurt/M. 1978.

Rosenbaum, Heidi (Hrsg.): *Familie als Gegenstruktur zur Gesellschaft.* Stuttgart 1973.
Schelsky, Helmut: *Wandlungen der deutschen Familie in der Gegenwart.* 4. Aufl. Stuttgart 1960.
Thurnwald, Hilde: *Gegenwartsprobleme Berliner Familien.* Berlin 1948.

Familienpolitische Bewegungen
Die Mitarbeit. Evangelische Monatshefte zur Gesellschaftspolitik. Berlin, 4.–9. Jg., 1955–1959.
Stimme der Familie. Mitteilungsdienst des Familienbundes der deutschen Katholiken, München/Bonn, 6.–8. Jg. u. 28.–30. Jg., 1959–1960 u. 1981–1983.
Haensch, Dietrich: *Repressive Familienpolitik.* Sexualunterdrückung als Mittel der Politik. 2. Aufl. Reinbek 1970.
Höffner, Joseph: *Ehe und Familie.* Wesen und Wandel in der industriellen Gesellschaft. 2. Aufl. Münster 1965.
Nell-Breuning, Oswald v.: *Zur christlichen Gesellschaftslehre.* Freiburg 1954.
Nell-Breuning, Oswald v.: *Katholische und evangelische Soziallehre im Vergleich.* Recklinghausen 1967.
Pfürtner, S. H.: *Kirche und Sexualität.* 2. Aufl. Reinbek 1972.
Reiss, I. L.: *Freizügigkeit, Doppelmoral, Enthaltsamkeit.* Verhaltensmuster der Sexualität. Reinbek 1970.
Thielecke, Helmut: *Theologische Ethik.* Tübingen 1964.
Wörterbuch der Politik. Ehe und Familie. Bd. 7 u. 8. Freiburg 1956 u. 1959.
Wuermeling, Franz-Joseph: *Familie – Gabe und Aufgabe.* Köln 1963.

Medien
Constanze. Illustrierte. Hamburg, 1.–12. Jg., 1948–1959.
Dior, Christian: *Dior et moi.* Paris 1956.
Hembus, Joe: *Der deutsche Film kann gar nicht besser sein.* Bremen 1961.
Illustrierte Filmbühne. *Der deutsche Nachkriegsfilm.* München 1971.
Kurowsky, Ulrich (Hrsg.): *Nicht mehr fliehen.* Das Kino der Aera Adenauer. München 1973.
Langer-El Sayed, Ingrid: *Frau und Illustrierte im Kapitalismus.* Köln 1971.

Sexualmoral
Böll, Heinrich: *Haus ohne Hüter.* Roman. Köln 1954.
Böll, Heinrich: *Ansichten eines Clowns.* Roman. Köln 1966.
Böll, Heinrich: *Und sagte kein einiges Wort.* Roman. Köln 1973.
Boyer, C.; Woller, H.: *Hat die deutsche Frau versagt?* Journal für Geschiche, Braunschweig 1983, Nr. 2.
Bruck, Theodor: *Geburtenregelung, Empfängnisregelung – Problem und Praxis.* 3. Aufl. Flensburg 1964.
Dorpat, Christel: *Welche Frau wird so geliebt wie du?* Roman. Berlin 1982.
Drewitz, Ingeborg: *Gestern war heute.* Düsseldorf 1980.
Keil, Siegfried: *Sexualität.* Stuttgart 1966.
Mechtel, Angelika: *Wir sind arm, wir sind reich.* Roman. Reinbek 1977.
Oheim, Gertrud (Hrsg.): *Einmaleins des guten Tons.* 35. Aufl. Gütersloh 1962.
Reschke, Karin: *Memoiren eines Kindes.* Berlin 1980.
Schelsky, Helmut: *Soziologie der Sexualität.* Über die Beziehungen zwischen Geschlecht, Moral und Gesellschaft. 3. Aufl. Hamburg 1955.
Thoebaldy, Jürgen: *Sonntagskino.* Roman. Berlin 1978.
Ussel, Jan van: *Sexualunterdrückung.* Reinbek 1971.

Familienpolitik
Akrami-Göhren, Jutta: *Die Familienpolitik im Rahmen der Sozialpolitik.* Bonn. Rheinische Friederich-Wilhelm-Universität. Diss. 1974.
Arnold, Egon: *Angewandte Gleichberechtigung im Familienrecht.* Ein Kommentar zu der Rechtssituation seit dem 1. April 1953. Berlin u. Frankfurt/M. 1954.
Beitzke, Günter: *Familienrecht.* 7. Aufl. München u. Berlin 1959.
Beitzke, Günter; Hübner, Konrad: *Die Gleichberechtigung von Mann und Frau.* Tübingen 1950.
Bulletin des Presse- und Informationsamtes der Bundesregierung, Bonn, 1952–1960.
Die Mitarbeit. Evangelische Monatshefte zur Gesellschaftspolitik, Berlin, 4.–9. Jg., 1956–1960.
Goldschmidt, H.; Andres, U.: *Die Kindergeldgesetze in der ab 1. Februar 1956 geltenden Fassung.* Berlin/Ffm. 1956.
Heinsohn, Gunnar; Knieper, Rolf: *Theorie des Familienrechts.* 2. Aufl. Frankfurt/M. 1976.
Informationen für die Frau, hrsg. v. Informationsdienst für Frauenfragen e. V. Bonn, Bad Godesberg, 5.–9. Jg., 1956–1960.
Jurzyk, Karin: *Familienpolitik – Strategien zur Erhaltung familialer Eigenstruktur.* In: *Arbeitsbereich Familie.* Hrsg. v. Ostner, Ilona; Pieper, Barbara. Frankfurt/M. 1980.
Krüger, Hildegard; Breetzke, Ernst; Nowack, Kuno: *Gleichberechtigungsgesetz.* Kommentar. Bln./München 1958.
Stein, Bernard: *Der Familienlohn.* Berlin 1956.
Stimme der Familie. Mitteilungsdienst des Familienbundes der deutschen Katholiken. München u. Bonn. 1959–1960 u. 1981–1983.
Verhandlungen des deutschen Bundestages.
Die sanfte Macht der Familie. Hrsg. v. d. Sozialausschüssen der Christlich Demokratischen Arbeitnehmerschaft. Königswinter 1981.
»Erziehungsgeld«: Forschungsbericht. Materialien des Instituts für Entwicklungsplanung und Strukturforschung Bd. 120. Hannover 1981.
Langer-El Sayed, Ingrid; *Familienpolitik. Tendenzen, Chancen, Notwendigkeiten.* Frankfurt/M. 1980.
Sexualpädagogik und Familienplanung. Zeitschrift der Pro Familia. Deutsche Gesellschaft für Sexualberatung und Familienplanung e.V., München.